ManualiProfessioniSanitarie

PREVENIRE E GESTIRE IL RISCHIO AGGRESSIONI NELLA SANITÀ

a cura di Luca Paolo Libanora

COLLANA MANUALI PROFESSIONI SANITARIE

I manuali presenti nella collana 'Manuali professioni sanitarie' sono stati redatti e aggiornati da ArtiStudio Editore, con l'obiettivo di offrire ai professionisti della Sanità strumenti pratici da utilizzare nelle quotidiane attività professionali di cura e assistenza.

Sono, di fatto, la strutturazione dei supporti che vengono utilizzati nelle attività di formazione e consulenza che Formazione StudiAssociati svolge sistematicamente all'interno di strutture sanitarie, in particolare Case di Riposo ed R.S.A., in occasione di corsi di abilitazione per i ruoli di O.S.S. e figure della sicurezza.

Non solo raccolgono l'esigenza, manifestata dai partecipanti alle attività formative, di avere a disposizione dei materiali informativi per completare le attività d'aula, ma anche quella di contestualizzare le competenze acquisite all'interno dei processi in cui si trovano ad operare, in specifici contesti sociali e sanitari, o attività affini a quelle sanitarie.

Per le modalità di erogazione della formazione e la tipologia delle attività consulenziali, inoltre, i manuali presenti nella collana sono fortemente influenzati dall'elevato livello di interazione con i discenti, che contribuiscono attivamente allo scambio di competenze, opinioni e informazioni. Di fatto, una parte non trascurabile di questi prodotti sono il risultato di ciò che è arrivato al formatore, non meno di ciò che il formatore ha offerto.

Questo a vantaggio dell'integrazione di punti di vista e competenze, di idee e proposte, che in questa fase storica ed economica racchiudono – a nostro avviso – un valore fondamentale, poiché le osservazioni raccolte dimostrano che si sta andando non tanto verso una convergenza delle professionalità, quanto alla loro segregazione. E ciò accade mentre buoni propositi e intenzioni si scontrano con limiti economici, protocolli, limitatezza delle risorse umane e strumentali disponibili e soprattutto dei tempi di cura.

I presenti manuali, pertanto, si propongono l'obiettivo di costituire un supporto prezioso per l'attività professionale dei caregiver, in special modo di coloro che sono maggiormente a contatto con gli assistiti. La fase storica a cui si accennava poc'anzi, infatti, è caratterizzata dalla contrazione degli spazi di azione nei confronti dei curati, con una diminuzione dei tempi di cura e un maggior controllo agito dalle organizzazioni, giocoforza vincolate a loro volta da spazi di manovra sempre più ristretti. Ciò non toglie che le stesse organizzazioni non rinuncino a chiedere, ai loro collaboratori, efficienza e professionalità, pur riducendo costantemente i gradi di libertà loro concessi.

Fra gli operatori aumenta pertanto la necessità di disporre di risorse personali e professionali sempre più efficaci per poter raggiungere gli obiettivi operativi all'interno dell'autonomia esecutiva concessa. Tematiche, queste, molto distanti dalle materie della "formazione formale" che talvolta viene erogata in aule popolate da discenti annoiati dopo un turno di lavoro e che costituiscono il percorso di arricchimento delle competenze necessarie al caregiver professionale per far fronte alle criticità di cura e assistenza della fase odierna. Di fatto, sono le materie che emergono dalla lettura del fabbisogno di competenze desunte dalle indagini antecedenti agli interventi consulenziali e formativi, indagini basate esclusivamente sulle valutazioni degli stessi operatori.

Rimanendo fedeli a questa visione, saremo ben lieti di accogliere le proposte e osservazioni di tutti coloro che vorranno contribuire ad arricchire questa collana.

STRUMENTI RELAZIONALI NELL'AMBITO SANITARIO
Note del responsabile editoriale

La collana di cui questo manuale fa parte nasce dall'esigenza di assecondare la crescente richiesta di benessere (declinato in tutte le sue accezioni) da parte degli operatori professionali, soprattutto coloro che hanno in carico la cura e l'assistenza all'interno delle strutture residenziali dedicate ad anziani, malati cronici, pazienti psichiatrici e tutti i contesti di aiuto in cui la relazione con l'assistito è importante quanto la prestazione tecnica. Certo, questa condizione è sempre presente nella relazione di cura, ma alcune categorie professionali svolgono più di altre la loro attività assistenziale in contatto diretto con l'assistito, condividendo l'erogazione del servizio, e per questo ne sperimentano con maggior frequenza le criticità congenite.

Possiamo affermare con certezza che la relazione umana è la cura stessa e non un accessorio da donare al paziente o all'assistito, nel caso in cui ce ne fosse la disponibilità e non andasse ad inficiare la tecnologia e la farmacologia.

La relazione è la cura, come dimostrano le notevoli osservazioni e dati che riportano una maggiore efficacia della prognosi nel caso in cui il paziente venga responsabilizzato e coinvolto nel processo di assistenza, percepisca il supporto sociale ed empatico, così come dai propri cari e della rete informale che talvolta nasce proprio per colmare spazi che la rete formale lascia vacanti. Per lo stesso motivo, se si instaurano condizioni di criticità, incomprensione o persino conflitto, tali circostanze si contrappongono alla cura stessa, ne risultano l'antitesi. Soprattutto perché incidono sulla visione stessa dell'operatore, la rappresentazione del proprio impegno professionale e ciò non può che modificare le modalità operative, come conseguenza dell'alterazione del suo stato di benessere, non esclusivamente di natura professionale.

Come si definisce lo stato di benessere dell'operatore all'interno della relazione con l'utente nell'ambito della cura e assistenza?

Per rispondere all'interrogativo – che chiarisce in un colpo solo il senso stesso di questa collana – potremmo in maniera semplicistica ricorrere a uno dei tanti epitaffi, spesso citati con la denotazione di slogan, che transitano nel contesto sanitario, che più o meno possono essere riassunti nei termini: «*l'operatore non può offrire alcun servizio curativo se ne necessita lui stesso*». L'asserzione non è avventata e in qualche misura qualunque caregiver, sia professionale ma anche coloro che operano nelle reti informali, ha avuto occasione di sperimentarne la validità.

A chi scrive – ci scusiamo per le frequenti irruzioni personalistiche ma non hanno assolutamente lo scopo di autocelebrazione o richiesta di imitazione – torna alla mente l'avvertenza di una docente, generosa di consigli evidentemente tratti dalla realtà professionale, che durante la formazione della scuola di specializzazione della professione psicoterapeutica sentenziò: «*se non stai bene su quella sedia, non potrai far stare bene il tuo paziente*». Evidentemente si riferiva al setting terapeutico, alla seduta occupata dal terapeuta e al suo stato di benessere mentale. E aveva ragione: tutte le volte in cui – per vari e differenti motivi legati a se stesso, alla situazione o alla tipologia di paziente – la sedia si è dimostrata scarsamente comoda, abbiamo dovuto accettare il fallimento dell'azione curativa.

È evidente l'importanza della solidità della condizione di benessere dell'operatore sull'output della relazione curativa e assistenziale, come il fatto che questo aspetto coinvolga aree complesse che vanno oltre la semplice fiducia – elemento comunque irrinunciabile – che il professionista deve ottenere.

Il benessere, sia di tipo fisico che di tipo psichico e sociale, la percezione si sicurezza, il superamento delle esperienze in cui questa è minacciata, conferiscono all'operatore le condizioni per poter operare in serenità e concentrando la sua azione sulla massima efficacia possibile, tecnica e relazionale, senza il timore di veder pregiudicato il proprio equilibrio o dover discernere fra la propria e quella del proprio utente.

Ma coinvolge anche sfere più esterne dell'esperienza professionale, poiché la compliance del professionista – ad esempio – nei confronti dell'organizzazione in cui opera (ulteriore aspetto che modifica in senso migliorativo o peggiorativo l'efficacia della prestazione) è mediata emozionalmente dalla constatazione che questa garantisca effettive condizioni di protezione. Finisce per incidere non solo sulla qualità professionale, ma sull'intera esistenza del professionista il quale, se non riesce o non può gestire le numerose condizioni di rischio a cui è sottoposto quotidianamente (e anche in questo caso ci riferiamo a condizioni di tipo fisico e di tipo psico-sociale) può, a seguito della lunga esposizione, sviluppare patologie professionalmente invalidanti, o che rendono persino insopportabile l'esperienza lavorativa.

La prospettiva di compromettere il proprio equilibrio bio-psichico – a causa di eventi traumatizzanti e disturbanti - e contemporaneamente la propria prospettiva professionale non è pertanto una eventualità trascurabile, tutt'altro. Ma appare ancora più concreta, e non meno minacciante, la circostanza plausibile di dover sopportare per molti anni il peso dell'incidenza di tali eventi pur di continuare il proprio percorso professionale.

Disporre degli strumenti e del framework cognitivo per orientare la ricerca di informazioni indispensabili per avere una reale percezione del quadro dei rischi ambientali (compresi quelli di natura relazionale, in questo caso) e gestire così le proprie azioni aggirandoli e anticipandone gli esiti, è pertanto una dotazione che deve essere presente nella personale cassetta degli attrezzi dell'operatore dell'assistenza, condividendo lo spazio con le competenze e le abilità che ne definiscono il ruolo professionale, proprio per evitare che questo ne risulti mortificato.

Per questo motivo il topic del presente lavoro – il fenomeno delle aggressioni - è stato inserito con pari valore fra gli argomenti che hanno come obiettivo primario fornire agli operatori della cura e dell'assistenza gli strumenti che vanno ad arricchire il proprio equipaggiamento e, di conseguenza, fra quelli contemplati in questa collana di manuali, anche per la constatazione che troppo spesso la questione, non solo al livello istituzionale, venga risolta più sul versante della *protezione*, rispetto a quello più efficace della *prevenzione*.

Anche in questo caso il tomo che sta stringendo fra le mani - o scorrendo attraverso un mobile device - ha lo scopo di andare a colmare l'azione organizzativa e istituzionale quando questa si ferma – come accade nella maggior parte dei casi in riferimento all'argomento – alla modificazione degli ambienti e l'irrigidimento delle procedure, scavando tuttavia un solco profondo con il fattore umano, con la rappresentazione salvifica della professione sanitaria, quando l'operatore si trova circondato da segnali che manifestano la possibilità di subire da un momento all'altro un atto di violenza, per il fatto stesso di incarnare questo ruolo.

Anche nel caso di questo manuale, gli argomenti sono la formalizzazione delle attività formative e consulenziali che svolgiamo con sistematicità nelle organizzazioni sanitarie e sono l'ampliamento delle dispense e dei materiali che vengono distribuiti ai discenti. Tali argomenti sono generalmente accolti con notevole interesse, poiché percepiti come estremamente sensibili in questa fase storica; ciò non significa che le nostre opinioni e indicazioni vengano necessariamente accolte in modo acritico. Anticipando una delle più frequenti obiezioni, è possibile che il lettore abbia l'impressione che le proposte di intervento contenute nell'area più prettamente manualistica, e tutti gli argomenti correlati, tendano a giudicare il fenomeno come prodotto in parte da valutazioni e comportamenti errati dell'operatore sanitario, sovvertendo il ruolo vittima-carnefice.

Niente di tutto questo, ovviamente. Facendo riferimento al paradigma comunicativo, e al ruolo di tali strumenti comunicativi nella relazione, in particolare fra il curante e il suo assistito, riteniamo che risolvere la questione identificando necessariamente un "colpevole" non sia produttivo e tantomeno risolutivo, anzi, produca piùfacilmente l'effetto contrario. Di fatto, confermando che il manuale ha come unico obiettivo fornire al professional helper strumenti di benessere personale e professionale per anticipare, per non doversene difendere, il fenomeno della violenza e dell'aggressione, è evidente che non è nella sua disponibilità diretta modificare i fattori che lo determinano e lo alimentano, né al livello delle istituzioni, né del contesto sociale, tantomeno al livello delle singole persone.

L'unica prospettiva è pertanto disporre degli strumenti per anticipare le situazioni critiche, leggendone gli artefatti, e agire comportamenti coerenti con essi, sospendendo in questa fase il giudizio e le attribuzioni.

Assumersi la responsabilità di un evento, invece di dare per scontato che sia di qualcun altro, non significa affatto subirlo o assumersene le colpe, ma è una strategia efficace per costringere l'altro a fare altrettanto. Ciò è alla base del modello della *comunicazione assertiva* e della *persuasione*. E il contrario di ciò è alla base del conflitto e dell'escalation che conduce inevitabilmente alla violenza.

In altre parole, non potendo modificare gli altri possiamo solamente cambiare noi stessi. Questa prospettiva probabilmente non è accattivante, ma non lo è neanche per gli altri. Lo diventa decisamente se assume la forma di una strategia pianificata per modificare, in modo efficace, produttivo e protettivo, gli atteggiamenti e i comportamenti degli altri attori sociali.

Il fenomeno delle aggressioni agli operatori della sanità presenta numeri in costante aumento non solo nel nostro Paese, ma nel nostro territorio è assurto ad argomento di interesse nell'agenda-setting dei media generalisti e nei contesti organizzativi.

Ci riferiamo alle violenze di natura verbale ma spesso anche fisica, con conseguenze importanti sul benessere psico-fisico dell'operatore e del processo di cura e assistenza – minandone la qualità – ma che si estendono sull'intero complesso sociale, di cui l'assistenza sanitaria è parte integrante, essendo compresa nel patto solidaristico fra il cittadino e l'istituzione.

La sicurezza e la salute personale e collettiva sono costitutivi di tale patto, che lega uno Stato sovrano all'ordinamento sociale che lo compone, è la promessa dell'istituzione stessa che ne specifica la natura e dà senso alla sua esistenza. La violazione di tali principi, pertanto, va ben oltre la profanazione dell'intimità di un individuo e la vittima è – come conseguenza di quanto affermato – sia chi subisce che chi provoca l'aggressione. Ma, soprattutto, chi in tali fenomeni è coinvolto senza alcun ruolo diretto, poiché si trova ad accedere al Pronto Soccorso di un nosocomio fortificato come il varco di una casa di detenzione. Così come l'intero comparto socio-assistenziale, per la mortificazione della sua immagine e del ruolo sociale dei suoi operatori, per i costi economici conseguenti, per il drop-out professionale, il turnover... Infine, ma non per ordine di importanza, per la minore attraenza della professione sanitaria, che, a differenza o in misura superiore di altre, necessita di propensione all'altro e tale vocazione non può prevedere che l'altro ti si rivolga contro.

Come per tutti gli eventi che irrompono nell'esistenza collettiva, si ricorre alla ricerca di spiegazioni e interventi, così come nella pratica di cura si alternano le prassi di diagnosi e prognosi. Ma ci si scontra in questo caso con esegesi complesse e soluzioni non immediatamente disponibili. O, anche in questo caso riferendoci alla metafora medica, comportano effetti collaterali e paradossali, così – come nell'assunzione dei farmaci – la necessità di un principio attivo richiede la sopportazione di conseguenze che comunque incidono sul livello di salute complessiva. Ci riferiamo, ad esempio, alla già citata circostanza in cui un utente, richiedendo assistenza medica, si trovi ad interagire prima con guardie giurate e lo stesso operatore a svolgere la sua attività fra porte blindate e pulsanti di richiesta aiuto.

L'impressione è che l'approccio generale al problema non riesca a tener conto di condizioni che si originano al di fuori dell'organizzazione sanitaria, in dinamiche sociali su cui questa non ha potere di presidio, non potendo che comprensibilmente ricorrere, di conseguenza, alla modifica delle proprie strutture e dei processi.

Quanto ai soggetti istituzionali, non possono che interpretare a loro volta il fenomeno secondo la visione legislativa, formulando o modificando ordinamenti, riducendo i gradi di libertà o inasprendo le sanzioni per coloro che superano i vincoli. Ciò, tuttavia, per quanto doveroso, ha scarsa possibilità di invertire la tendenza del fenomeno per vari e complessi motivi, in particolare perché il timore della sanzione amministrativa e dello stigma sociale non sono deterrenti decisivi in dinamiche intrapsichiche – come l'esplosione di violenza – quando queste assumono forme parossistiche. Se così fosse, non esisterebbero i delitti e l'umanità stessa non avrebbe disegnato la sua storia attorno ai conflitti, da quelli tribali alle guerre globali, compresi quelli che tristemente condizionano tutt'oggi la nostra esistenza, per quanto come spettatori distanti.

Consapevoli pertanto che proporre soluzioni non è compito agevole, se non accodandosi a quelle già proposte confinate nell'ambito degli artefatti fisici e degli strumenti di protezione e di deterrenza legislativa, questo manuale si assume l'impegno di esplorare altri versanti rispetto a quelli già conosciuti, fornendo classi di spiegazioni più ampie al fine di ottenere soluzioni più efficaci, per quanto possibile, con l'unico obiettivo di preludere al benessere degli operatori.

A tal fine, perseverando in tale ambizione, ci accaniremo anche contro parti del fenomeno che talvolta rimangono sopiti o non adeguatamente osservati all'interno delle organizzazioni: ci riferiamo a situazioni che assumono il nome di *mobbing, bossing, bullismo, stalking, nonnismo*, che si insinuano nelle pieghe gerarchiche e a fatica vengono contenute anche per una visione quasi militaresca erroneamente funzionale al controllo sociale o addirittura necessarie alla crescita personale, quasi come riti di passaggio, dei naven che sanciscono il transito dallo specializzando allo "strutturato", ma che in realtà assumono anche in questo caso forme di violenza e causano stress, desiderio di fuga e inevitabilmente conflitti.

Accedendo ancora alla metafora presa a prestito dal contesto di cura, ampliando le categorie eziologiche, ne risulta una più ampia proposta di strumenti, con genesi relazionale e comunicativa, di natura comportamentale e – come ultima istanza – di natura fisica, senza tuttavia interpretare questa ultima categoria come l'illustrazione di tecniche arti marziali.

Rispetto a questo, pur prendendo in prestito un contesto molto diverso, rispetto a quello di cura e socio-assistenziale, chiunque può osservare come al termine di un incontro dell'arte marziale per eccellenza, la noble-art pugilistica, vincitore e vinto scendano dal ring portando sul corpo le conseguenze della disputa. Pertanto, volendo evitare tale prospettiva, la soluzione più efficace è evitare di impegnarsi in uno scontro, *pre-venendo* (dunque agendo prima dell'evento) tale circostanza, poiché in ogni caso questa imporrà a ciascuno delle cicatrici.

Il principio ispiratore della redazione di queste pagine è dunque ossessivamente sul versante della *prevenzione*, non certo ignorando il lato della *protezione*, ma giudicando questo come decisamente meno efficace e comunque più nella disponibilità dell'organizzazione, che del singolo professionista.

Il manuale che abbiamo prodotto, pur mantenendo un assetto pratico e legato alla realtà professionale, è impostato con l'obiettivo di sollecitare nel lettore la produzione di un atteggiamento differente, rispetto alle consuetudini relazionali, spesso prodotte da routine organizzative, da adottare prima delle specifiche tecniche comunicative, che avrebbero ben poco successo se applicate come semplici regole da generalizzare nei differenti contesti, indipendentemente dalle variabili che li accomunano e li differenziano. Tale atteggiamento prevarica la visione che il fenomeno dell'aggressività (da cui generano comportamenti violenti) sia diadico, racchiuso singolarmente nella relazione fra il curante e il suo assistito. Le radici del fenomeno irradiano in aree ben più ampie di tale contesto ristretto, traendo linfa dall'organizzazione ma anche da campi ben più estesi, come il complesso sociale, che prevede la rappresentazione che gli utenti producono rispetto al servizio sanitario, il ruolo professionale e sociale dei suoi operatori, le aspettative di cura basate su informazioni spesso non reali.

Talvolta, a causa di tali complesse dinamiche, che si sovrappongono l'una all'altra, l'operatore si trova isolato, interfaccia di un'organizzazione che non riesce a confermare le aspettative di cura e assistenza (realistiche o meno) e subisce gli umori di un'utenza oggettivamente in difficoltà, in questa fase di crisi del Sistema Sanitario. Infatti, la crisi si estende da dentro a fuori l'organizzazione e forme di violenza e aggressività si generano anche all'interno delle strutture, fra singoli operatori, fra categorie professionali, all'interno delle stesse categorie professionali. Così come, infine, anche fra categorie definite da genere ed età.

Tutto ciò porta alla frammentazione del livello sociale dell'organizzazione che, pur mantenendo efficiente il servizio, tende ad utilizzare dinamiche difensive per minimizzare gli effetti individuali della crisi e lasciando pertanto solo e facilmente aggredibile il singolo operatore.

Non percependo il supporto sociale, e vedendo mortificate le proprie aspettative di ruolo, inoltre, l'operatore che subisce la violenza sopporta una "seconda vittimizzazione", forse più devastante dell'atto fisico o verbale, poiché mette in crisi l'ideale professionale e l'intera prospettiva di vita, condizioni che quasi sempre nelle professioni di cura coincidono.

Per questo motivo, il manuale intende assumere una prospettiva più estesa, per fornire ai lettori strumenti relazionali, prima ancora che comunicativi, con l'obiettivo di creare condizioni di benessere individuale e professionale nell'intero contesto organizzativo, che non può essere separato e diviso in categorie.

PUNTI DI VISTA: STORIE DI AGGRESSIONI

Il fenomeno delle aggressioni nel comparto sanitario e socio-assistenziale è complesso, presenta cause e soluzioni multifattoriali che non possono essere confinate in spiegazioni semplicistiche. Soprattutto per il fatto che un evento coinvolge sfere ben più ampie rispetto alla violazione dell'intimità fisica e psichica di chi lo subisce: riguarda l'intera organizzazione in cui opera, la sfera familiare, la rappresentazione del ruolo del sanitario e l'immagine del comparto.
Le conseguenze, per tanto, vanno ben al di là delle cicatrici sulla pelle.

L'idea stessa che un professionista debba contemplare l'eventualità di una simile circostanza mina e lede alla base il legame di aiuto e lo rende impreparato ad affrontarla. Traendo spunto dalle discipline della Salute e Sicurezza lavorativa, ma anche dalle scienze cognitive, ci risulta decisamente più difficile – se non impossibile – gestire eventi che non ci aspettiamo. Se non siamo in grado di prevederli, pertanto, non solo non riusciamo a produrre adeguati comportamenti di difesa e per minimizzare il danno, ma soprattutto ci risulterà più difficile il compito di attribuire cause e spiegazioni certe all'evento. La vittima sperimenta di conseguenza una sensazione di incertezza e di forte disagio che lo porta in una certa misura a rivisitare la sua prospettiva professionale e in qualche caso ad adottare strategie di evitamento.

Per interpretare quanto sopra e tutte le situazioni che un evento simile attiva, abbiamo preferito ricorrere alla testimonianza di chi è stato effettivamente vittima di aggressione. La quantità di casi di cronaca riportati con sequenziale precisione dai media non ci ha reso difficile il compito di individuare un numero sufficiente di situazioni adeguate ai nostri scopi. Abbiamo scelto di riportarle pertanto alcune che - secondo la nostra opinione - descrivono globalmente la complessità del fenomeno e presentano ciascuna delle particolarità ma anche dei fattori comuni che, individuati, possono essere estremamente utili ai nostri obiettivi manualistici.

Abbiamo preferito non ricorrere al metodo dell'intervista, anche quando i protagonisti sono di nostra conoscenza, per non turbare ulteriormente il loro vissuto, anche perché è nostra intenzione - come anticipato - agire prevalentemente sul versante dell'anticipazione del fenomeno, lasciando sullo sfondo ciò che avviene successivamente, anche se comunque non eviteremo di occuparci di questo argomento fra queste pagine. Quanto riportato immediatamente dopo questo incipit non ha comunque lo scopo di una illustrazione esaustiva, proprio perché le casistiche e le circostanze da cui emergono sono estremamente ampie e variegate.

1 - Alessandra, Infermiera: aggredita da parenti, che ora ha paura di tornare al lavoro![1]

Alessandra è la vittima di uno dei tanti casi di aggressione, in questo caso ad opera di parenti di un assistito, fra quelli meno visibili fra le pagine di cronaca poiché, solo grazie all'intervento di un erculeo collega, gli esiti fisici non sono stati tali da meritare attenzione. Tuttavia, le conseguenze meno visibili, ma meno utili per attirare interesse, hanno devastato la sua esistenza e per questo la protagonista ha scelto di manifestare il suo disagio descrivendolo in una lettera al direttore di una testata specialistica.

La riportiamo fedelmente, rispettando anche la sua espressività, come quando "urla" la sua rabbia utilizzando il codice non scritto del Web, con l'uso del maiuscolo continuo.

Egr. Direttore,
*mi chiamo **Alessandra** e sono **infermiera** in un ospedale pubblico da oltre 10 anni.*
Negli ultimi tempi si parla molto di aggressioni che avvengono sempre più di

---

[1] *Fonte: Assocarenews*

frequente ai danni di operatori sanitari e in particolare di medici e infermieri. Aggressioni verbali e purtroppo a volte anche fisiche sono ormai all'ordine del giorno.

Il governo si sta attivando per dare vita ad una legge che punisca severamente gli aggressori, ci ripetono che dobbiamo denunciare perché questi gravi fatti non devono restare impuniti e perché sempre più stiamo diventando la valvola di sfogo di un'utenza piena di pregiudizi nei nostri riguardi che riversa su di noi ansie, rabbia e frustrazioni senza pensare minimamente al fatto di avere di fronte un altro essere umano che sta svolgendo semplicemente il suo lavoro spesso anche in condizioni di difficoltà e stress e che non è la causa dei suoi mali.

Ma serve davvero denunciare? Siamo davvero tutelati dalle istituzioni? Io l'ho fatto, ho sporto denuncia contro il mio aggressore ma purtroppo sono rimasta con tanto, tantissimo amaro in bocca e ora vi spiego perché cercando di essere il più sintetica possibile, altrimenti ne verrebbe fuori un libro. Due anni e mezzo fa durante un turno di lavoro sono stata aggredita verbalmente con minacce e insulti di ogni genere da un parente che assisteva un caro ricoverato gravemente malato e sarei stata anche picchiata se il mio collega infermiere non avesse fatto da scudo contro la furia e la violenza di questa persona che aveva deciso di sfogare su di me tutta la sua rabbia per il doloroso momento che stava passando, come se io potessi averne colpa! Io non ho risposto alle pesanti provocazioni di questa persona comportandomi da professionista quale sono ma a causa della tensione e della paura incassata ad un certo punto sono implosa, ho avuto un malore, sono svenuta, stavo male e avevo tutti i parametri vitali pericolosamente alterati (pressione alta, frequenza cardiaca alle stelle, tremori ecc.) e hanno dovuto portarmi in pronto soccorso dove ho ricevuto delle cure e sono stata stabilizzata. Il mio collega infermiere in tutto ciò è rimasto completamente solo per tutto il resto del turno a gestire un intero reparto di degenza.

Per me sono seguiti all'aggressione due mesi di infortunio certificati dall'INAIL per disturbo post traumatico da stress e la stessa patologia mi è stata diagnosticata anche dallo psichiatra che dopo l'evento mi ha avuta in cura per due anni a mie spese. Sono inoltre stata esonerata dal lavoro notturno dal medico della medicina del lavoro per elevato tasso di stress con relativa perdita economica poiché non ho percepito le indennità notturne per 24 mesi. Dopo aver sporto denuncia è iniziato il processo penale per minaccia a pubblico ufficiale e interruzione di pubblico servizio ma nonostante avessi dei testimoni che hanno confermato tutti i fatti accaduti, certificato del pronto soccorso, certificati dell'INAIL, dello psichiatra e del medico della medicina del lavoro IL GIUDICE HA ASSOLTO IL MIO AGGRESSORE PERCHÉ IL FATTO NON SUSSISTE! E allora?

Praticamente il messaggio che passa è che chiunque soffre può farci quel che vuole, tanto verrà compreso, giustificato e ASSOLTO... oggi cerco di lasciarmi alle spalle questa storia anche se è difficile e continuo seppur delusa a lavorare con passione, ma ogni giorno recandomi a lavoro ho sempre un po' paura perché gli ospedali, le corsie sono diventate delle giungle e so che nessuno mi tutelerà se dovesse accadere ancora.

Ci siamo solo permessi di eliminare alcune imperfezioni ed errori grammaticali, che dimostrano che la lettera è stata composta e inviata d'impeto, dettata dall'ira, nel tentativo di sopirla.

Ciò che emerge principalmente dalla lettera di Alessandra è il persistente disagio, esito di un disturbo pervasivo nella sfera dell'ansia, a seguito della grave minaccia alla sua incolumità, ancora non completamente risolto a distanza di due anni e mezzo dall'evento.

Così come emerge un comprensibile tentativo di fornirsi spiegazioni (la frustrazione dell'utente, i pregiudizi...) che risulta tuttavia inefficace, poiché eccessivamente generico.

Inoltre, un coping[2] centrato sull'evitamento – per quanto contenuto – attivato dalla "paura di tornare al lavoro" che probabilmente, come generalmente accade nella sintomatologia ansiosa conseguente ad un evento traumatico e minacciante, è legato non solo al timore di ripetersi dell'evento, ma anche di sperimentarne nuovamente le conseguenze (i danni fisici e il violento disagio psichico).

Infine, la constatazione che nonostante l'esortazione a denunciare l'evento, per i benefici che ciò può comportare in termini di divulgazione, imitazione (inteso come ricorso alla querela) e di deterrenza, non solo non abbia sortito gli effetti attesi ma abbia prodotto ulteriore disagio e rancore. Il fatto

---

[2] *Il termine "coping" (fronteggiare, far fronte) è usato in psicologia per indicare le modalità attuate da un individuo per cercare di controllare e minimizzare le conseguenze di un evento stressante. Talvolta assume forme complesse o che provocano ulteriore disagio, come nel caso si adottino le strategie più disponibili, come quelle di evitamento.*

che il giudice non abbia ritenuto di sanzionare il reo, è dovuto probabilmente alla mancanza di conseguenze documentabili sul piano fisico, mentre non ha ritenuto necessario, anche alla luce della legislazione disponibile all'epoca del giudizio, di indagare la sfera esistenziale della vittima. Ciò dimostra che l'organizzazione istituzionale, nonostante le buone intenzioni ed i proclami, non è adeguatamente strutturata per interpretare gestire e minimizzare il fenomeno delle aggressioni nella sanità, fallendo nel suo compito a causa dell'incapacità di garantire il compito di protezione che sancito nella relazione cittadino - istituzione stessa, ma anche in quello fra l'utente e la promessa di cura.

2 - Medico colpito da un paziente con tirapugni per il rifiuto della prescrizione di un farmaco[3]

Il fatto si è verificato proprio mentre stendevamo queste righe e, per il motivo che presenta condizioni particolari che possono attivare riflessioni che riporteremo in seguito, ciò ci ha convinto a rivedere la progettazione di questa specifica area.

La vittima in questo caso è il primario del reparto di endocriminologia oncologica di un nosocomio del capoluogo siciliano, aggredito brutalmente dal parente di un paziente in cura armato addirittura di un tirapugni, arma di origine antica costituita da una serie di anelli in metallo, uniti fra loro, in cui vengono introdotte le dita, con lo scopo evidentemente di moltiplicare i danni di un colpo.

Il medico 64enne ha riportato danni importanti al tessuto cranico e la lacerazione del lobo di un orecchio, con forte perdita ematica, ed ha dovuto essere sottoposto ad un intervento chirurgico di emergenza. Inoltre, nell'aggressione, il professionista ha riportato anche la frattura di un arto.

---

[3] *Fonte: agenzia di stampa ANSA*

L'aggressore, che subito dopo è fuggito, non si è preoccupato di agire di fronte a numerosi testimoni. Secondo le agenzie di stampa, la causa scatenante la violenza sarebbe stato il rifiuto, da parte del professionista, di prescrivere un farmaco oncologico che l'aggressore pretendeva.

Al di là della nuda cronaca, che sembra più coerente con un comune atto delinquenziale, l'evento sollecita almeno due riflessioni che abbiamo anticipato qualche riga poc'anzi.

Il primo è che il luogo in cui si è prodotto l'evento è caratterizzato da forte penetrazione di criminalità urbana, frequenti scontri fra gruppi, bande suburbane per la spartizione dei proventi delle attività illecite e una condizione di diffuso disagio sociale, che si rileva anche con differenti manifestazioni di violenza che coinvolgono inevitabilmente anche le persone estranee a tali dinamiche, definendo un'intera cultura in cui la violenza è un assunto ben evidente, come è dimostrato dal fatto che l'aggressore fosse dotato dell'arma potenzialmente letale (non certo per l'appuntamento con il medico, ma per la necessità quotidiana di offesa e difesa).

Nonostante ciò, all'aggressore ha potuto raggiungere la sua vittima, portando con sé l'arma, perché evidentemente non si è ritenuto di equipaggiare la struttura di dotazioni di sicurezza, di renderle funzionanti o sufficientemente efficaci, come sarebbe stato opportuno in tale contesto, e che le forze dell'ordine – a distanza di tempo – non siano state in grado di risalire all'identità dell'assalitore, compito arduo senza disponibilità dei filmati della videosorveglianza e la registrazione del passaggio presso l'accettazione dell'ospedale, così come la collaborazione dei testimoni.

Ciò a dimostrare che non anticipare tali eventualità conduce inevitabilmente a concedere che si generino ed aumenta i danni che producono.

La seconda riflessione è il motivo scatenante la reazione di violenza e il comportamento aggressivo. Sgombrando il dubbio di volerlo giustificare, per quanto abnorme e meritevole di un'adeguata risposta di ordine penale e risarcitoria, ha un'origine che non va accantonata per il semplice fatto di essersi manifestata in modo parossistico, deve necessariamente essere inclusa nel campo di spiegazioni e modificare lo schema operativo nella relazione utente-curante. Ci riferiamo alla modalità di comunicazione fra i due attori principali nello scenario sanitario e socio-assistenziale (cioè chi fornisce e chi riceve l'assistenza) che in un modello medico ancora prevalente – per quanto più volte messo in discussione – preveda distacco empatico, sbilanciamento di comunicazione, che talvolta comporta la privazione di informazioni, cosa di cui il paziente comunque necessita non meno dell'aria che respira.

Abbiamo già dedicato un breve tomo su questo argomento inserito nella stessa collana ("*From cure to care*", dello stesso autore) frutto delle considerazioni di un'esperienza come paziente, invertendo il consueto ruolo di terapeuta. Ciò ha consentito di constatare tale effetto (che nella sociologia medica viene definito con l'inglesismo "*detachted effect*"), che successivamente approfondiremo, porti inevitabilmente l'utente a ricercare informazioni dove disponibili, in mancanza di fonti istituzionalizzate (come – principalmente – le spiegazioni esaustive del medico) anche quando le alternative sono siti Web non necessariamente attendibili, gruppi di pazienti creati su social generalisti, esperti autoreferenziati che anche in buona fede forniscono consigli che, agli occhi di chi soffre la preoccupazione per la propria salute, possono apparire autorevoli.

Uscendo dal fatto descritto, è presumibile che molti utenti si rivolgano al loro curante disponendo già di una ipotesi diagnostica frutto di valutazioni ingenue e si aspettino un progetto di cura coerente e che, in determinate circostanze, quando tale progetto viene disconfermato o negato, ciò generi una reazione violenta.

Che la modalità dell'auto-diagnosi, o presunzione di diagnosi, sia piuttosto ricorrente, la constatazione che negli ultimi anni, sicuramente in coincidenza con la diffusione di forme di comunicazione non mediate da opinion-leader autorevoli, anche i nostri pazienti adottino tale modalità, presentandosi, al momento della richiesta di presa in carico, già con una sorta di quadro clinico («*soffro d'ansia o di attacchi di panico*», «*ho un disturbo depressivo, lei può prescrivermi il farmaco XXX?*» oppure «*cerco un terapeuta che segua l'approccio YYY*» e – recentemente - «*mi serve uno psicoterapeuta che dichiari che soffro di...*»), che poi non trova corrispondenza con la realtà e impegna il terapeuta a disconfermare tali presunzioni, aggirando le difese che le sostengono, complicando l'approccio di cura.

Se il professionista non è così abile in questa opera, come – non lo neghiamo – è accaduto talvolta anche nel nostro caso, il paziente rinuncia persino al processo di cura, giudicando più attendibili le spiegazioni di cui è già fornito, e in un paio di casi ciò è avvenuto con una modalità che possiamo senz'altro far rientrare nella categoria dell'aggressività, per quanto contenuta entro i confini delle parole.

3 - L'infermiera presa a pugni nell'ospedale di Castellammare: «Anche questa è violenza contro le donne»[4]

La trentenne infermiera Anna Procida è stata aggredita da un parente di un paziente nel reparto di P.S. di un ospedale di Salerno, riportando serie conseguenze (denti rotti e setto nasale contuso). Nell'intervista rilasciata ad un noto quotidiano – di cui riportiamo un stralcio - si racconta amareggiata e dice «*non si può lavorare al Pronto Soccorso in questo modo*».

«*Come sto? Tutta gonfia. Stanca, distrutta sia fisicamente che psicologicamente. Ma devo avere la forza di andare avanti: ho due bambine e la più grande, che ha quattro anni e mezzo, quando mi ha visto col viso tumefatto, si è spaventata e mi ha chiesto cosa mi fosse accaduto. Io le ho risposto che ero caduta dalle scale al lavoro.*

---

[4] *Fonte: Corriere della Sera*

Ma lei subito si è accorta che qualcosa non quadrava. Allora, le ho detto che avevo discusso con un uomo e che questo mi aveva strattonato facendomi perdere l'equilibrio».

Come è potuto accadere?

«Senza che ci fosse stato nulla di particolarmente insolito, in realtà. La sala del codice rosso era piena di parenti di persone che avevano bisogno di cure: sembrava un mercato. Mia sorella Maria Rosaria, che pure fa l'infermiera al Pronto Soccorso del San Leonardo, aveva già detto più volte di uscire, che era pericoloso stare in tanti in uno spazio limitato, in primis proprio per i pazienti. Ma come risultato aveva ottenuto solo insulti. In modo particolare da ben quattro familiari che accompagnavano un degente: pretendevano che una operatrice stesse vicino al loro parente, immobile.

Io mi sono trovata a passare per caso in quella sala. E, dopo qualche istante, mi sono sentita la mano di un uomo sulla spalla che mi spingeva in disparte. Credevo che volesse raccomandarmi del suo parente, come accade di solito.

Invece, quando ho visto che, contemporaneamente, mia sorella subiva un'aggressione da parte di una donna dello stesso gruppo familiare dell'uomo e ho tentato di avvicinarmi per aiutarla, improvvisamente, ho ricevuto un pugno fortissimo che mi ha fatto saltare l'incisivo superiore, scheggiato tre denti, mi ha procurato una infrazione alle ossa nasali e un trauma facciale: in tutto, 25 giorni di prognosi».

Avrebbe mai pensato di subire qualcosa del genere mentre svolge il suo lavoro?

«No. Io e mia sorella da sempre abbiamo voluto fare le infermiere, è una passione che abbiamo ereditato in famiglia. Abbiamo fatto il corso assieme al Pascale. Lei, anche se ha 28 anni, due in meno di me, ha cominciato a lavorare al San Leonardo quattro anni fa, io dodici mesi più tardi. Amiamo svolgere il nostro lavoro in Pronto Soccorso. Ma mai avremmo pensato di subire una aggressione simile».

Ora avete ancora voglia di tornare a lavorare?

«In questo momento, è difficile rispondere a questa domanda. Di sicuro, non si può andare avanti così, tra insulti e aggressioni. Io, quantomeno, non me la sento: con due bambine piccole, devo dire pure che mi è andata bene. Anche quella che ho subito io è una violenza di genere: non solo non si è fermato davanti a una donna, mi ha pestato proprio perché donna».

Anche questa sconcertante vicenda, per certi versi simile a quella precedente ma contemporaneamente molto differente secondo altri luoghi di osservazione, suggerisce importanti spunti di riflessione. Ci agganciamo all'ultima asserzione della sfortunata infermiera, secondo la quale alla base della violenza vi sarebbe stata una dinamica di scontro di genere. Ovviamente rispettiamo l'opinione di chiunque, soprattutto dei protagonisti, che necessitano più di altri di ricercare le cause degli eventi che li riguardano, ma riteniamo sia utile non ricercare spiegazioni semplificate e stereotipate o frutto dell'attivazione conseguente ad eventi che hanno attirato l'attenzione pubblica nello stesso periodo.

Non è intenzione allo stesso modo minimizzare i fenomeni di violenza di genere, ma neppure inserire tale argomento trasversalmente su qualunque altro, con il rischio di perdere il punto di vista della questione. Già il fatto che fra gli autori della violenta aggressione ci fosse anche una donna, familiare dell'assistito, rende quantomeno vacillante questa spiegazione.

Inoltre, anche se abbiamo scelto di non arricchire eccessivamente la nostra trattazione di numeri e statistiche, che richiederebbero un lungo approfondimento in termini di interpretazione per superare ciò che il dato grezzo semplicisticamente rappresenta, va riferito che se è vero che le vittime di violenza del comparto sanitario sono per più del 70% donne, è anche vero che questa percentuale rappresenta più o meno la distribuzione di genere nel comparto. Dunque uomini e donne sono ugualmente vittime di azioni violente e la differenza - se esistente - non appare comunque significativa o tale da giustificare un'interpretazione del fenomeno esclusivamente sotto la luce dello scontro fra generi.

Non è comunque il caso di accantonare tale tema, ma eventualmente approfondirlo: ad esempio, è ipotizzabile che le vittime di violenza siano preferibilmente quelle che sono più prossime in termini di vicinanza fisica agli utenti e ai loro familiari, mentre ne risultino relativamente preservati coloro che, per ruolo e gerarchia organizzativa, ne restano più distanti. Proprio per la particolarità della distribuzione delle professioni e delle mansioni in un'organizzazione sanitaria, è possibile che effettivamente le donne siano maggiormente esposte al rischio di subire aggressioni per il fatto che alcune categorie professionali in cui è prevalente il genere femminile, come ad esempio quella degli infermieri, più facilmente costituiscono l'interfaccia dell'organizzazione nei confronti dell'utenza, con cui condividono gli stessi spazi.

Le nostre ricerche documentali, necessarie per impegnarsi su qualunque argomento, combaciando competenze ed esperienze, non hanno individuato dati numerici che confermino qualunque ipotesi e d'altro canto sarebbe complicato avventurarsi in elaborazioni statistiche per questo scopo, per la presenza eccessiva di correlazioni "spurie" [5]. Tuttavia, mantenere questo topic fra i nostri campi di spiegazione e interpretazione può essere sicuramente utile per progettare degli strumenti metodologici che abbiano lo scopo di anticipare gli eventi che risultano conseguenti a risposte emotive che gli attori (gli autori di violenze) non sono in grado di contenere e regolare.

Ulteriore riflessione suggerita dalla vicenda dell'infermiera campana è il senso di disagio, disorientamento, quasi vergogna che emerge dalle verbalizzazioni della professionista, in comprensibile difficoltà a riferire con veridicità la vicenda ai giovani figli, non solo per non turbarli, ma probabilmente, e in una certa misura, per non dissestare l'immagine del ruolo e della professione. Se risulta difficile comprendere, non solo per la

---

[5] *Una correlazione spuria, in statistica, definisce due fenomeni statisticamente correlati tra loro, ma non sono necessariamente legati da un rapporto causa-effetto.*

diretta protagonista, come una professione di aiuto, in cui la propensione all'altro è contemporaneamente fattore caratterizzante e vocazione motivazionale, comprenda anche che chi riceve tale attenzione non solo non la riconosca, ma addirittura la ribatta in modo tanto violento, come potrebbero farlo giovani menti ancora scarsamente provviste di senso critico e di capacità di modulare le loro interpretazioni?

Inoltre, la vicenda, purtroppo non isolata, di Anna Procida conferma un'altra osservazione, vale a dire che in assenza di spiegazioni congrue e solide, e di conseguenza di strumenti efficaci, non resta come strategia che quella dell'evitamento, archetipica evoluzione del riflesso di fuga, emessa dalle strutture più antiche dell'organo nervoso, in parte resistente alle elaborazioni razionali, estrema difesa intrapsichica che dirige i comportamenti. Nel caso di Anna, si manifesta come un'attivazione emotiva che l'allontana dai trigger [6] ambientali che la riportano all'evento traumatizzante e modifica il livello di motivazione, in termini di legame affettivo con il suo ruolo e il suo incarico professionale, per lo meno in quello specifico luogo, suggerendole di non rientrarvi.

Ancora, la stessa vicenda pone in evidenza come espressioni di violenza possano coinvolgere più persone contemporaneamente (in questo caso un'intera famiglia), rendendo pertanto inattendibile una delle frequenti spiegazioni riferite ad una sorta di "raptus" o di disagio psichico, che difficilmente può manifestarsi nella stessa modalità in più individui, per quanto intimamente legati fra loro. È vero che molte forme di violenza si originano e si amplificano proprio attraverso dinamiche di gruppo (come già osservato dal sociologo e criminologo Gabriel Tarde a cavallo fra il 19° e il 20° secolo e ancora prima da Gustave Le Bon), ma questo può forse spiegare il tipo di risposta, molto meno il fattore attivante.

---

[6] *In psicologia, un "trigger" è uno stimolo che riporta il soggetto a una precedente esperienza traumatica, attraverso i suoi simboli, producendo le attivazioni emotive conseguenti all'evento.*

In questo caso, si riporta, i soggetti pretendevano che un operatore rimanesse accanto al loro familiare in attesa del proprio turno nel P.S., creando un protocollo di assistenza a loro consumo, frutto di informazioni e aspettative irrealistiche ma, principalmente, dal totale distacco, di tipo emotivo e comunicativo, fra le anime del servizio (utente e istituzione).

4 - Infermiera aggredita? *«Hanno fatto bene a menarvi, a mio figlio hanno dato un codice bianco e ha dovuto pagare il ticket»*[7]

L'ultima riflessione riferita all'episodio precedente sembrerebbe in larga misura confermato da quello che ci apprestiamo a illustrare. In questo caso non prendiamo spunto dall'evento in se stesso, che nelle dinamiche e nelle sue conseguenze si presenta non dissimile a tanti altri, quanto da un'ulteriore circostanza che si è verificata a margine. Mentre un giornalista stava realizzando un'intervista alla vittima ennesima aggressione proprio fuori dallo stabilimento sanitario in cui si è verificata, una donna di passaggio ha inveito verso di lei, pronunciando la frase che vedete anticipata nel trafiletto: *«Hanno fatto bene a menarvi, a mio figlio hanno dato un codice bianco e ha dovuto pagare il ticket»*.

Non vi è dubbio che questo ha ennesima evenienza si configura come ulteriore atto di violenza, che non necessariamente ricorre esclusivamente alle armi fisiche, ma può impiegare - come in questo caso - quelle ben più potenti, poiché infliggono danni duraturi, che colpiscono la psiche. E, concedendoci di assumere la valutazione del protagonista, ciò appare perfino più sconcertante dell'evento stesso, per quanto definito da una violenza inaudita (che solleviamo i nostri lettori di conoscere nei dettagli, comunque disponibili nei resoconti di cronaca); ciò confonde ancora di più il campo di spiegazioni, negando il supporto sociale, anzi, facendo apparire

---

[7] *Fonte: www.dimensioneinfermiere.it*

il contesto comunitario come ancora di più minacciante e prevaricante, e rendendo pressoché impossibile il processo di elaborazione. Al punto che il presidente di un sindacato di categoria invoca la presenza dell'esercito negli ospedali, poiché «*...siamo ad un punto di non ritorno*», una sorta di programma *"corsie sicure"*, come quello che ha portato i militari nelle strade dei quartieri a maggior presenza di criminalità. E, mentre si discute se tale proposta sia frutto della comprensibile necessità di individuare una soluzione drastica al problema o una provocazione per attirare attenzione su di esso, c'è chi si domanda: «*ma quanto è lontano il tempo degli "eroi"?*», il tempo in cui le professioni sanitarie, come altre (ad esempio quelle del comparto educativo), comportavano visibilità sociale, automaticamente autorevolezza e rispetto, per il ruolo stesso che incarnano, cioè garantire il patto sociale che prevede la garanzia di salute e protezione, in cambio del contributo fiscale, ma ancor prima stabilisce un legame affettivo con l'istituzione. Un legame empatico percorso da un lato con l'idea messianica di propensione al prossimo, talvolta al costo di immolare se stessi (come ha dimostrato la devastante esperienza causata dalla pandemia da Covid-19) e dall'altro versante in forme più o meno evidenti o mimetiche di riconoscenza.

Molta acqua è passata sotto i ponti fino a quando tale legame empatico si è interrotto con il ruolo del curante, ma prima ancora con l'istituzione che lo contiene e ciò che resta è da una parte l'idealizzazione ancora pervasiva di una professione che incarna la vocazione all'aiuto, dall'altra un'interpretazione che non prevede alcuna forma di propensione al prossimo, compreso chi agisce nei confronti della salute degli altri, un ripiegamento edonistico che sbilancia i vantaggi sociali sul polo individualistico, a dispetto di quello comunitario.

La spiegazione della violenza e l'aggressività non sembrano pertanto rintracciabili – come approfondiremo – nella congiunzione fra il curante e il curato, ma negli stessi legami sociali, nella rappresentazione della comunità in cui ciascuno vive, dei gruppi in cui è articolata, compresi quelli definiti secondo le categorie professionali.

5 – I rituali di passaggio: quando la violenza è dentro l'organizzazione

Abbiamo scelto di illustrare questo ultimo evento, che contiene evidenti riferimenti autobiografici, poiché riteniamo possa consentire di accedere a sfere più periferiche rispetto al nucleo centrale del fenomeno, ma non per questo meno perturbanti, che evidenziano forme meno visibili di violenza, che appaiono altrettanto pericolose proprio perché si insinuano nelle pieghe organizzative, nelle relazioni, nelle regole non scritte, da tutti prodotte e per questo da tutti accettate, salvo poi subirle in determinate circostanze.

L'evento si riferisce al primo incarico professionale, durante il tirocinio post-lauream, pertanto (ahimè) moltissimi anni fa, a dimostrazione che tali dinamiche e alcune forme di violenza non sono necessariamente legate all'evoluzione contemporanea delle relazioni sociali, ma originano in micro-cosmi in cui dinamiche biologiche e organizzative si intrecciano e per questo risultano più difficilmente intercettabili e interpretabili.

Fummo inviati in una struttura in cui presiedevano ragazzi affetti da schizofrenia, una vecchia abitazione ormai fatiscente, isolata dal mondo nonostante si trovasse a poche centinaia di metri è una zona densamente abitata, celata alla vista, tanto che noi stessi nonostante fossimo passati davanti chissà quante volte non ne conoscevamo l'esistenza. Si trattava di persone che avevano ricevuto una diagnosi che le rendeva di fatto inadeguate a stare nel mondo e per questo ne erano state allontanate e si provvedeva a loro non in termini curativi, ma informa caritatevole e assistenzialistica. Era evidente la loro rabbia, che rivolgevano spesso nei confronti degli operatori e di chi, per qualunque motivo, varcava il cancello dell'istituto.

Qualcuno ci avvertì che gli ospiti spesso riservavano un brutale benvenuto a chi veniva inviato per accudirli. Non ricordo e tuttora non so per quale motivo ricevemmo questo avvertimento, ma fu sicuramente molto utile perché appena varcata la porta del refettorio dove fummo inviati per supportare gli altri operatori, un'ospite uscì urlando dalla cucina brandendo un coltellaccio, pronunciando parole di cui non riuscì a comprendere il senso, ma che sicuramente contenevano una minaccia esplicita.

Forse rammentando l'avvertimento, forse percependo le risatine emesse dagli altri operatori, mi convinsi che la minaccia non era reale e riuscì non solo a rimanere impassibile, ma scovando chissà quali abilità che non pensavo disponibili, riuscii non solo a calmare Giacinta, ma in breve tempo a farmela persino amica. Questa povera ragazza era affetta da una schizofrenia paranoide e temeva fortemente il giudizio delle persone, che bloccava sul nascere allontanandole ed era pertanto l'incaricata perfetta per inscenare questo rituale, riservato a tutti i nuovi operatori, che in qualche modo sanciva la loro idoneità ad appartenere al gruppo.

Non restava che rimanere al gioco, anche se ricordo che le risate e le scanzonate decisamente irriverenti, rivolte non meno verso Giacinta, mi infastidirono non poco. Ma, avendo sopportato ben più rigide liturgie del *nonnismo* durante la naja, superai agevolmente la questione.

Chi mi seguì non ebbe altrettanta fortuna. Forse perché donna (mentre gli operatori, poiché spesso il loro incarico comprendeva di contenere fisicamente le crisi degli ospiti, erano quasi tutti di sesso maschile) lo "scherzo" fu accentuato privandolo di qualunque avvertimento per godere della sorpresa. Forse anche Giacinta fu aizzata, per essere certi che inscenasse la sua parte, e quando si avventò sulla mia collega Valentina questa sperimentò il terrore di una scena reale. Shockata e piangente, invece di essere difesa e confortata dai colleghi, ricevette da questi lazzi e risate, che agli occhi della giovane apparvero ben più violenti del teatrale alterco di Giacinta, ora che si era rivelato ingannevole.

Così, adirata più per non aver superato il rituale di passaggio, si allontanò dalla struttura e rinunciò all'incarico, non prima di uno scambio con la responsabile della struttura, la quale – minimizzando il fatto – ne fece ricadere le cause sulla inadeguatezza della collega, senza prendere in considerazione la pericolosità di quello che definì «*uno scherzo*» (si noti, una schizofrenica, contenuta farmacologicamente, segregata poiché evidentemente ritenuta pericolosa per sé e per gli altri, lasciata libera di "scherzare" con un coltello).

I fenomeni di mobbing, stalking e bullismo sono una realtà nel comparto sanitario, spesso taciuta e trascurata. Riguarda non solo medici specializzandi (l'unica categoria a cui è rivolta una minima attenzione, su cui vengono svolte ricerche e per le quali vengono attuate sporadiche forme di contrasto) ma anche le altre professioni di cura e assistenza.

Spesso i neo-assunti sono vittime di abuso psicologico, violenze e vessazioni verbali, minacce e discriminazioni da parte dei colleghi più anziani. Questo comportamento non solo compromette la salute mentale e fisica dei giovani medici, ma finisce per influenzare pesantemente la qualità delle cure fornite ai pazienti, aumenta il livello di drop-out professionale e di burnout.

Tali forme di violenza provocano pertanto conseguenze forse meno visibili rispetto a quelle provocate da utenti che non fanno parte dell'organizzazione (come pazienti o i loro familiari), ma sicuramente gravose, per il fatto che si ritenga debbano essere accettate, non denunciate, perché la reazione comprometterebbe la prospettiva di carriera e l'accettazione nel gruppo. In casi non rari le discriminazioni hanno uno sfondo sessuale, rivolto dalle figure più anziane - più spesso di sesso maschile - che presidiano i ruoli gerarchici più elevati, nei confronti delle giovani colleghe, fissando vincoli corporativistici fra loro, talvolta come patto predatorio di spartizione e di difesa nel caso della reazione della vittima, che si troverebbe in questo caso circondata da un muro difficile da abbattere o finirebbe per essere costretta ad allontanarsi.

Nella nostra esperienza nello sportello di ricevimento dei casi di disagio professionale per i dipendenti di alcuni nosocomi, sono stati frequenti gli accessi causati da queste situazioni e i racconti degli utenti (principalmente giovani medici specializzandi e infermieri) confermano quanto sopra e il disagio che ne consegue, provocato non solo da forme più o meno subdole di violenza e aggressività, ma soprattutto dalla constatazione di non potersene sottrarre.

Tuttora fra i nostri pazienti vi sono alcune giovani specializzande di sesso femminile, affette da sintomatologie ansiose, disturbi fobici, disturbi di attacchi di panico, dell'affettività e del comportamento, come conseguenza di vessazioni subite fra i reparti dell'ospedale in cui svolgono il loro fondamentale servizio medico. In qualche caso si è trattato di veri e propri abusi di natura sessuale ed emerge evidente la difficoltà di superare il trauma, poiché non può essere condiviso con i colleghi, i referenti istituzionali, ma anche con i propri familiari.

Come strategia intrapsichica di difesa, le giovani professioniste sperimentano una sorta di "anestesia emozionale", per separarsi affettivamente dall'evento e dal contesto che le turba, cosa che le rende inadeguate non solo alla pratica professionale (da cui in misura diversa progettano di allontanarsi) ma anche alle relazioni familiari, che in tutti i casi si incrinano.

DIAMO I NUMERI

Se abbiamo ceduto alla tentazione di fornire un titolo un po' burlesco a questa sezione, resistiamo a quella di descrivere esaustivamente il fenomeno sulla base di dati e istogrammi. Non tanto per il fatto che questi sono in grado di fornire solo una rappresentazione quantitativa del fenomeno, tralasciando gli aspetti qualitativi - che riguardano le conseguenze emotive, esistenziali e professionali, nelle dimensioni individuali e sociali - quanto perché, in realtà, i dati disponibili sono piuttosto parziali ed appaiono decisamente poco significativi.

L'aspetto più interessante è, infatti, proprio quest'ultimo, che rende ragione della complessità del fenomeno e della difficoltà di descriverlo. La conseguenza non si estende esclusivamente sul livello documentale, ma anche su quello meramente pragmatico, poiché mancando di una comprensione di un qualunque oggetto risulta estremamente complicato manipolarlo, tanto più in relazione alla complessità dell'oggetto stesso.

Ma, ipotizzando che i nostri lettori si aspettino una valutazione dimensionale dell'oggetto di cui stiamo discutendo, riportiamo i dati forniti da INAIL che però presentano il limite di fare riferimento alle denunce di infortunio presentate – come conseguenza di un'aggressione – e non fanno riferimento agli episodi in cui nonostante si sia prodotta un'azione violenta questa, per svariati motivi, non ha prodotto danni oppure (condizione non trascurabile numericamente) la vittima ha ritenuto di denunciare l'evento e questo non è stato pertanto documentato.

È pertanto ipotizzabile che i dati assoluti e relativi che riportiamo di seguito – e che si uniscono a quelli che abbiamo via via snocciolato nelle varie sezioni del manuale - siano sottostimati rispetto alla realtà e non la rappresentino fedelmente.

- Casi documentati di aggressioni ad operatori sanitari nel 2023: 1.600

Per quanto riguarda la distribuzione del fenomeno nei differenti comparti di cura e socio-asistenziali:

- il 37% si è verificato nel settore dell'assistenza sanitaria (ospedali, case di cura, istituti, clinici e policlinici universitari),

- il 33% ha coinvolto servizi di assistenza sociale residenziale,

- il 30% nel comparto dell'assistenza sociale non residenziale.

Il dato sopra riportato, dimostra una distribuzione pressoché omogenea degli eventi nei vari comparti di cura e socio-assistenziali.

Secondo la definizione del NIOSH (National Institute for Occupational Safety and Health) del 2002, esistono varie tipologie di violenza che gli operatori sanitari possono subire, e nello specifico:

- aggressione fisica, come spinte, colpi, sputi

- tentativo di aggressione, verbale o scritta

- aggressione emotiva con atteggiamenti dannosi, come insulti, gesti e umiliazioni davanti ai colleghi

- molestia sessuale verbale

- violenza sessuale

Secondo altre fonti, i contesti più a rischio è sono quelli di natura emergenziale, che presentano – soprattutto in alcune aree – punte di incremento di oltre il 50% nel biennio 2022-2023. Sotto il profilo interpretativo, ciò dimostra che – al di là dell'omogeneità della distribuzione statistica (probabilmente anche come conseguenza dei difetti di campionatura e rilevazione) in alcuni contesti sono presenti variabili che muovono maggiormente il fenomeno, come il livello di stress, la frustrazione, le difficoltà operative del S.S.N. e un contesto sociale in cui sono già presenti dinamiche di violenza e distacco istituzionale.

Per quanto riguarda le categorie professionali oggetto di aggressioni, anche in questo caso i dati presentano una sostanziale omogeneità: nessuna categoria è sostanzialmente preservata, ma gli eventi riguardano in misura maggiore medici, infermieri e O.S.S..

Volendo ipotizzare una valutazione di natura qualitativa, che riguarda non solo questo ultimo aspetto, anche in questo caso riteniamo che il dato non sia rappresentativo della realtà, e la variabile "ruolo professionale" (in questo caso il fattore sottostante è probabilmente il potere decisionale nel processo di cura e nella relazione con l'assistito) si intersechi con la variabile "vicinanza con il paziente o assistito".

È evidente che un'azione aggressiva o violenta deve necessariamente essere diretta verso un oggetto sociale (una persona, una istituzione o anche un manufatto) ma in ogni caso è agita direttamente verso la sua interfaccia più disponibile, che generalmente sono i professionisti con ruoli operativi.

Simbolicamente, l'azione violenta viene diretta contro chi ha potere decisionale, che nella rappresentazione dell'utente è il medico, ma questa lo colpisce direttamente solo quando questi e il suo utente entrano in contatto diretto.

Infine, una variabile determinate, come abbiamo accennato, che correla con le altre (e che probabilmente costituisce un fattore comune) è il contesto in cui si manifesta la violenza, non solo in termini di reparto (di emergenza piuttosto che di degenza), quanto del contesto in generale, definito secondo le dinamiche psico-sociali e culturali. Ad esempio, per quanto riguarda gli operatori della salute mentale, sono molto maggiori i fenomeni di aggressione a psichiatri piuttosto che psicologi e psicoterapeuti, come ad infermieri che agiscono professionalmente nei reparti psichiatrici piuttosto che in altri, che . I primi operano in contesti decisamente più critici rispetto ai secondi e in effetti nel primo caso i dati statistici riportano numeri che vanno dal 28 al 50% (inteso come personale che dichiara di aver subito qualche forma di aggressione fisica o verbale), per i secondi non sono neppure disponibili dati, anche perché la loro presente non è assidua e istituzionalizzata. Infine, a dimostrazione di ciò, il fatto che gli eventi che riguardano tali professionisti (psichiatri, psicologi e psicoterapeuti) che operano nel settore privato sono numericamente trascurabili.

Durante la scuola di specializzazione, un docente – condividendo lo spirito di discutere di cose serie in modo scanzonato – forse per godere delle facce spaventate dei suoi discenti (e intimamente per togliersi dai piedi dei futuri competitor) - ci avvertì che uno psicoterapeuta deve sempre avere disponibile nel suo studio un estintore e un'arma.

Ricordando di aver risposto che, non avendo dimestichezza con le armi, le avremmo sostituite con ciò che resta di un passato di mezzofondista veloce, nessuno dei nostri pazienti ha finora tentato di dare fuoco al suo terapeuta o lo ha costretto a rinverdire urgentemente il proprio passato agonistico.

Per i motivi già evidenziati non desideriamo progredire con l'evidenziazione dei dati disponibili, chiudendo pertanto questa breve sezione con la riflessione che <<<

LA RISPOSTA ISTITUZIONALE E NORMATIVA

L'aumento esponenziale dei casi di violenza sugli operatori sanitari ha spinto il legislatore a prendere in carico il problema e produrre una normativa specifica per disciplinare la materia. Ciò costituisce un notevole passo avanti in termini di riconoscimento del fenomeno e azione di contrasto, pur con alcuni limiti che dipendono non tanto dall'impianto normativo quanto da una difficoltà (già più volte espressa in questa pagina) di entrare con decisione nelle dinamiche di tale fenomeno e far convergere le visioni di tutti gli attori interessati.

Il fenomeno della violenza nei confronti degli operatori sanitari è l'oggetto della L. 113 del 14 agosto del 2020 (pubblicata in G.U. n. 224 del 9 settembre dello stesso anno)[8].

Si dispone in 10 articoli, di cui forniamo di seguito un'illustrazione (di seguito è disponibile eventualmente una sintesi):

Art. 1: individua l'ambito di applicazione del provvedimento, riguardante le professioni sanitarie e sociosanitarie, contestualmente definite;

Art. 2: prevede l'istituzione, presso il Ministero della salute, di un Osservatorio nazionale sulla sicurezza degli esercenti le professioni sanitarie e socio-sanitarie, composto per metà da donne, per monitorare: gli episodi di violenza commessi nell'esercizio delle funzioni; gli eventi sentinella che possano dar luogo ai suddetti fatti; l'attuazione delle misure di prevenzione e protezione previste dalla disciplina in materia di sicurezza sui luoghi di lavoro, anche promuovendo l'utilizzo di strumenti di videosorveglianza; la promozione di studi per la formulazione di proposte e misure idonee a ridurre i fattori di rischio negli ambienti più esposti; la diffusione delle buone prassi in materia di sicurezza; corsi di formazione

---

[8] *https://temi.camera.it/leg19/dossier/OCD18-12732/disposizioni-materia-sicurezza-esercenti-professioni-sanitarie-e-socio-sanitarie-nell-esercizio-loro-funzioni-3.html*

per il personale medico e sanitario, finalizzati alla prevenzione e gestione di situazioni di conflitto nonché a migliorare la qualità della comunicazione con gli utenti; il Decreto 13 gennaio 2022 ha istituito l'Osservatorio. composto da rappresentanti dei ministeri della Salute, dell'Interno, della Difesa e della Giustizia, delle Regioni, insieme a rappresentanti degli ordini professionali, delle società scientifiche e dei sindacati. I componenti dell'Osservatorio, nominati con decreto ministeriale 17 febbraio 2022, rimangono in carica tre anni dalla data di insediamento e possono essere riconfermati;

Art. 3: rimette al Ministro della salute la promozione di iniziative di informazione sull'importanza del rispetto del lavoro del personale esercente una professione sanitaria o socio-sanitaria utilizzando le risorse disponibili a legislazione vigente per la realizzazione di progetti di comunicazione istituzionale;

Art. 4: interviene sull'art. 583-quater c.p. per prevedere che le lesioni gravi o gravissime procurate in danno di personale esercente una professione sanitaria o socio-sanitaria nell'esercizio o a causa delle funzioni o del servizio, ovvero in danno di chiunque svolga attività di cura, assistenza sanitaria o di soccorso, nell'esercizio o a causa di tali attività, siano punite con pene aggravate (per le lesioni gravi, reclusione da 4 a 10 anni, e per le lesioni gravissime, reclusione da 8 a 16 anni), in analogia con quanto previsto per le lesioni gravi e gravissime ai danni di un pubblico ufficiale in servizio di ordine pubblico in occasione di manifestazioni sportive;

Art. 5: inserisce, tra le circostanze aggravanti comuni del reato – che comportano un aumento di pena fino a un terzo - l'avere agito, nei delitti commessi con violenza e minaccia, in danno degli esercenti le professioni sanitarie o socio-sanitarie nell'esercizio delle loro funzioni ovvero in danno di chiunque svolga attività di cura, assistenza sanitaria o di soccorso, nell'esercizio o a causa di tali attività;

Art. 6: prevede che i reati di percosse (art. 581 c.p.) e lesioni (art. 582 c.p.) siano procedibili d'ufficio quando ricorre la nuova aggravante;

Art. 7: prevede che, al fine di prevenire episodi di aggressione e di violenza, le strutture presso cui opera il personale esercente le professioni sanitarie e sociosanitarie prevedano nei propri piani per la sicurezza misure volte ad inserire specifici protocolli operativi con le forze di polizia per garantire interventi tempestivi;

Art. 8: istituisce la "Giornata nazionale di educazione e prevenzione contro la violenza nei confronti degli operatori sanitari e socio-sanitari", allo scopo di sensibilizzare la cittadinanza ad una cultura che condanni ogni forma di violenza. La giornata si celebra annualmente in una data da definire con decreto del Ministro della salute di concerto con i Ministri dell'istruzione e dell'Università della ricerca;

Art. 9: prevede – salvo che il fatto costituisca reato - la sanzione amministrativa del pagamento di una somma da euro 500 a euro 5.000 per chiunque tenga condotte violente, ingiuriose, offensive, ovvero moleste nei confronti di personale esercente una professione sanitaria o socio-sanitaria nonché nei confronti di chiunque svolga attività di cura, assistenza sanitaria o di soccorso presso strutture sanitarie e socio sanitarie pubbliche o private;

(L'Art. 10 prevede aspetti finanziari - Clausola di invarianza finanziaria - che esclude oneri economici a carico della finanza pubblica a seguito dell'attuazione della legge).

La L. 113 in sintesi

La norma prevede alcuni passaggi significativi che evidenziamo. L'Art. 8 prevede, tramite il Ministero della Salute, l'istituzione della Giornata europea di sensibilizzazione contro la violenza nei confronti dei medici e degli altri operatori sanitari, che si celebra ogni anno il 12 marzo. La giornata è l'occasione per promuovere, su assist dello stesso ministero ma anche amministrazioni pubbliche ed enti privati, iniziative per convergere l'attenzione e informare, proporre e creare azioni di contrasto.

Osservatorio nazionale sulla sicurezza degli esercenti delle professioni sanitarie e socio-sanitarie è istituito nel 2022 presso il Ministero della Salute, Direzione generale delle professioni sanitarie e delle risorse umane del S.S.N.

L'osservatorio è composto da rappresentanti degli enti locali, dell'Agenzia nazionale per i servizi sanitari regionali (AGENAS), dei Ministeri della Salute, dell'Interno, della Difesa, della Giustizia e del Lavoro e delle Politiche Sociali, dell'INAIL, degli Ordini Professionali sanitari e socio-assistenziali, delle organizzazioni sindacali maggiormente rappresentative e delle organizzazioni di settore (Federsanità).

Compiti dell'osservatorio sono:

- monitorare gli episodi di violenza commessi ai danni degli esercenti le professioni sanitarie e socio-sanitarie nell'esercizio delle loro funzioni

- monitorare gli "eventi sentinella" che possono dar luogo a fatti commessi con violenza o minaccia ai danni degli esercenti le professioni sanitarie e socio-sanitarie nell'esercizio delle loro funzioni

- promuovere studi e analisi per formulazione di proposte e misure idonee a ridurre i fattori di rischio negli ambienti più esposti

- monitorare l'attuazione delle misure di prevenzione e protezione a garanzia dei livelli di sicurezza sui luoghi di lavoro, anche promuovendo l'utilizzo di strumenti di videosorveglianza

- promuovere la diffusione delle buone prassi in materia di sicurezza degli esercenti le professioni sanitarie e socio-sanitarie, anche nella forma del lavoro in equipe

- promuovere lo svolgimento di corsi di formazione per il personale medico e sanitario, finalizzati alla prevenzione e alla gestione delle situazioni di conflitto nonché a migliorare la qualità della comunicazione con gli utenti

L'osservatorio acquisisce i dati utili per descrivere quantitativamente e qualitativamente il fenomeno che vengono inseriti in una relazione annuale che il Ministero della Salute trasmette alle Camere.

Riteniamo estremamente importanti questi passaggi poiché in tempi relativamente brevi dovrebbero – almeno questo è l'auspicio – consentire di disporre di una serie di dati, derivanti dalle osservazioni sul campo, che consentono di decifrare con maggior precisione il fenomeno e proporre azioni di contrasto concrete, grazie a ciò.

La norma è sicuramente un passo miliare nei confronti del riconoscimento del fenomeno ma – secondo osservatori esperti - trattandosi di una Riforma c.d. "a costo zero", preoccupa la concretizzazione nella realtà delle attività di sensibilizzazione promesse, affidate ex lege al Ministero della Salute, da attuare con le risorse già disponibili.

Le organizzazioni rappresentative dei sanitari, in particolare, son del parere (a cui personalmente ci associamo) che la vera soluzione al problema consista non tanto nella repressione penale ad aggressione già avvenuta, quanto piuttosto nelle attività educative, come quelle rivolte giovani, intercettati sui banchi di scuola, cosicché siano guidati verso il civico rispetto di chi si prende cura della nostra salute.

Come si vede, anche questo tema è piuttosto complesso, poiché si intreccia con il ruolo educativo delle agenzie di socializzazione e con quello più ampio della sensibilizzazione civica: non è un caso che il fenomeno dell'aggressività e della violenza (non solo nell'ambito sanitario) correli inversamente con la compliance con le istituzioni ed il valore comunitario che oggi sono decisamente in crisi.

A nostro avviso, al di là dell'impianto normativo sicuramente perfettibile, la difficoltà di agire preventivamente (cosa, di fatto, oggetto di questo manuale) e lo sbilanciamento sul versante protettivo/punitivo, risiede proprio nella difficoltà di comprensione del fenomeno, cosa a sua volta determinata dalla mancanza di osservazioni concrete e dalla definizione di una solida teoria, aspetto su cui la funzione dell'osservatorio può agire con concretezza, ma con tempi non immediati.

Le pene previste per chi agisce violenza nei confronti del personale sanitario

La L. 113/2020, con l'obiettivo di arginare il fenomeno della violenza nei confronti degli operatori sanitari, ha introdotto l'Art. 583/quater del Codice Penale. La norma che va a punire - con pene fra l'altro decisamente pesanti - chiunque cagioni lesioni a:

- personale esercente una professione sanitaria/sociosanitaria nell'esercizio o a causa delle funzioni o del servizio,
- chiunque svolga attività ausiliarie di cura, assistenza sanitaria o soccorso funzionali allo svolgimento di dette professioni, nell'esercizio o a causa di tali attività.

La pena prevista per l'autore di tali reati è quella della reclusione da 2 a 5 anni in caso di lesioni lievi, da 8 a 16 anni in caso di lesioni gravi o gravissime.

La commissione di atti di violenza o minaccia in danno degli esercenti le professioni sanitarie o socio-sanitarie, nonché nei confronti di chi svolge attività ausiliarie di cura, assistenza sanitaria o soccorso, è stata inoltre inserita come circostanza aggravante dei reati, idonea ad un eventuale aumento della pena da comminare al reo.

Come agire legalmente in caso di aggressione

Il reato è procedibile d'ufficio, pertanto il professionista vittima di un percosse o lesioni personali non dovrà più sporgere querela: la L. 113/2020, infatti, quando ricorre l'aggravante della violenza o minaccia in danno di un esercente la professione sanitaria o socio-sanitaria, introduce l'intervento immediato della magistratura.

In realtà questo passaggio non è chiaro ed è uno degli aspetti più criticati della normativa, poiché se il compito di avviare la procedura sanzionatoria spetta all'autorità giudiziaria, in mancanza di tale azione il reato rischia di restare impunito, come fa notare l'ordine dei medici[9], tanto che allo stato attuale non esiste una sola condanna definitiva. Questo implica non solo la mancanza di una rivalsa di natura emotiva, con possibili conseguenze sul piano professionale ed esistenziale, ma anche la successiva valutazione civilistica del danno e pertanto il risarcimento della vittima.

Auspicando che tale condizione sia dovuta ad una fase di passaggio e la necessità di creare protocolli operativi per garantire gli interventi, questo a nostro avviso è un aspetto estremamente importante da correggere poiché disinnesca tutte le armi di deterrenza che la norma contiene: se è vero che le sanzioni penali ed amministrative sono decisamente pesanti, è anche vero che la constatazione che in ogni caso non verranno attuate non solo rende il deterrente inefficace ma fornisce addirittura un *rinforzo positivo* (nell'accezione della teoria dello stimolo-risposta) all'aggressore nel momento in cui valuta le conseguenze delle sue azioni.

---

[9] *https://www.sanitainformazione.it/lavoro/ordine-dei-medici-aggressioni-in-aumento-la-nuova-legge-non-viene-applicata/*

PARTE 2
SPIEGARE LA VIOLENZA

PERCHÉ NASCE LA VIOLENZA

La relazione fra frustrazione e aggressività è sicuramente un buon paradigma per comprendere gli antefatti della violenza, per marginalizzarla, controllandone le differenti evoluzioni.
Ciò si presta pertanto non solo per lo scopo riflessivo, documentaristico, ma soprattutto per il valore manualistico, poiché tale riflessione implica la capacità di dotarsi di strumenti che consentono di comprendere quali sono le condizioni che conducono, con quantità probabilistiche più elevate, ad una forma di violenza ed essere in grado di gestirle, nel caso si manifestino.

Tuttavia, non si tratta di un esercizio semplice, tutt'altro. Una risposta univoca e che ispiri a soluzioni pragmatiche implica la risoluzione a risposte piuttosto complesse, come la definizione stessa di aggressività e di violenza, cosa si intenda per frustrazione e se esista un livello di analisi su cui far convergere tutti gli altri (quello neurale, ad esempio, o quello sociale).
Ma soprattutto implica il dipanamento di dubbi, tutt'ora irrisolti, che spieghino la relazione fra l'uomo e la violenza, prima ancora fra ciò che la genera ed i comportamenti che ne conseguono. E non sono i dubbi che attanagliano qualunque autore ispirato dall'argomento, ma entrano di prepotenza nell'ambito filosofico, sin dalle origini del pensiero, della sociologia, della psicologia e la psicanalisi, comprese quelle strutture metodologiche che si propongono fini curativi e terapeutici.
Nei campi più prossimi alle scienze umane e del comportamento, tali dubbi hanno ispirato riflessioni, talvolta scontri accessi, proprio fra i più importanti autori e studiosi, da Skinner a Bandura, da Freud a Bateson, da Bergowitz a Merton, da Maslow a Millar, da Dollard a Milgram solo per pescare a caso fra quelli più noti. E l'impegno di menti raffinate, le numerose sperimentazioni condotte sia nei laboratori che in condizione

ecologica, non hanno accomunato le visioni, forse le hanno rese perfino più distanti.

Il vettore delle differenti visioni risiede nel considerare o meno la violenza come una componente innata della natura umana o come la conseguenza di un apprendimento. Il già citato Skinner, distinguendo fra forme di violenza filogenetiche – di natura evolutiva – ed ontogenetiche, in cui convergono le varie forme di apprendimento, comprese quelle sociali, notava come negli animali si generino forme di violenza indipendentemente dall'apprendimento.

Ma a questo punto dovremmo persino risolvere definitivamente la questione se la nostra specie possa essere a pieno titolo inclusa nel generico mondo animale, condividendone i tratti evolutivi, o se ne distacchi decisamente, esistendo segnali che confermano e contemporaneamente disconfermano entrambe le ipotesi. È chiaro che non ne usciremmo più e soprattutto ciò non contribuisce ai nostri obiettivi manualistici. Tuttavia, può essere interessante notare non tanto cosa divide le varie visioni, quanto ciò che le accomuna, per coglierne gli elementi invariabili e definire una teoria un po' meno probabilistica della relazione fra ciò che causa e ciò che provoca la violenza, lasciando ad altri il compito – finora infruttuoso – di misurare la correlazione fra variabili.

Una prima costanza è l'osservazione che non necessariamente una condizione di frustrazione conduce a forme di aggressività (fra cui la violenza), ma tutte le forme di aggressività sono comunque precedute da uno stato di frustrazione. Se si vuole osservare l'aggressività – pertanto – è necessario osservare quali fonti di frustrazione la genera.

Albert Bandura ci offre un solido contributo individuando 3 aree teoriche, nell'opera *Aggression: a social learning analysis*, che rappresenta un'articolata e organica sintesi di vari studi sull'aggressività condotti da Bandura stesso e da altri collaboratori, considerata come un riepilogo del dibattito teorico fra gli psicologi americani, nonché il punto di partenza per un ampliamento degli studi sull'aggressività.

1) Il primo è quello delle *teorie istintiviste*, secondo le quali, in ultima analisi, l'uomo è per natura aggressivo; in tutte queste interpretazioni si ipotizza l'esistenza di un meccanismo biologico innato che produce un comportamento aggressivo. Questo vale sia nel caso dell'istinto di morte della psicoanalisi freudiana (Thanatos) in contrapposizione a quello di vita (Eros), sia nell'istinto della lotta che Lorenz, estrapolandolo dall'osservazione etologica, attribuisce all'uomo.

   Va detto che lo stesso Bandura polemizza con questa interpretazione, che non ha mai trovato solidi riscontri sperimentali, che lo psicologo canadese considera come una soluzione assolutoria del singolo autore di atti efferati, come una sorta di diffusione di responsabilità all'intera specie. Va altresì riferito che alcune visioni etologiche considerano che senza un meccanismo innato che conduce alla lotta, anche quando gli esiti sono distruttivi per qualunque contendente, la specie umana non avrebbe ottenuto i successi evolutivi che la caratterizzano. Anche gli altri animali sono dotati di meccanismi di aggressività, come la predazione, ma finalizzati alla mera sopravvivenza. Nel caso dell'uomo, l'aggressività è la spinta dell'esplorazione, dell'ottenimento di maggiori risorse, l'eliminazione dei competitor, grazie a maggiori capacità intellettive.

   Ciò garantirebbe la progressione della specie, a costo del sacrificio di alcuni membri, che costituisce il prezzo da pagare a tale progetto predisposto del mondo biologico e lo stato di natura.

2) Il secondo filone si basa sulla *Teoria Frustrazione-Aggressività* di Dollard e Millar. Secondo questa interpretazione, la frustrazione è semplicemente un rinvio prolungato per un tempo determinato o indeterminato (omissione) del rinforzo ad un comportamento in atto. La dilazione del rinforzo (cioè il mancato raggiungimento dello scopo) può sorgere o dall'esistenza di barriere poste dall'ambiente, fisico o sociale, o dalla presenza di limiti di natura personale (fisiologici o psicologici); quindi anche le paure e i conflitti, così come i rinforzi negativi, possono essere fonti di frustrazioni.

Questa interpretazione può ispirare ad una sorta di "modello idraulico", accostabile alle teorie pulsionali psicoanalitiche, secondo il quale l'energia aggressiva si accumula nell'individuo e non può non scaricarsi (attraverso fasi di catarsi); se così stessero le cose, l'unica possibilità di evitare scoppi incontrollati di aggressività consisterebbe nell'introdurre valvole di sicurezza che permettaneliao uno sfogo della stessa in modi e forme socialmente accettabili e poco dannosi.

3) Infine le *Teorie dell'apprendimento sociale*, secondo le quali gli uomini non nascono con un potenziale congegno di violenza, ma apprendono attraverso l'esperienza il comportamento aggressivo. Esperienza ed apprendimento sono pertanto un processo sociale, anche assunto per via vicaria: la maggior parte dell'apprendimento si basa sull'osservazione e l'imitazione dei modelli, come contrapposizione alla visione comportamentista per "prove ed errori", che ha un'influenza minima sull'uomo. I comportamenti aggressivi e violenti vengono dapprima osservati negli altri, in seguito il modello servirà ad orientare il comportamento in condizioni non necessariamente analoghe, come sorta di effetto imitazione.

All'interno di questa interpretazione di origine psico-sociale, rientrano – secondo la nostra visione – anche lo stigma ed il sistema sanzionatorio, la cui valutazione (in termini di deterrenza e interiorizzazione delle norme) è mediata dai sistemi di apprendimento, come è dimostrabile dal fatto che la violenza si esprime in livelli quantitativamente e qualitativamente maggiori in contesti locali e storici in cui è meno efficace il controllo formale e informale e sono maggiori le opportunità di imitazione.

Il medium, o il fattore eziologico della violenza è la frustrazione: la frustrazione non produce automaticamente una reazione violenta, ma genera uno stato di eccitazione emotiva che si può risolvere in diverse forme. Certamente la frustrazione può, a certe condizioni, favorire la comparsa di risposte aggressive. L'organismo, in condizioni di frustrazione, subisce una modificazione rispetto allo stato omeostatico e lo stress a cui è sottoposto può far sì che i comportamenti di forte intensità, precedentemente appresi, siano attivati per fronteggiare il pericolo rappresentato dalla situazione frustrante. La frustrazione può cioè provocare un aumento temporaneo della motivazione e indurre così a risposte vigorose o violente.

Per comprendere l'aggressività, non è possibile limitarsi ad ipotizzare un meccanismo di causa-effetto, ma si deve spiegare come si creano i modelli di comportamento aggressivo, quali sono le condizioni che lo favoriscono e quali sono le variabili che nei singoli casi svolgono un ruolo significativo.

In questo caso, le teorie sociali permettono di comprendere più realisticamente i comportamenti aggressivi, di formulare ipotesi di lavoro verificabili e di proporre interventi e rimedi efficaci. Ciò è coerente con l'aumento di episodi di violenza che si osservano nei contesto di cura e socio-assistenziale, in correlazione diretta con l'aumento delle componenti di stress e frustrazione, e comportamenti violenti, che si osservano in tutti i contesti comunitari.

La violenza è oggi comunemente diffusa dai mezzi di comunicazione di massa e ciò può allentare le inibizioni e determinare la convinzione che gli atti aggressivi siano tollerati e non puniti: ne deriva così un rinforzo del comportamento aggressivo.

Il fenomeno della violenza, pertanto, non può essere compreso e minimizzato agendo solo all'interno delle organizzazioni sanitarie, poiché i precursori originano all'esterno, anche se poi all'interno trovano le condizioni favorevoli alla manifestazione della violenza.

Nelle società moderne la violenza è in misura maggiore sdoganata rispetto a quella prevedenti e gli apprendimenti vengono veicolati dalle principali fonti: la famiglia, il gruppo sociale di appartenenza ed i mezzi di comunicazione di massa. La visione di comportamenti aggressivi genera apprendimento, più che imitazione. E il comportamento violento sostituisce quello più rispettoso dei valori sociali, poiché finisce per essere l'unico conosciuto, l'unico che garantisce vantaggi individuali, che non possono più essere assicurati da una società oramai frazionata e ripiegata su dimensioni edonistiche.

La visione evolutiva è eccessivamente riduzionistica, poiché non tiene conto delle attivazioni emotive, della soggettività (come i fattori di personalità che appaiono invece determinanti) e lo stato psichico, proponendo quasi esclusivamente il controllo dei modelli disadattivi, che non prevede soluzioni immediatamente attuabili, tantomeno – per i nostri scopi – all'interno di una qualsiasi organizzazione di servizi. La spiegazione rientra proprio nella convergenza fra visioni evoluzionistiche e collettivistiche e rivaluta le teorie stimolo-risposta e le dimostrazioni di Skinner. Questi due aspetti dell'aggressività (il livello individuale e quello sociale) si manifestano molto spesso combinati tra loro e quindi difficilmente distinguibili, anche se la loro origine è qualitativamente diversa: il fatto che contingenze filogenetiche abbiano contribuito alla disponibilità ad essere rinforzate da manifestazioni ontogenetiche, rende particolarmente confusa la relazione intercorrente tra i due tipi dì contingenze.

Vale però la pena di cercare le variabili effettive, particolarmente quando si cerca di indebolire il comportamento aggressivo. L'aggressività filogenetica deriva dalla lotta per la sopravvivenza e in essa rientrano, per esempio, la difesa dei propri figli da parte della madre o la competizione sessuale tra i maschi, ma anche la difesa dei propri parenti o membri del proprio gruppo quando questi sono a loro volta minacciati, poiché tale minaccia è rivolta anche alla protezione che tali attori si assicurano reciprocamente.

Secondo Skinner, stimoli dolorosi sono associati con la lotta, indipendentemente dalle contingenze specifiche, in dipendenza delle quali la lotta serve alla sopravvivenza, ed hanno liberato un comportamento aggressivo in una grande varietà di occasioni. Il comportamento aggressivo di origine evolutiva è accompagnato da risposte autonome che contribuiscono alla sopravvivenza, almeno finché appoggiano un'attività vigorosa. Queste risposte sono gran parte di ciò che si sente nell'aggressività. Le distinzioni tra gelosia, rabbia, collera, odio, ecc. suggeriscono contingenze filogenetiche.

Spesso, però, l'aggressività si manifesta attraverso comportamenti acquisiti non ereditari. Per esempio il "far del male agli altri" può agire da rinforzo suscitando un tipo di comportamento aggressivo non determinato da variabili filogenetiche: quando vogliamo ferire qualcuno insultandolo, maledicendolo, o causando una condizione di stress, la topografia del nostro comportamento è determinata da contingenze organizzate da una comunità verbale.

In entrambi i casi (origine filogenetica o ontogenetica) l'aggressività è sempre spiegabile in funzione degli stimoli e dei rinforzi: l'aggressività non è mai senza senso se ciò significa senza causa; quando sembra priva di senso vuol dire che abbiamo semplicemente trascurato – secondo Skinner - o le variabili presenti o la storia del rinforzo, come aveva già intuito Pavlov, che aveva incluso l'aggressività fra i cosiddetti *riflessi assoluti* insieme a quello alimentare, sessuale e di gioco.

In questo dibattito, si è inserita la fascinosa teoria pulsionale freudiana che ricerca che le cause dell'aggressività nella pulsione di morte.

Al di là della contrapposizione fra visioni, fra chi previlegia un'interpretazione di natura filogenetica ed evolutiva e chi contrappone una proiezione di tipo ontogenetico, fra chi considera valide solo le dimostrazioni empiriche e chi considera anche le riflessioni filosofiche, fra chi assume il livello individuale e chi quello sociale, la costante che compare da qualunque angolo di osservazione è – oltre al fatto che l'aggressività è una delle possibili evoluzioni della frustrazione, che in ogni caso la precede – che questo fenomeno non può essere considerato una circostanza eccezionale nella quotidianità, umana e professionale.

Di conseguenza, non può essere contenuto agendo esclusivamente sulla base di strumenti organizzativi, prevalentemente di natura dissuasiva, che come propongono alcuni osservatori [10], hanno efficacia limitata. Al contrario, è necessario individuare e agire sugli artefatti dell'aggressività, i fattori individuali e sociali di frustrazione, prima che conducano ad atti di violenza.

Cercando di mantenere un compromesso accettabile fra sintesi e la necessità di inserire elementi di interesse in questa trattazione, citiamo due importanti contributi sul versante del filone sociale. Quello di Robert Merton, noto per aver congegnato le "profezie che si autoavverano", che intuisce come la genesi dell'aggressività sia nella relazione mezzi-fini, inteso obiettivi (fini) che comportano la soddisfazione di bisogni individuali e sociali, e la disponibilità di mezzi che il contesto sociale rende fruibili o nega per consentire il raggiungimento di tali fini. Secondo il fondatore del Funzionalismo sociologico, queste due variabili generano conflitti interiori che si manifestano socialmente con comportamenti accettabili o meno dalla collettività e generano disagio in termini di personalità e disturbi psichici che originano proprio dalla constatazione che i propri bisogni – ad esempio quello di cura – non saranno soddisfatti o non lo saranno nelle modalità attese.

Un ulteriore spunto di interesse è quello prodotto da Norbert Elias, con la intrigante *Teoria della civilizzazione della società*. Secondo il sociologo tedesco, l'evoluzione sociale porta costantemente al restringimento dei gradi di libertà concessi a ciascun individuo, sotto il controllo per fini industriali, per necessità di organizzazione della produzione. La persuasione dei canali di informazione crea la credenza di libertà e accettazione, salvo poi constatare che, assieme ai ritmi di vita, sono regolati anche i momenti di svago, di leisure, che costituiscono fattori di catarsi dall'accumulo dello stress e le frustrazioni che l'attuale assetto di vita ci impone.

---

[10]

https://www.ospedalesicuro.eu/attachments/article/449/Aggressivita_in_azienda.pdf

Analogamente, nota Berkowitz, vi è chi sostiene, interpretando liberamente le idee di Aristotele, la funzione catartica della tragedia, contenuta nella "Poetica", secondo la quale la violenza sostitutiva, o quella a cui si assiste, svuota le riserve di ostilità accumulate e allevia tensioni che altrimenti potrebbero manifestarsi in comportamenti violenti.

Tale visione è solo apparentemente sovrapponibile alle malinconiche teorie apocalittiche (nella nota tassonomia di Umberto Eco) come Bauman e Lyon: se ci osserviamo, in effetti, ci addormentiamo non perché siamo stanchi ma perché dobbiamo riposarci in prospettiva di una nuova giornata di lavoro, ci alimentiamo perché siamo in pausa pranzo, non perché abbiamo fame. E se ci aggredisce tale stimolo, dobbiamo rimandare la sua soddisfazione alla conclusione dell'orario di lavoro. Le ferie (conquista piuttosto recente in Italia) sono concesse sulla base di esigenze organizzative, molto meno su quelle della necessità riposo.

La compressione degli spazi di vita e delle fasi di catarsi provocano l'accumulo di tensioni intrapsichiche e ciò costringe gli individui ad identificare circostanze informali, non istituzionalizzate, in cui detensionare l'accumulo di stress e le pulsioni aggressive: lo stadio, il traffico, in cui è possibile creare regole artificiose che non tanto consentono tale esercizio, ma in una certa misura sospendono lo stigma riservato a chi viola i precetti normativi. Ad esempio rivolgiamo insulti e improperi contro chi ci ha rubato una precedenza, sapendo che in questo contesto l'atto non verrà punito come non lo sarà il nostro interlocutore.

Ma tale atteggiamento si estende perfino a luoghi dove tale sospensione delle regole non è accettato o si creano nuove regole che giustificano l'atto di violenza, come nel caso di un utente che pretendeva di saltare la fila ed i casi più urgenti ad un P.S. perché aveva lasciato l'automobile in doppia fila e, ricevuto il diniego, ha per questo aggredito gli operatori.

Nella relazione fra frustrazione e aggressività si inseriscono ulteriori componenti, come una rivisitazione edonistica del concetto di libertà, che porta in alcuni contesti a credere che tutto sia concesso, anche prevaricare gli altri, anche in considerazione che in tali contesti la violazione delle regole non verrà stigmatizzata o repressa.

Il concetto di libertà è centrale anche nella *Teoria del doppio legame* di Gregory Bateson, che spiega l'insorgere di patologie e disagi psichici nei significati contrastanti dei messaggi delle agenzie di socializzazione, che da un lato ispirano a stili di vita in cui gli individui sono liberi e dominano i loro destini, dall'altra spingono verso modelli omologanti in cui le esistenze sono preconfezionate secondo percorso socialmente accettabili, le carriere professionali sono solide e durature e comportano compromessi che, di fatto, limitano la libertà.

Di conseguenza gli individui vivono sempre di più nella dissonanza fra ciò che desiderano e ciò che valutano di ottenere e questo crea frustrazione che poi agiscono nei confronti degli attori che, nel loro ruolo, sono l'interfaccia delle istituzioni. La frustrazione per non aver ottenuto determinati obiettivi individuali può trovare consolazione nel pensiero che ciò sia accaduto proprio per la contrapposizione degli attori istituzionali, perché «*non sanno fare il loro lavoro*», «*non hanno voglia di fare niente*», «*prendono tanti soldi per scaldare la sedia*» ecc. ... epitaffi tipici di alcune visioni paranoiche che hanno lo scopo di individuare artificiosamente dei colpevoli per la generale insoddisfazione per le proprie esistenze.

L'aggressività, in questo caso, ha anche scopo punitivo e, contemporaneamente, auto-assolutivo.

Le condizioni della frustrazione

Scusandoci per esserci dilungati su queste riflessioni, dopo aver premesso che quelle di pensatori ben più illustri non hanno portato, di fatto, ad una comprensione soddisfacente del fenomeno, consideriamo tuttavia queste utili come artefatto per individuare, in contesti complessi dal punto di vista relazionale, in cui si incrociano aspettative differenti che rischiano di divenire contrastanti, attivazioni emotive e procedure che – al contrario – richiedono razionalità e ragionevolezza, quali sono le circostanze in cui si genera una condizione di accumulo di frustrazione, per canali interni ed esterni allo spazio ed i luoghi in cui si può verificare una reazione di aggressività.

Tale esercizio risulta utile poiché se, come del resto è evidente, gli studi hanno dimostrato che non tutte le condizioni di frustrazione conducono ad un atto aggressivo, è altrettanto vero che l'aggressività è comunque generata dalla frustrazione. Il suo accumulo può essere interpretato in termini di *"finestra di tolleranza"* (terminologia cara ai sociologi) per cui più condizioni che generano frustrazione riducono la capacità degli individui di contenerla e ciò genera la risposta violenta.

Di seguito, pertanto, un esame delle condizioni interne che – in sovrapposizione a quelle esterne – possono essere considerate generatori di frustrazione.

Paura – minaccia

La necessità di ricorrere ad un supporto di cura, di qualunque forma, comporta l'attivazione di una serie di risposte di paura che conducono a modificazioni dell'organismo, che si predispone ad una condizione di difesa. Tali strategie si traducono o in azioni di fuga-evitamento, o di attacco (*fight or flight* nell'accezione anglosassone). L'attacco è una modalità di fuga mascherata, o evoluta, poiché ha comunque l'obiettivo di disinnescare la minaccia, in questo caso aggredendola.

Talvolta la paura può produrre vere e proprie fobie, come la *iatrofobia*, condizione specifica legata alla paura dei medici o del personale sanitario in generale o semplicemente di chi indossa un camice o una divisa ospedaliera, oppure la *tripanofobia*, che identifica soprattutto la paura delle iniezioni, delle punture e delle siringhe e degli oggetti invasivi utilizzati per prelievi e ispezioni mediche. Non tutte le persone, ovviamente, sviluppano sintomi fobici, ma una condizione sistematica di paura, con modificazioni che si estendono da una di di relativa normalità ad una forma patologica, è naturalmente associata alla prospettiva di necessitare del ricorso di un intervento sanitario.

La condizione di paura è legata fortemente all'*incertezza*, intesa come incapacità di prevedere l'esito degli eventi che ci riguardano: tutte le persone, più o meno, provano un senso generale di ansia – che può essere interpretata come la risposta organica ad una condizione di minaccia – rispetto all'esperienza stessa di essere visitati da un medico. Questo in considerazione di scoprire di essere malate o gli esiti della malattia e della prognosi, non tanto quando si presentano i sintomi, ma quando questi vengono descritti.

In tutti i casi, tali modificazioni riguardano l'intero organismo ed in particolare il sistema nervoso, in cui prevalgono attivazioni limbiche, di natura emotiva, più difficilmente controllabili e contenibili, rispetto a quelle neocorticali, razionali, che però non possono prevalere sugli inneschi tronco-encefalici.

Il questo stato l'organismo risulta estremamente reattivo alle condizioni di minaccia percepita e predisposto ad esperire risposte di difesa, comprese quelle di natura violenta e aggressiva.

Imbarazzo

Una condizione indirettamente associabile alla paura fisica e sociale è quella legata alla violazione della sfera di intimità e dello spazio peripersonale, che comporta non solo la vicinanza fisica con le altre persone, ma anche con i simboli che veicolano alle regole con cui ciascuno disciplina le relazioni con gli altri attori sociali. Se qualcuno percepisce vicinanza e solidarietà se viene toccato o avvicinato, per altri la stessa azione può comportare una sensazione di disagio.

In generale, la visita di un medico, come le domande di un infermiere durante la presa in carico, possono risultare spesso imbarazzanti. Sono in molti a provare fastidio a rispondere ad uno sconosciuto incontrato per la prima volta nella loro vita su argomenti che normalmente vengono gestiti intimamente o con persone conosciute e particolarmente vicine. Per molte persone, accettare di doversi spogliare per un esame fisico può creare una condizione difensiva in quanto si sentono particolarmente vulnerabili alle attenzioni professionali di un sanitario.

L'imbarazzo è la percezione della violazione dell'intimità e – come la paura – può creare una condizione secondaria, legata non solo all'esperienza o all'anticipazione dell'esperienza, ma a "l'imbarazzo di provare imbarazzo".

In questo caso, per il professionista è pertanto utile accogliere il paziente con il suo carico di emozioni, non dando per scontato che la routine sia ugualmente condivisa dall'utente e monitorare le attivazioni lasciandogli il più possibile il tempo di prepararsi, chiedendogli come si sente, (se possibile) se si sente pronto o vuole aspettare qualche minuto, o comunque dando l'impressione che le sue preoccupazioni sono comprese.

È utile fornire feedback di rinforzo, facendo notare l'atteggiamento positivo del paziente, in funzione di successive esperienze. In ogni caso, è fondamentale non riconoscere la difficoltà del paziente, minimizzarla o fornendo false informazioni o utilizzare altre modalità che possono apparire come forme di squalifica relazionale e aumentare le ansie e le preoccupazioni e la percezione di mancanza di supporto sociale.

Sensi di colpa (parenti)

Nel momento in cui una persona accede ad un servizio sanitario con sé porta tutto il mondo sociale a cui afferisce, quello familiare, amicale, le regole sociali del gruppo e le aspettative reciproche che definiscono la complessa rete di relazioni. Queste possono condizionare gli atteggiamenti ed i comportamenti in misura superiore rispetto alle attivazioni individuali, facendo o meno percepire il supporto su cui ciascuno si basa per progettare le proprie azioni. Se il supporto è solido, la responsabilità dell'azione viene percepita come estesa all'intero gruppo e meno pesante sul singolo individuo, che probabilmente si sentirà più libero di assumere comportamenti biasimati socialmente o potrà non percepire affatto lo stigma, poiché si riferirà ai livelli sociali più vicini a lui, che ne condividono gli atteggiamenti.

Fra le dinamiche emotive che possono condizionare il contesto relazionale, quelle che potremmo genericamente definire "sensi di colpa", che possono manifestarsi in forme complesse, come una combinazione di emozioni e preoccupazioni riferite al paziente ma anche a se stessi. Questi sentimenti possono essere causati da vari fattori, tra cui il senso di responsabilità, l'idea di non aver fatto abbastanza per prevenire la situazione, o la percezione di aver fallito nel prendersi cura della persona amata.

In questo complesso intreccio di attivazioni, possono, con peso ed effetti differenti, comparire condizioni come:

- *Responsabilità e dovere familiare*: molti parenti sentono un forte senso di responsabilità verso i propri cari. Quando un congiunto necessita di cure ospedaliere, i familiari possono sentirsi come se avessero fallito nel loro compito di proteggere e prendersi cura di loro.

- *Difficoltà nell'assumere decisioni*: portare una persona in ospedale spesso comporta prendere decisioni difficili e rapide. I parenti possono dubitare delle loro scelte, chiedendosi se avrebbero potuto fare qualcosa di diverso per migliorare la situazione.

- *Stigma e pressioni sociali*: portare un membro della famiglia in ospedale, particolarmente in alcune culture o comunità, può essere visto come un fallimento nel fornire cure adeguate a casa. Questo stigma può aumentare i sensi di colpa dei parenti.

- *Preoccupazioni per il benessere del paziente*: i parenti possono preoccuparsi del comfort e del benessere della persona amata in un ambiente ospedaliero, temendo che possa non ricevere l'attenzione o il supporto emotivo di cui ha bisogno.

- *Esperienze passate*: eventuali esperienze precedenti con ospedali e malattie possono influenzare i sentimenti attuali. Se un parente ha vissuto esperienze negative in passato, potrebbe sentirsi in colpa per non essere stato in grado di prevedere la malattia di un altro membro della famiglia o, anche se ciò non corrisponde affatto alla realtà, averla trasmessa, provocata o contribuito a provocarla.

- *Desiderio di fare di più*: anche se i parenti stanno facendo tutto il possibile, possono comunque sentire che non è abbastanza. Questo desiderio di fare di più, anche quando le circostanze sono fuori dalle possibilità di controllo, può essere attivato dalla necessità di lenire i sensi di colpa. Una modalità per agire il controllo su situazioni imprevedibili è quello di fissare obiettivi elevati (come una piena risoluzione della malattia o il massimo impegno nell'accudimento) e tentare di perseguirli, *per* non dover poi misurarsi con il senso di inadeguatezza. Tuttavia, quando questa prospettiva non si realizza, la frustrazione conseguente può portare ad individuare colpevoli e circostanze esterni a se stessi e alla cerchia familiare, scaricando la rabbia contro le interfacce dell'organizzazione.

Ulteriori forme di attivazioni emotive possono assumere evoluzioni complesse come la condizione di "paziente designato", frequentemente osservata nel setting psicoterapeutico: si tratta di una circostanza in cui famiglie che presentano disfunzionalità relazionali o comunicative individuano un membro e lo portano a sviluppare e manifestare forme differenti di disagio nel tentativo di ritrovare un equilibrio soddisfacente o mantenerlo. Tale equilibrio non può essere modificato per non provocare il crollo delle relazioni. Ad esempio, una coppia conflittuale può sospendere il progetto di separazione perché ha costruito la priorità di dover accudire un figlio problematico, oppure due fratelli che si ritrovano per seguire il padre gravemente malato e congelano i loro conflitti. Ancora, un figlio che è sempre stato accudito dalla madre, è spaventato più per se stesso e per l'evoluzione della sua esistenza, che per la malattia della genitrice e dalla prospettiva della sua scomparsa.

In questi casi, le aspettative dei parenti possono implicitamente prevedere uno stato di mantenimento della situazione, piuttosto che la sua risoluzione e gli attori possono reagire negativamente quando tali aspettative vengono disconfermate. Il professionista, non comprendendo tali esigenze, può a sua volta assumere un atteggiamento che può essere giudicato prevaricante e coercitivo che può provocare l'abbandono della cura ma anche risposte più violente.

Nella pratica psicoterapeutica, accade talvolta che se la prospettiva di miglioramento del paziente viene offerta in modo incauto, i parenti del paziente si rivolgano ad un altro professionista, se non è stata prima individuata la dinamica che mantiene la malattia del paziente.

Incertezza

"Le persone temono di più la miseria dell'incertezza che la certezza della miseria". Questo aforisma scovato fra le pagine di un libro, attribuita ad un annomino del '700, decifra pienamente la natura umana e il funzionamento del Sistema Nervoso, costantemente impegnato a procurarsi, e da esse è attratto, condizioni di certezza e creare aspettative coerenti con tali prospettive.

Tale dinamica è talmente potente, che se le aspettative e la realtà non coincidono, modifichiamo più facilmente la realtà, piuttosto che le aspettative.

Di questo diamo sempre ampia dimostrazione durante i nostri incontri formativi – cosa evidentemente non possibile nelle pagine di un manuale – semplicemente inducendo i discenti ad aspettarsi qualcosa, che in effetti subito dopo percepiscono, che però nella realtà non si manifesta affatto. Tale dinamica, che può apparire distorcente, ha lo scopo di prevenire le modificazioni ambientali ed essere predisposti a reagire prima che queste si realizzino. Questa operazione risulta evidentemente più agevole se le circostanze sono facilmente prevedibili e presentano certezze, rispetto a quelle indefinibili e incerte, sulle quali abbiamo meno potere di controllo.

In questo ultimo caso l'organismo si attiva producendo modificazioni, come le attivazioni ansiose e le risposte emotive, esito dalla *dissonanza cognitiva* (termine forgiato da Leon Festinger), che ci costringe ad allineare aspettative e realtà. Il malessere psicofisico percepito è il segnale di una condizione minacciante e ci invita ad allontanarcene.

Pertanto, temiamo fortemente tutte le condizioni in cui gli esiti sono incerti, indefinibili, non controllabili, particolarmente quando la minaccia è rivolta a noi stessi, anche indirettamente, poiché agisce su altri membri del gruppo o della famiglia.

Una prospettiva di cura è per definizione incerta. In caso contrario, non ci si affiderebbe ad un curante o uno specialista. In ogni caso l'approccio è sempre anticipato da aspettative che possono essere orientate verso valutazioni negative o positive a seconda della presenza o del peso di altre variabili, come fattori di personalità, esperienze ed informazioni disponibili, ma anche soglia attentiva e condizionamenti sociali. La disconferma di tali aspettative può apparire altrettanto traumatica che una diagnosi nefasta, in talune circostanze.

In ogni caso, la letteratura psico-sociale è concorde nell'affermare, così come l'anonimo poeta, che è preferibile in ogni caso una certezza rispetto ad una incertezza. Evidentemente, in relazione al contesto di cura, una disconferma confortante (come una diagnosi benevola) è preferibile ad una sconfortante, ma non sempre le due condizioni si presentano in maniera cristallina. È pertanto importante non escludere dalla valutazione del paziente le aspettative sul suo stato di salute, la malattia e la sua evoluzione. La cosiddetta *"agenda del paziente"* contiene, oltre a questi elementi, ulteriori dinamiche di natura emotiva (come la paura) che possono condizionare la compliance della cura o ricercarne fermamente un'alternativa e – in taluni casi – attivare reazioni aggressive se le aspettative vengono disconfermate o la realtà se ne discosta eccessivamente, rendendo di fatto l'agenda inutilizzabile e lasciando la persona priva di strumenti previsionali.

Disponibilità di informazioni

Va considerato (approfondendo anche quanto espresso nella sezione precedente) che il paziente – come chiunque in qualunque circostanza – non può evitare di ricercare informazioni per costruire le proprie aspettative. Se tali informazioni non sono disponibili o non sono rese disponibili dai canali istituzionali, vengono ricercate su canali informali (come conoscenti, amicizie, social...) che oltre a non essere attendibili sono estremamente semplificate, se non distorte. Ciò comporta il rischio che l'agenda con cui il paziente si rivolge al proprio curante sia evidentemente e fortemente discordante con la realtà.

Per tutta una serie di circostanze (rigido rispetto dei protocolli, ritmi di intervento, disponibilità delle fonti...) ma soprattutto per il distacco che persiste – anche quando sono presenti buoni propositi – fra chi eroga e chi usufruisce del servizio, al paziente vengono negate informazioni, o non sono fornite in misura sufficiente in relazione alle sue attese – e ciò aumenta il clima di incertezza e induce l'utente a ricercare tali informazioni presso fonti non istituzionali e sicuramente meno affidabili. Il web è pieno di gruppi social che si riuniscono attorno alle patologie di cui sono affetti gli utenti (*"Orticaria"*, *"Orticaria colinergica"*, *"Quelli con l'orticaria cronica"*, *"Orticaria da freddo"*, *"Curare l'Orticaria cronica: come sono uscito dalla tortura del prurito"*, *"Potrei avere l'orticaria"*, *"Orticaria Cronica - Comprensione Definitiva"*, sono solo dei gruppi Facebook ispirati dalla fastidiosa reazione cutanea). In queste réunion esperti autodichiarati o persone che hanno effettivamente rimediato ai loro malanni, offrono toccasana e informazioni talvolta fantasiose, oppure che hanno effettivamente funzionato ma non necessariamente possono garantire gli stessi risultati anche per altri.

Tuttavia, in mancanza di informazioni istituzionali, inevitabilmente gli utenti si affidano a chiunque minimizzi il senso di anomia. La pratica del consenso informato è spesso interpretata come una mera e tediosa pratica amministrativa e non come l'occasione di fornire al paziente informazioni realistiche sul suo stato di salute e le possibili evoluzioni che potrebbe assumere la prognosi. Se un paziente si rivolge ad un luminare per avere garanzia della sua salute, prevede che questa aspettativa sia soddisfatta.

Tuttavia, come è evidente, non sempre tale promessa viene mantenuta per motivi che esulano dalle possibilità del curante. Ma se le aspettative non vengono riportate su un piano di realtà è molto probabile che, nel caso gli obiettivi di salute non vengano raggiunti, il paziente reagirà alla promessa mancata, come dimostra l'elevato numero di denunce e richieste di risarcimenti intentati nei confronti dei medici da parte dei loro pazienti (circa 35.000 ogni anno secondo il Collegio dei Chirurgi, con una progressione del 148% negli ultimi 30 anni).

Ovviamente, il dato riportato è solo un indicatore parziale del fenomeno in esame, ma è facile notare come la relazione collaborativa fra il curante e l'assistito sia una forma di protezione nei confronti della disillusione delle aspettative e – di conseguenza – il tradimento della promessa della soddisfazione di un bisogno primario come quello di salute e sicurezza personali – e verso possibili reazioni violente, che possono assumere varie forme, dalla rimostranza presso l'U.R.P. fino a modalità più estreme.

Siamo fermamente convinti che – come già ribadito - le persone che sperimentano una minaccia per la loro salute abbiano bisogno di informazioni più dell'aria che respirano, ma queste vengano sistematicamente negate, nell'atavica impostazione per cui il paziente è un "pezzo rotto da riparare" e assieme al danno non venga presa in carico anche la persona, il suo vissuto, la sua personalità, il carico di emozioni e la rete sociale a cui afferisce.

Il tema è sicuramente ben noto e la soluzione non è ovviamente immediata (e a ciò abbiamo dedicato un apposito manuale presente nella stessa collana), ma tutto ciò comporta il rischio di conseguenze legate ad aspettative irrealistiche o informazioni insufficienti che aumentano il senso di incertezza, di paura e di minaccia, oltre che la frustrazione, tutte condizioni che possono tradursi in comportamenti di aggressività.

Per evitare questa possibile reazione è pertanto necessario verificare le informazioni e le aspettative disponibili del paziente e, eventualmente, della sua rete sociale, modificandole con modalità assertive senza atteggiamenti di squalifica o mancanza di riconoscimento delle paure e le attivazioni che la circostanza di cura comprensibilmente comporta.

Ci rendiamo conto che talvolta questa operazione può apparire faticosa e spesso il contesto organizzativo vincola l'iniziativa del singolo, ma si tenga conto della semplice relazione fra attivazioni paurose, soprattutto alimentate dall'incertezza, e reazioni violente, che qualsiasi organismo tende ad attuare se percepisce una minaccia alla sua integrità.

Aspettative sociali

Il paziente vede nel medico come colui che è in grado di disinnescare le minacce alla sua integrità, di soddisfare bisogni primari come la salute e la sicurezza e agire indirettamente su altre dinamiche come la compiacenza o lo stigma sociale, la vergogna e il pudore, l'immagine di sé e quella pubblica.

La relazione fra il paziente e il curante si è notevolmente modificata nel corso del tempo, passando da una visione paternalistica ad una in cui viene promossa l'autodeterminazione dell'assistito, la valorizzazione della persona prima del problema clinico. Qualsiasi gesto di cura, dal più specialistico al più generico, si compie dunque all'interno di una relazione in cui il paziente è centrale, depositario di dinamiche sociali complesse che non possono essere ignorate e che inevitabilmente convergono sul professionista sanitario: da una parte l'aspettativa di cura, di risoluzione di un problema che talvolta assume i connotati della drammaticità, dall'altra l'aspettativa di poter incidere, con le proprie competenze e la tecnologia, sulla salute e – in alcuni casi – sulla vita del paziente.

Questa stretta relazione è tenuta insieme dalla fiducia, che è preesistente nella relazione, ma che la relazione può modificare. In altre parole, la promessa di cura da parte del Servizio Sanitario corrisponde ad un'aspettativa sociale e il professionista sanitario si trova, più o meno consapevolmente, ad esserne il depositario.

Nel corso degli anni questo rapporto di fiducia si è notevolmente incrinato: un tempo il medico era un opinion leader, a lui ci si affidava – sulla base di una sorta di "effetto alone" - anche per avere consigli poco attinenti alla pratica sanitaria. Vari passaggi normativi, nell'organizzazione sanitaria e nell'assetto sociale, hanno trasformato il sistema assistenziale in una serie di passaggi burocratici, impersonali, in cui prevale la logica economica, la rapidità di intervento, l'efficienza intesa come massimizzazione del risultato al minor costo. Accanto agli indiscutibili progressi della medicina si è pertanto incrinato il rapporto di fiducia che lega chi eroga e chi usufruisce del servizio di cura.

Ciascun attore sperimenta la disillusione delle proprie aspettative trasferendo sull'altro parte del suo malessere: il burnout del medico porta il curante ad interpretare il suo assistito come un petulante e l'intera organizzazione come inefficiente, minacciante, prevaricante, distaccandosene. La comunicazione empatica viene di conseguenza interrotta e il paziente percepisce che il freddo burocrate non solo non corrisponderà le personali aspettative di cura, ma anche quelle di natura istituzionale. Il paziente a sua volta sperimenta a sua volta una sorta di burnout, che prevede una visione negativa nei confronti dell'altro, con forme di risposta che possono pertanto assumere connotati di violenza, in cui discernere da modalità difensive e aggressive è estremamente complesso oltre che, probabilmente, poco utile.

Le aspettative sociali sono in parte – e più meno - consistente esito di condizionamenti e di percorsi comunicativi formali e informali che non sempre coincidono: da una parte ogni giorno si conoscono prodigiosi progressi della conoscenza e dell'intervento medico che promettono la definitiva cancellazione di ataviche paure di essere contaminati, aggrediti e infine vinti da malattie che in epoche anche recenti apparivano incontenibili, compresa la vecchiaia. Dall'altra, si sperimentano disservizi, ritardi, scarsa accoglienza per la propria preoccupazione, lunghe attese, scarico di responsabilità... Il paziente nota che, mano a mano che sale il livello gerarchico e della professionalità, il rapporto empatico si fa più evanescente e con esso il rapporto di fiducia, che trova così – di fronte a fatti concreti ed esperienze – più elementi di disconferma che il contrario.

Quanto, sulle aspettative e sulle promesse sociali, può incidere la consapevolezza che la mia sofferenza trova oggi pratiche cliniche estremamente efficaci se poi mi vengono negate a causa delle interminabili attese in un P.S., il telefono del C.U.P. è costantemente occupato e, quando finalmente si libera. un'operatrice distaccata mi informa che la prima disponibilità per un consulto sarà fra molti mesi?

Chiosa Fabrizio Caramagna, da cui prendiamo in prestito uno dei numerosi aforismi: «*Il medico moderno si affida agli esami di laboratorio diventando un freddo distributore di informazioni. Ma se con il nuovo metodo ne sa di più e prima sulle malattie, continua a non sapere nulla del paziente. Gli manca quel calore umano e quella sensibilità che vede il paziente nella sua interezza. Coglie solo frammenti di lui e non lo osserva più nella sua totalità*».

Condividendo quanto sopra, precisiamo che ciò non corrisponde a renderne responsabile il personale di cura e assistenza, che più facilmente condivide con gli utenti il ruolo di vittima della circostanza, non certo quello di carnefice. Tuttavia, lasciando ad altri il compito di districare il complesso di responsabilità e soluzioni di tale situazione, va notato che in qualche modo si è creata una condizione in cui tali circostanze fanno parte della normalità e devono essere in qualche modo accettate, come forma di burocratizzazione della salute e di difesa personale e istituzionale, che provoca una sorta di annichilimento dalla parte dell'assistito. Varie indagini e osservazioni dimostrano che il paziente rinuncia ad entrare nel processo di cura in modo attivo e talvolta a richiedere ed ottenere ciò che non solo rientra nei suoi diritti di assistito ma è anche efficace ai fini della cura.

Ciò comporta una percezione negativa che lo mette ai confini della "finestra di tolleranza", da cui origina una condizione di frustrazione che, se non contenuta, può sfocare in atti di aggressività. A sua volta, il soggetto può avere difficoltà a contenerla, se non viene compresa, o viene al contrario stigmatizzata o colpevolizzata, e trasformarla in un atto verbale più veemente o persino in un comportamento fisico.

All'assistito non vanno pertanto negate informazioni, che devono essere trasferite in modo realistico e empatico, per assecondare le aspettative di cura e modificare le idealizzazioni distorte da notizie assunte da fonti approssimative e da contaminazioni sociali. Ciò da un lato impegna il curante ad attenersi ad una comunicazione non tecnicistica, alla portata del paziente, completa e comprensiva di tutte le problematiche del caso, ma impegna anche il paziente al rispetto di quanto concordato nella fase di acquisizione del consenso informato, in considerazione che il paziente è responsabile se non segue le cure (III Sez. Cassazione 11637/maggio 20). Il professionista sanitario deve però essere in grado di adeguare la comunicazione alla capacità di comprensione della persona assistita o del suo rappresentante legale, o di chi lo ha in cura, nella rete informale, corrispondendo a ogni richiesta di chiarimento, tenendo conto della sensibilità e reattività emotiva che differenzia ogni individuo e ogni circostanza. Questo, indipendentemente dal tipo di prognosi. poiché il concetto di "gravità" è in parte conseguenza di una valutazione soggettiva.

Occorre quindi saper comprendere la realtà psichica dell'assistito, poiché dietro ogni patologia vi è un vissuto personale che non può rimanere sullo sfondo e l'utente si può trovare ad essere smarrito, attonito, vulnerabile e bisognoso di conforto e sostegno; soprattutto ha bisogno di conoscere e di avere certezze.

Tale visione richiama i vari modelli come il *Patient Centred* oppure *From cure to* care, che mette al centro dell'intervento assistenziale la persona con la sua storia: ad esempio, il dermatologo, esaminando la cute di un malato, formulando la diagnosi clinica di psoriasi, potrebbe ignorare al tempo stesso una reazione psicologica, come l'umiliazione per doversi spogliare davanti ad estranei e le esperienze sociali di vergogna.

La comprensione di queste dinamiche facilita e rafforza il rapporto medico-paziente, rendendolo più efficace, creando un clima collaborativo che protegge la relazione nel caso di circostanze avverse.

Esperienze negative

Il concetto di esperienza non è facilmente confinabile in una nozione semplice. È, al contrario, ampio e multifattoriale. Potremmo definire l'esperienza come un evento o una serie di eventi vissuti direttamente o indirettamente (per via *"vicaria"*) che viene percepito come significativo e archiviato nella memoria e il cui ricordo sollecita risposte in termini di valutazioni e comportamenti. Nel contesto della relazione di cura può riferirsi a vari tipi di interazioni e situazioni che influenzano sia i pazienti che i professional helper.

Non necessariamente tali meccanismi sono attivati da circostanze simili a quelle in cui le esperienze si sono create: a volte specifici segnali ambientali, definiti *"trigger"*, possono fungere da ancore per sollecitare i ricordi e le tracce mnestiche associate, come quelle emotive e comportamentali. Ad esempio, l'odore tipico dei locali ambulatoriali e ospedalieri, causato da prodotti disinfettanti, può attivare la paura del dolore, anche se questo è stato sperimentato in luoghi e circostanze molto lontani. Ma l'ingresso in un locale adibito ad assistenza sanitaria può provocare la percezione di un odore sgradevole (come la formaldeide che veniva usata molto più comunemente rispetto ad oggi) anche quando la sostanza non è presente e, di conseguenza, sollecitare reazioni emotive. Come discusso in altre sezioni, il sistema cognitivo tende a modificare più facilmente la realtà, rispetto alle aspettative, se queste due istanze non coincidono.

La relazione fra esperienza, ricordo e risposta è pertanto piuttosto complessa, ma può modificare in misura significativa le aspettative e la risposta comportamentale dell'assistito e degli altri attori sociali. Nel contesto di cura, le esperienze dirette o vicarie sono inevitabilmente collegate a stress, percezioni fisiche (tipicamente il dolore), disagio fisico, come l'allettamento, l'attesa in una sala d'aspetto condividendola con sconosciuti... A ciò sono collegate esperienze emotive, vale a dire le risposte conseguenti al processo di cura che regolano l'attivazione delle reazioni cognitive, che possono tramutarsi in condizioni di morbosità (come un Disturbo Post-Traumatico da Stress o una fobia) o pre-morbosità, come una eccessiva attivazione ansiosa.

La valutazione cognitiva conseguente prelude a pensieri, interpretazioni e apprendimenti che successivamente producono comportamenti coerenti con essi. Alcune risposte, come la paura, la vergogna, l'ansia rispetto ad una diagnosi, originano a loro volta condizioni indirette, come la "paura della paura", legata – in questo caso – non tanto all'oggetto pauroso, ma dal timore della reazione.

Il significato associato alle esperienze transita anche attraverso la valutazione sociale, come il supporto ricevuto durante le attivazioni: se il paziente percepisce di essere lasciato solo o, al contrario, compreso e accolto durante un momento di difficoltà, tale valutazione sarà inclusa nella costruzione dell'esperienza e attiverà risposte differenti. In ogni caso, l'esperienza creata su una circostanza passata è determinante nella valutazione della circostanza attuale e – nel caso di valutazioni negative – a produrre una risposta emotiva e comportamentale (ad esempio di evitamento) associata a frustrazione, a sua volta legata a reazioni aggressive, come tentativo di disattivare la minaccia.

Il legame fra tali istanze è radicato nei tessuti nervosi e nel sistema cognitivo: secondo alcune interpretazioni, il sistema nervoso non è altro che un meccanismo per anticipare le minacce ambientali, sulla base di schemi creati proprio sulla base di esperienze che consentono di definire tali minacce e creare comportamenti di difesa.

La letteratura e la ricerca sono un po' avare di evidenze, ma in generale le principali esperienze negative associate al contesto di cura sono:

- *esperienze di dolore fisico*: subire una procedura medica dolorosa senza un adeguato controllo del dolore, anche sperimentata da altre persone, soprattutto se vicine emotivamente e fisicamente
- *esperienze di stress emotivo*: provare intensa ansia o paura a causa di una comunicazione inadeguata riguardo alla propria condizione di salute
- *esperienze di maltrattamento*: essere trattati con mancanza di rispetto o essere ignorati dai sanitari, non considerati sul piano personale
- *esperienza legata all'incertezza*: non ricevere informazioni o informazioni certe, comprensibili (anche a causa di barriere linguistiche o di conoscenze tecniche) e veritiere rispetto al proprio stato di salute e l'evoluzione della malattia
- *esperienze di diagnosi errata*: ricevere una diagnosi sbagliata o inaccurata che porta a trattamenti non risolutivi o dannosi
- *esperienze legate a problemi di accesso e continuità delle cure*: lunghi tempi di attesa per visite o trattamenti possono causare stress e un diretto o indiretto peggioramento delle condizioni di salute.
- *esperienze legate a discontinuità delle cure*: cambiamenti frequenti di caregiver o interruzioni nel percorso di cura possono creare disorientamento e sfiducia nei pazienti.

Se alcune circostanze sono inevitabili e sono più legate alla sfera individuale che a quella organizzativa, in ogni caso il professionista può incidere sulla valutazione delle circostanze e modificare gli esiti delle esperienze. Anche il dolore è in parte legato a valutazioni soggettive ed è possibile in parte modificare la risposta emotiva modificando l'esperienza.

La creazione degli schemi di risposta, infatti, prevede specifici momenti ed alcune fasi hanno un impatto maggiore nel ricordo, tipicamente le fasi iniziali e finali. Al di là di eventi vincolanti, ogni stimolo ambientale viene inizialmente processato nella Memoria di Lavoro, che dispone di una capacità limitata e non possiede le caratteristiche di un magazzino mnemonico, in cui specifici processi inviano le informazioni alle altre partizioni mnestiche (Memoria a Breve Termine o Memoria a Lungo Termine e – in questo caso – Memoria Episodica, Emotiva, Procedurale, Biografica...).

Alcuni effetti modificano questi processi:

A) *effetto primacy*: viene dato maggiore rilievo alle prime informazioni che accedono alla Memoria di Lavoro

B) *effetto recency*: viene dato maggiore rilievo alle ultime informazioni che accedono alla Memoria di Lavoro

In altre parole, le informazioni relative agli stimoli intermedi che definiscono la sequenza di eventi vengono mantenute con maggiore difficoltà.

Prendendo come esempio un trattamento doloroso, il ricordo può essere parzialmente modificato spostando le fasi meno sopportabili nelle sequenze centrali e concludendo il trattamento con modalità non dolorose.

In generale, anche se dal punto di vista cognitivo, e indipendentemente dal peso degli eventi, l'effetto recency sembra prevalente, agire positivamente nelle prime fasi della relazione terapeutica comporta il vantaggio di creare aspettative favorevoli che resistono poi alle circostanze critiche. Agire nello stesso modo nelle fasi finali dell'interazione consente di rafforzare le esperienze positive, che sono sempre più instabili rispetto a quelle negative.

Le esperienze negative sono decisamente più resistenti alle informazioni che le disconfermano e le risposte possono assumere varie forme: ad esempio, la sfiducia generalizzata nei confronti del sistema di cura o verso uno specifico curante, che a loro volta comportano aspettative negative che non sono in grado di contrastare la percezione di minaccia e generano conseguente frustrazione.

In considerazione di ciò, al professionista, agendo preferibilmente in specifiche fasi dell'intervento, modificare la rappresentazione del paziente o assistito e creare aspettative e valutazioni positive che creano un framework positivo e protettivo nel caso di circostanze critiche.

Comunicazione – Empatia

La comunicazione è lo strumento della relazione, la modalità con cui regoliamo le interazioni sociali. Di conseguenza, la qualità delle relazioni dipende dalla qualità della comunicazione.

Le capacità naturali, di cui siamo dotati sin dalla nascita (il *"pianto sociale"* del bambino è una richiesta di accudimento che il neonato sa che verrà esaudita) in condizioni particolarmente complesse – come nel contesto di cura e socio-assistenziale - possono entrare in crisi e tradursi in dinamiche conflittuali, indipendentemente dalla volontà esplicita degli interlocutori.

Il tema della comunicazione è ampio e complesso e – per quanto fortemente inerente al topic di questo manuale – non è possibile condensarlo in un trafiletto. Lo abbiamo comunque ampliato in una sezione specifica. Inoltre, nella collana Manuali Professioni Sanitarie è presente uno specifico manuale che vi invitiamo a consultare per apprendere specifiche tecniche di comunicazione assertiva e persuasiva e modelli che riteniamo utili per muoversi in ambienti a forte interazione relazionale, in cui la comunicazione risulta uno strumento professionale alla pari delle altre dotazioni tecniche.

Ci limitiamo, in questo paragrafo, a rimarcare alcune considerazioni che riguardano alcuni aspetti che solitamente non vengono presi in considerazione, per lo meno con peso adeguato, e ciò finisce per creare le condizioni di disfunzionalità. Partendo dalla considerazione che, come tutti gli studiosi di comunicazione confermano, da Watzlawick a Berne, da Bandura a Shannon, da Grice a Cialdini – solo per citarne alcuni, in ordine sparso – alla base delle interazioni sociali e del concetto stesso della socialità vi è la *reciprocità*. Le relazioni sono basate sulla percezione di un reciproco vantaggio, in mancanza della quale la relazione non può crearsi o è destinata a deteriorarsi e infine interrompersi. Una comunicazione di natura aggressiva corrisponde al tentativo di accaparrarsi maggiori vantaggi personali a discapito di quelli sociali; una comunicazione sul polo della passività al cedere propri vantaggi personali a favore degli altri attori sociali. Tali dinamiche non sono esplicite, al contrario sono veicolate da canali impliciti che utilizzano attivazioni sub-corticali e azionati dalle strutture emotive, scarsamente controllabili, ma che possono essere modificate con opportune tecniche.

Entrano in gioco ancora prima che si stabilisca una relazione, sulla base delle aspettative che tale relazione suscita, e si perfeziona nei primi scambi relazionali. Ciascuno comunica attraverso il proprio modo di essere, lo stile personale, modalità visibili (come indossare o meno un camice in un ambulatorio medico) e altri che lo sono meno (come i fattori di personalità), inviando e cogliendo messaggi che sin dai primi istanti forniscono le regole dell'interazione. Tali regole vengono mediate e ciascun interlocutore valuta l'opportunità o meno di stabilire, interrompere o modificare la relazione sulla base della reciprocità e delle aspettative individuali o sociali.

Tali meccanismi sono tanto complessi quanto grossolani. La loro natura evolutiva li rende sicuramente efficaci in ambienti in cui compiere scelte errate o tardive poteva comportare conseguenze fatali. In ecosistemi moderni e decisamente più complessi possono condurre a valutazioni poco efficaci e difficilmente correggibili senza opportuna consapevolezza e senza l'impiego di adeguati strumenti.

Per questo motivo è importante stabilire una relazione efficace sin dai primi istanti della relazione, poiché – soprattutto se le aspettative sono negative – risulterà più difficile modificarla successivamente. Il canale empatico utilizza frequenze analogiche implicite che si manifestano semplicemente con un gesto di accoglienza, una frase in cui ci si informa dello stato di benessere dell'assistito, gli si forniscono alcune informazioni, si anticipano possibili obiezioni dimostrando interesse e accoglienza. Ciò crea aspettative positive che costituiscono un fattore di protezione nel caso si manifestino successivamente delle criticità.

Al contrario, una comunicazione fredda e tecnicistica, frettolosa e distaccata, per quanto ineccepibile sotto il profilo della somministrazione della cura, non asseconda le aspettative generali dell'assistito, che non sono quelle di essere "riparato", ma quelle di essere accolto e riconosciuto come persona.

Siamo ovviamente consapevoli che molto spesso i ritmi di lavoro, la pervasività nei processi della burocrazia (che per definizione li rende impersonali), automatismi ed altri fattori complessi - come i meccanismi di difesa e distorsione - forniscano la percezione che attuare modalità comunicative empatiche renda ulteriormente complessa l'operatività, ma tutte le ricerche e le osservazioni, comprese quelle ingenue, dimostrano il contrario, poiché non si tratta di aggiungere elementi, ma di modificarli.

Al contrario, gli interventi necessari per agire nelle possibili criticità, le incomprensioni, modificare aspettative non realistiche o impegnarsi per ottenere la compliance dell'assistito, oltre a non fornire sempre risultati soddisfacenti, impegna il professionista in situazioni decisamente più dispersive e stressanti.

In tema di aspettative, ci rendiamo conto, allo stesso modo, che – nella discussione che riguarda atti violenti e aggressivi – la tendenza è quella di focalizzare l'argomento sulle motivazioni e la responsabilità di chi li commette. Tuttavia, questi artefatti non sono nella disponibilità del singolo professionista e l'organizzazione può intervenire in modo efficace solo in termini protettivi, molto meno sul versante preventivo. Ciò si lega proprio all'assioma prevalente della comunicazione assertiva, che prevede reciprocità, nello stabilire l'efficacia – o l'inefficacia – della relazione.

In altre parole, se non è possibile modificare gli altri, poiché questi non sono incondizionatamente disponibili ad assecondare le nostre richieste (esattamente come non lo siamo noi stessi) possiamo modificare le nostre modalità comunicative portando l'altro ad assecondarle. Qualunque tecnica di comunicazione efficace, assertiva o persuasiva, di fatto, è basata su tale paradigma, che si produce in diverse modalità.

Di seguito, a conclusione di queste lunghe riflessioni, riportiamo ulteriori spunti che riteniamo utili al fine di produrre valutazioni che poi ciascuno, sulla base delle circostanze che definiscono la sua esperienza professionale, tradurrà in regole operative o provvederà – se ritiene – ad inglobare nelle regole già esistenti. Ci riferiamo a due condizioni che, secondo studi più generali sul tema dell'aggressività e dei fattori che la generano e osservazioni più affini ai contesti di cura e socio-assistenziali, sono considerati variabili determinanti nel vettore della violenza: le obiezioni dell'utente e la negazione/interruzione di un desiderio o bisogno.

L'anticipazione delle obiezioni

Un aspetto che riteniamo di notevole importanza – ad esempio – riguarda la *gestione delle obiezioni*, declinato in chiave comunicativa in molti campi in cui si produce una relazione all'interno dell'erogazione di un servizio. Si tratta di anticipare le possibili valutazioni negative prima che queste si manifestino o vengano espresse.
Agire successivamente, comporta la necessità di dover fornire spiegazioni che possono apparire *giustificazioni* e difficilmente sono in grado di modificare aspettative negative.
Ad esempio, se un paziente che accede ad un servizio di P.S. o in ambulatorio in cui la situazione impone una lunga attesa o una modifica dei tempi di intervento, è preferibile informare l'utente di tale difficoltà, specificandone i motivi ed eventualmente proporre delle soluzioni, se disponibili, piuttosto che doversi giustificare quando questi se ne lamenterà.
È necessario inserire nei personali protocolli di intervento, quando non sono previsti in quelli istituzionali, giocoforza legati alle pratiche curative, le anticipazioni delle criticità ricorrenti legate allo specifico luogo, tempo e servizio erogato, che generalmente i professionisti conoscono bene. Le esperienze, oltre a modificare le aspettative degli utenti, le loro valutazioni ed i loro comportamenti, possono essere estremamente utili per anticipare le possibili evoluzioni degli eventi, sulla base delle circostanze che si sono già verificate. Anticipare le possibili criticità, prima che si manifestino,

risulta la strategia più efficace non solo per minimizzare comportamenti aggressivi, ma per abbassare la probabilità che si manifestino, azzerando – in questo caso – l'inevitabile conseguenza dannosa.

La negazione dei desideri/bisogni

Assumendo come sfondo la diatriba fra studiosi e discipline diverse sull'origine dell'aggressività e la violenza e la relazione con altre istanze come la frustrazione, Erich Fromm propone un'interessante riflessione (condivisa fra l'altro per certi versi da Lewin e Merton): per Fromm, infatti, frustrazione può significare sia l'*interruzione di un'attività finalizzata in corso di attuazione*, sia la *negazione di un desiderio,* nel senso quindi di semplice privazione. Secondo il psicanalista e filosofo teutonico, questo elemento sarebbe non solo il collante fra le varie teorie, ma anche una condizione solitamente ricorrente nelle circostanze in cui si assiste allo sfociare dell'aggressività. La negazione di un desiderio o l'interruzione di un'attività finalizzata in corso di attuazione, sono in stretta relazione: in ogni momento ogni individuo progetta e attua azioni per la soddisfazione di bisogni che possono assumere necessità di sopravvivenza o desideri effimeri.

Il "peso" motivazionale di tali fattori è mediato da fattori di personalità e altre dinamiche (come lo stress conseguente alla constatazione di una malattia e il processo di cura) e tutto ciò determina la forma e l'intensità dell'aggressività.

Nel contesto curativo e assistenziale quasi sempre le aspettative con cui gli utenti anticipano gli eventi sono finalizzate alla soddisfazione di un bisogno primario, come la propria salute e sicurezza, e le azioni conseguenti sono attività finalizzate per ottenere tale soddisfazione. Tutto ciò che viene percepito come negazione o interruzione dell'azione si traduce in frustrazione che poi le variabili situazionali e individuali provvedono ad orinare in comportamenti aggressivi o violenti.

In questo senso non è possibile individuare un'unica azione concreta, come nel caso precedente, ma è comunque necessario tenere conto di tale fattore estremamente condizionante, non minimizzandolo, creando delle modalità per dare continuità all'azione curativa senza fornire l'impressione (per quanto fallace) che questa venga interrotta o bloccata.
Ciò si avvale delle tecniche descritte di comunicazione assertiva e persuasiva già descritte in altre sezioni.

VEDO E SENTO SOLO CIÒ CHE MI ASPETTO

Nella psicologia cognitiva, le "aspettative" sono rappresentazioni mentali riguardo a eventi futuri o situazioni. Sono costruite attraverso esperienze passate, conoscenze pregresse e credenze personali, e influenzano come percepiamo, interpretiamo e reagiamo agli stimoli e alle situazioni. Le aspettative giocano un ruolo cruciale in vari processi cognitivi, tra cui la percezione, l'attenzione, la memoria e la decisione.

Sono, di fatto, lo strumento con cui il Sistema Nervoso anticipa la realtà, per metterci nella condizione di agire su di essa, prima che si manifesti. Per ottenere tale risultato, coinvolge svariate strutture nervose e fisiche (come i canali sensoriali), sub-corticali emotive e le funzioni del Sistema Cognitivo.

Questo complesso meccanismo coinvolge la percezione e l'interpretazione degli stimoli ambientali: se ci aspettiamo che nel campo visivo compaia una determinata figura o un oggetto assuma determinate caratteristiche, sulla base delle esperienze precedenti o di regole di coerenza, in un contesto ambiguo o complesso tendiamo a confermare tale aspettative, anche se non coincidente con la realtà (fenomeno che i cognitivisti definiscono *"percezione top-down"* o *"bias di conferma"*).

Coinvolge il funzionamento dell'attenzione, in particolare quella "selettiva": se ci aspettiamo che un certo evento accada, siamo più propensi a prestare attenzione agli indizi pertinenti che confermano la nostra aspettativa, trascurando quelli che la contraddicono. Così come la memoria (per cui ricordiamo meglio le informazioni coerenti con le aspettative) e di conseguenza hanno un'influenza fondamentale sul giudizio e la presa di decisione.

Nel contesto sanitario e socio-assistenziale, in generale nella relazione di cura, le aspettative e i loro effetti si manifestano in moLteplici vesti. Ad esempio:

- *l'effetto placebo/nocebo*: la previsione che un farmaco o una cura possano incidere in maniera positiva o – al contrario – negativa sul decorso della patologia, sui tempi della prognosi, la remissione o l'attenuazione del sintomo; tale effetto modifica la compliance del paziente, la percezione del risultato, del dolore fisico, delle attivazioni emotive in misura importante (secondo varie metanalisi l'effetto sugli psicofarmaci è decisamente superiore rispetto a quello indotto dal principio attivo)

- *l'agenda del paziente*: la rappresentazione con cui l'utente definisce il contesto di cura e comprende l'insieme delle preoccupazioni, delle domande, delle previsioni e degli obiettivi che un paziente porta con sé a una visita medica o a una consulenza terapeutica, definita sulla base delle informazioni disponibili, delle credenze, dei condizionamenti e dei meccanismi difensivi messi in atto

Nella relazione medico-paziente, anche il professionista rappresenta la relazione con il suo utente con uno strumento pressochè simile: l'agenda del medico è la modalità con la quale egli vive la realtà professionale e il tipo di bisogni di cui è portatore nel momento in cui incontra l'assistito; l'agenda del medico a sua volta può comprendere le responsabilità professionali, istituzionali, familiari, eventuali problemi personali che possono interferire con il lavoro, gratificazione e soddisfazioni lavorative, benessere e qualità della vita, così come – anche in questo caso – credenze e distorsioni come le idealizzazioni sul proprio ruolo sociale e professionale e le aspettative di riconoscimento e riconoscenza di natura materiale ed affettiva.

Le rappresentazioni sono la coincidenza di aspettative personali, sociali e situazionali e influenzano il modo in cui ci comportiamo nelle relazioni e come interpretiamo il comportamento degli altri. Aspettative realistiche e positive possono migliorare la qualità delle relazioni, mentre aspettative irrealistiche possono portare a conflitti e insoddisfazione. Le aspettative irrealistiche possono creare condizioni di criticità nella relazione con l'assistito, poiché resistono all'impatto con la realtà e portano l'utente a confermarle, nonostante non trovino riscontro nelle informazioni successive, la cui ricerca e il cui significato sono condizionati da esse.

Il ruolo del professionista sanitario è pertanto anche quello di creare aspettative funzionali al processo di cura, tenendo conto che – soprattutto se negative – potranno essere modificate con grande difficoltà successivamente. Non ci riferiamo tanto all'esito delle cure, quanto ad altri aspetti come la fiducia nel medico o nel servizio. Modificando l'esperienza dell'utente, è possibile modificare le sue aspettative. Per questo è preferibile utilizzare modalità comunicative e relazionali concrete per contrastare le credenze e le convinzioni che spesso sono basate su informazioni astratte, provengono da fonti non solide o da circostanze che poi si tende a generalizzare (il cosiddetto *bias di generalizzazione*).

Le esperienze negative, oltre a produrre aspettative maggiormente resistenti, risultano più pervasive. Se un paziente è insoddisfatto del consiglio del suo medico, può arrivare a considerare che «*tutti i medici di quella struttura sono incompetenti*» oppure «*tutti i medici non capiscono niente*». Viceversa, se giudica il consulto fornito soddisfacente, più probabilmente si limiterà a valutazioni come: «*quel medico è proprio bravo*».

Fornire e confermare aspettative coerenti con la realtà è pertanto un fattore di protezione della relazione di cura, poiché previene eventuali disfunzionalità e, nel caso si manifestino, consente di attenuarne gli effetti, oltre che agire direttamente sugli esiti clinici. Ciò non è legato pertanto al farmaco che viene consegnato al paziente ma alla modalità con cui viene consegnato, le informazioni che vengono fornite che preludono all'effetto e alle future modalità di relazione fra gli attori sociali.

L'agenda del paziente, prevede tutte queste componenti che non possono essere minimizzate o ignorate e che possiamo riassumere:

- *aspettative di cura e supporto*: i pazienti si aspettano di ricevere cure empatiche e comprensive, si aspettano che il medico li ascolti, li capisca e li rispetti; questo include aspettative riguardo alla comunicazione chiara e al coinvolgimento nei processi decisionali

- *aspettative di competenza e professionalità*: i pazienti si aspettano che i medici siano competenti e aggiornati nelle loro conoscenze mediche; si aspettano diagnosi accurate e piani di trattamento efficaci

- *aspettative di risultati*: le aspettative dei pazienti riguardo ai risultati del trattamento possono influenzare la loro percezione di miglioramento e la loro soddisfazione generale; aspettative realistiche comunicate efficacemente possono portare a una maggiore soddisfazione e aderenza al tratamento.

La comunicazione e la relazione dovrebbero pertanto includere la trattazione di tali aspettative, anche se non esplicitamente manifestate dall'utente.

Gli effetti di una relazione efficace si manifestano in termini di:

- *soddisfazione*: la corrispondenza tra le aspettative del paziente e la realtà delle cure ricevute è un determinante chiave della soddisfazione del paziente

- *compliance al trattamento*: le aspettative influiscono sull'aderenza del paziente ai piani di trattamento; se un paziente crede che il trattamento sarà efficace, è più probabile che segua le raccomandazioni mediche

- *esiti clinici*: le aspettative positive possono avere un effetto placebo, migliorando i risultati clinici, al contrario, aspettative negative possono portare a effetto nocebo

- *relazione di fiducia*: le aspettative reciproche influenzano la costruzione della fiducia tra medico e paziente: una comunicazione chiara e l'allineamento delle aspettative sono fondamentali per costruire una relazione di fiducia duratura

La soddisfazione per l'esito della cura è il nucleo della valutazione del paziente. Tuttavia questa include anche elementi periferici della rappresentazione, come il tempo di attesa, l'accoglienza, la comprensione, il coinvolgimento della cura ecc. Pertanto, alcuni item che possono apparire secondari hanno un peso importante se conglobati nel processo di elaborazione che porta alla valutazione complessiva, anche in considerazione di alcune variabili come il momento in cui si presentano nel campo cognitivo: ad esempio, la receptionist del C.U.P. precede la prestazione medica e se questa viene percepita come scortese ciò può influenzare la valutazione generale anche se la prestazione clinica risulta soddisfacente.

Le aspettative del curante si intrecciano con quelle dell'assistito, in una complessa rete di relazioni e condizionamenti reciproci. Le aspettative di un attore influenzano quelle dell'altro. In altre parole, come già ribadito nella sezione specificatamente dedicata all'area della comunicazione e la persuasione, se desideriamo modificare gli atteggiamenti dell'interlocutore, soprattutto se questi non desidera affatto farlo, possiamo modificare i nostri e otterremo risposte coerenti con le aspettative che abbiamo suscitato.

Le aspettative del curante nella relazione di cura possono essere sintetizzate in:

- *comportamento dell'assistito*: i professional helper si aspettano che i loro utenti seguano le raccomandazioni, siano onesti riguardo ai loro sintomi e ai loro comportamenti e collaborino attivamente nel processo di cura

- *comunicazione*: i professional helper si aspettano che i loro utenti pongano domande pertinenti e siano disposti a discutere apertamente dei loro problemi di salute, senza l'intromissione di credenze ingenue, stereotipi, truismi e condizionamenti

- *risultati del trattamento*: anche i curanti hanno aspettative sui risultati del trattamento, che possono essere influenzate dalle loro esperienze e conoscenze.

Le aspettative del medico influenzano le sue valutazioni nella stessa misura di quelle del suo paziente. La soddisfazione professionale è inevitabilmente influenzata dalla soddisfazione dell'utente e contemporaneamente la influenza. Dinamiche opposte generano effetti opposti: se, ad esempio, un professionista non è in grado di trasmettere fiducia al suo assistito o fiducia nei confronti della cura che propone, probabilmente il paziente sarà meno collaborativo e potrà omettere informazioni pertinenti. Nel processo psicoterapeutico talvolta è necessario attendere un numero più o meno ampio di sedute prima che il paziente si apra al suo curante, solo dopo averne constatato l'affidabilità; anche le la diagnosi è evidente, se il terapeuta è precipitoso nel sollecitare risposte o approfondimenti o proporre una cura che non includa le spiegazioni finora fornite, rischia di causare il drop-out e l'interruzione della relazione di cura.

La valutazione del paziente è pertanto conseguente al processo di assistenza ma le prime interazioni, talvolta ancora prima del contatto fra i diversi attori, le influenzano pesantemente. Le prime fasi della relazione fra il curante e l'assistito sono pertanto fondamentali per creare aspettative efficaci, con cui l'utente si muoverà nel contesto successivamente, o modificare quelle distorcenti, prevenendo condizioni di criticità.

PARTE 3
CURARE LA VIOLENZA

COMUNICAZIONE E RELAZIONE

La comunicazione è lo strumento della relazione, della cura, della mediazione dei vantaggi sociali. Ma è anche quello del conflitto, dell'aggressività e della violenza.

Affidiamo i nostri messaggi a molti e differenti canali, alcuni di origine biologica, altri – originati più recentemente – con caratteristiche digitali.

La comunicazione naturale e quella umana incorporano caratteristiche analogiche, su categorie continue e non discrete (come la sequenza 0-1 che è alla base del funzionamento degli apparati informatici). Ma ciò non significa che la comunicazione umana non utilizzi sistemi di codifica raffinati che la rendono pressoché perfetta, in termini di valore del messaggio che può potenzialmente veicolare, per quanto volubile sotto il piano dell'interpretazione.

Accademicamente (ma nella realtà le categorie non sono così nette e sempre facilmente distinguibili) si tende a considerare tre raggruppamenti di fenomeni della comunicazione umana: A) la comunicazione *verbale*, B) la comunicazione *non verbale* e C) la comunicazione *para-verbale*.

Esaminandole nel dettaglio, scopriremmo che la *comunicazione verbale* è quella che sta davanti ai vostri occhi, codificata nelle lettere, le parole e le frasi che compongono questo testo. La comunicazione verbale, infatti, non è solo quella che sgorga da strutture specializzate (specifici apparati biologici e nervosi) i quali consentono di modificare la pressione dell'aria, successivamente intercettata da altrettanti sofisticati meccanismi bio-chimici che li trasformano in messaggi dotati di senso. In alcuni casi, come nell'utilizzo della scrittura o pittogrammi, o specifici codici, si affida a canali che poi rimandano all'emittente grazie a convenzioni istituzionalizzate o informali (ad esempio la lingua italiana e le sue regole e i numerosi dialetti che si avvicendano sul territorio di un Paese o una regione).

In questo caso, cogliendo i simboli che compongono ogni unità (la parola) siamo in grado di riferirci al dialogo emesso di chi ha scritto questo testo, sfruttando uno strumento che non richiede necessariamente la contemporaneità di chi emette e chi recepisce il messaggio. Potreste infatti leggere questo testo dopo molto tempo rispetto a quando è stato scritto. Ma, per certi versi, è come se chi ha elaborato questi pensieri fosse di fronte a voi a comunicarli direttamente.

La scrittura è pertanto una sub-categoria della comunicazione verbale e rappresenta piuttosto fedelmente la caratteristica diadica della comunicazione, che non è una semplice trasmissione di codici, ma un processo circolare in cui i significati si creano e si modificano con la mediazione di tutti gli attori presenti o, in questo caso, non presenti sulla scena. Umberto Eco parlava di *"testi aperti"* e *"testi chiusi"*, intendendo i gradi di libertà concessi dall'autore all'interpretazione di un suo lettore. Un testo chiuso è un manuale di montaggio di un mobile dell'Ikea. Non è consigliabile fornirgli interpretazioni, vi potreste trovare fra le mani un manufatto diverso rispetto a quello che avevate progettato per il vostro salotto.

In un romanzo, una ballata d'amore, una poesia ispirata dai tormenti giovanili, ciascuno si rispecchia e si riconosce in modo diverso, poiché ognuno di noi è differente dall'altro. Dopo poche pagine de *"Il cammino di Santiago"*, chiunque desidera intraprendere il viaggio, ma ciascuno lo fa a modo suo, poiché ciascuno desidera sublimare parti che appartengono a lui e a nessun altro.

Salvo casi particolari, come quello descritto sopra, la comunicazione umana è un testo aperto e richiede sistematicamente la partecipazione del ricevente per completare il fenomeno. Per poterlo fare, tuttavia, deve affidarsi ad altre componenti, che nel testo scritto sono mancanti, per quanto ciò rappresenti proprio l'aspetto più intrigante e affascinante della letteratura.

Quanto alla *comunicazione non-verbale*, ci si riferisce a tutta quella parte di comunicazione che non è affidata alla parola o ai suoi simboli condivisi (come le lettere che compongono l'alfabeto e il testo scritto). Tipicamente appartengono a questo mondo la gestualità ed i pittogrammi.

La gestualità è una componente fondamentale della comunicazione, per certi versi trasversale e per altri tipicizzante delle differenti culture. Come è noto, la cultura latino-mediterranea utilizza in maniera enfatica questo canale comunicativo per dare magniloquenza al discorso; siamo in grado di esprimere lunghi e raffinati concetti anche solo utilizzando le mani o altre parti del corpo. I pittogrammi (come i disegni ed i segnali) appartengono ad una categoria intermedia e, almeno in questa fase, poco utile ai nostri scopi.

Infine, la *comunicazione para-verbale* è tutta quella complessa e articolata parte della comunicazione che non appartiene né al linguaggio né alla gestualità, ma è associata ad entrambe. Potremmo dire che questo canale enfatizza il discorso e il significato utilizzando vari codici, in parte frutto di convenzione, in parte originati in meccanismi biologici.

L'elenco di modalità comunicative veicolate attraverso questo canale è piuttosto lungo: ad esempio il contatto visivo. Tutti noi sappiamo quanto sia differente fornire una notizia ad una persona o comunicare con essa mantenendo lo sguardo su di lei, oppure abbassando lo sguardo. Il contatto visivo è un'espressione di socialità che tutte le culture utilizzano, seppure in modo differente. In alcune aree del mondo una fissazione sostenuta può essere interpretata come un atto di sfida. I latini, al contrario, preferiscono comunicare fissando l'interlocutore negli occhi e questi ricambia lo sguardo per manifestare interesse.

La fissazione viene utilizzata anche come modalità di punteggiatura: in un contesto sociale, infatti, se i parlanti sono numerosi, una persona può comunicare ad un'altra che ha finito di parlare e cedere il turno semplicemente fissandolo negli occhi.

Questa modalità, come anticipato, ha profonde origini evolutive, al punto che – come per sparute altre specie animali – abbiamo modificato le nostre caratteristiche biologiche proprio per ottenere una comunicazione più efficace. L'uomo è infatti fra i pochi animali (in rada compagnia) a possedere la sclera dell'occhio bianca. La membrana fibrosa che circonda l'iride, comunemente nota come "bianco dell'occhio", contrasta nettamente con la parte interna. Secondo alcuni studiosi, questa mutazione, in antitesi con la maggior parte delle specie animali (e che in effetti comporta qualche svantaggio, come una eccessiva fotosensibilità) dimostra la nostra evoluzione sociale, in termini di percezione dei vantaggi nel far parte di un gruppo di riferimento, con il quale possiamo comunicare efficacemente – pur senza l'utilizzo del canale verbale – anche a distanze considerevoli. Possiamo pertanto intuire l'atteggiamento di un astante ancora prima che si esprima verbalmente, mentre si avvicina a noi. Ovviamente, l'impressione che siamo in grado di ottenere da una "prima impressione", grazie a queste informazioni, è grossolana, ma ci consente comunque di catalogare l'interlocutore in categorie approssimative, come *"buono"* o *"cattivo"*, *"aggressivo"* o *"collaborativo"*, ma decisamente utili nel caso sia necessario anticipare un possibile comportamento bellicoso.

A differenza di altre forme di comunicazione arcaiche, che si sono estinte (come la coda, che abbiamo abbandonato circa 25 milioni di anni fa), questa modalità è proseguita nella storia evolutiva ed è giunta fino ai nostri giorni, confermando la caratteristica regolativa della socialità della comunicazione.

Così come il contatto visivo, molti altri strumenti comunicativi utilizzano il canale para-verbale. Fra questi la *postura*: la posizione del corpo rivela lo stato d'animo dell'individuo e il suo approccio relazionale in quell'istante. Come anticipato, ricaviamo impressioni relativamente accurate di chi ci sta di fronte in pochi istanti, ancora prima che l'interlocutore proferisca parola. Se questi si avvicina a noi con le spalle ricurve e lo sguardo basso (la tipica *"posizione del frustato"*) ciò rivela un atteggiamento passivo e l'accettazione di una linea inferiore in una ipotetica scala gerarchica sociale. Allo stesso modo può rivelare ansia e con essa che la relazione è vissuta con una forte dose di stress.

Dopo aver definito una impressione, soprattutto se negativa, tendiamo a mantenerla accettando i segnali che la confermano e ignorando quelli che la disconfermano. È molto più rischioso, infatti, modificare un'impressione negativa che viceversa. Inoltre, ciò risulta antieconomico per il nostro complesso organismo che tende sistematicamente a risparmiare preziose risorse energetiche.

Ma come ci comportiamo con una persona che ci rivela la sua inadeguatezza? O quando, al contrario, anticipa un atteggiamento aggressivo o di poca accoglienza e comprensione?

Solitamente confermando di ritenerla inadeguata. Le *"profezie che si auto-avverano"* (intuizione che si deve a Robert K. Merton) dimostrano come siamo noi stessi a determinare il corso degli eventi relazionali (e non solo) inducendo gli altri a confermare le nostre aspettative, per quanto queste possano non piacerci. È infatti preferibile un mondo determinabile e prevedibile, per quanto non piacevole, che un mondo incerto, anche quando si prospetta migliore.

Un anomico tedesco recitava nel '700: *"l'uomo preferisce la certezza della miseria, alla miseria dell'incertezza"*. Osservazioni che sono state confermate qualche centinaio di anni dopo dagli studi empirici dei cognitivisti, dei sociologi e degli psicologi sociali. Il *"contesto comunicativo"*, il luogo fisico e simbolico, emotivo e relazionale in cui si producono e interpretano i messaggi, è creato e modificato contemporaneamente dagli interlocutori, che comunicano fra loro utilizzando i segnali espliciti e impliciti che ricevono e rimbalzandoli (solo nel senso metaforico) associandoli alla loro interpretazione, che modifica quella precedente. Di conseguenza, gli effetti della comunicazione dipendono sia da chi emette sia da chi riceve il messaggio, divisione che ha senso solo per scopo di illustrazione, poiché nella realtà i due ruoli sono sovrapposti.

In una certa misura, siamo noi stessi che induciamo il comportamento dell'altro: se comunichiamo distacco, l'altro reagirà con un atteggiamento altrettanto distaccato. Ciò potrebbe indurre un comportamento aggressivo, se l'interlocutore percepisce che ciò corrisponde alla disconferma delle proprie aspettative di soddisfazione di specifici bisogni, ribellandosi ai meccanismi di consenso e potere che mediano l'ottenimento di vantaggi individuali. Tali bisogni, talvolta possono essere irrealistici, ma corrispondere a solide convinzioni, e il tentativo di contenerli in modo aggressivo può scatenare una reazione altrettanto aggressiva, che altre condizioni (come lo stress, la preoccupazione per il proprio stato di salute, l'alterazione psico-fisica...) possono esacerbare fino a produrre azioni che prevaricano i confini del pensiero e dei meccanismi inibitori.

Le regole dell'interazione si creano pertanto in pochi istanti grazie a segnali para-verbali e vengono negoziate dagli interlocutori, in modo vantaggioso per ciascuno, per quanto ad un osservatore esterno possa non apparire così, secondo dinamiche che si replicano – per quanto con modalità differenti – in tutti gli animali sociali.

E tale valutazione si ottiene in pochi istanti, così come è altrettanto rapida la risposta, veicolata attraverso canali impliciti. Ciascuno di noi, razzolando nella sua memoria, rinverrà traccia del compagno di classe che riusciva ad ottenere sempre ottimi risultati poiché si approcciava ai professori o ai docenti dimostrando estrema sicurezza. Al contrario, chi perdeva la notte sui libri in preda alle sue insicurezze, pur possedendo una preparazione migliore, non riusciva ad ottenere gli stessi risultati o almeno non con la stessa apparente fluidità. E ciò che faceva crescere la rabbia nei confronti del compagno che, quando sbagliava o era inaccurato nelle risposte, il professore addirittura lo aiutava.

Perché accade questo? La tabella ne suggerisce la spiegazione.

Evento	Impressione	
	Positiva	Negativa
Lo studente risponde in maniera corretta	• Conferma dell'aspettativa • Nessuna ricerca di spiegazioni alternative • Non occorre cercare ulteriori notizie confermanti	• Disconferma dell'aspettativa • Ricerca di spiegazioni alternative (es. «*sarà l'unica cosa che sa*») • Proseguo per dimostrare che lo studente è impreparato
Lo studente risponde in maniera non corretta	• Disconferma dell'aspettativa • Ricerca di spiegazioni alternative (es. «*sarò io che ho posto male la domanda*») • Cerco ulteriori notizie confermanti e aiuto lo studente a fornirmele	• Conferma dell'aspettativa • Nessuna ricerca di spiegazioni alternative • Non occorre cercare ulteriori notizie confermanti

In ogni caso, pertanto, il nostro studente timoroso, ponendosi di fronte al suo esaminatore ed emettendo segnali che rivelano il suo stato d'animo, indurrà il suo valutatore a confermare l'impressione percepita. E in ogni caso avrà vita più difficile rispetto al suo compagno, a parità di preparazione.

Il canale della comunicazione para-verbale veicola informazioni attraverso ulteriori modalità. Per esempio, ogni volta che noi indossiamo un vestito, oltre a proteggerci dalle intemperie, comunichiamo in qualche misura agli altri come vediamo noi stessi, come vediamo gli altri e come vogliamo che gli altri vedano noi.

Scusandoci per l'ennesima nota autobiografica, ricordo che durante il primo incarico in ospedale avevo bisogno di un parere di un medico specialista per un mio paziente che seguivo in studio. Comunicai alla mia responsabile la mia intenzione e mi avviai per raggiungere il reparto. La collega, decisamente più esperta di me di queste prassi, mi fermò e mi chieste dove stessi andando senza il camice. Risposi che, limitandomi alla reception del reparto, non ne avrei avuto bisogno.

Mi rispose che senza il camice avrei atteso per ore inutilmente in mezzo ai pazienti, cosa che in effetti era già successo in precedenti occasioni. Seguii il suo consiglio. Quando arrivai in reparto chiesi del medico e questi mi accolse dandomi del "tu", nonostante non ci fossimo mai incontrati, e mi concesse di entrare immediatamente senza rispettare l'ordine di attesa.

Fra le ulteriori modalità comunicative che utilizzano il canale para-verbale ci sono comportamenti motori come stringere la mano di una persona quando la incontriamo o la rivediamo, toccarla mentre le parliamo o la distanza ("*prossemica*") che regoliamo con lei. La prossemica è una modalità immediata con cui comunichiamo all'altro come vediamo la relazione che ci accomuna. Ovviamente, soprattutto in questo caso, ogni regola deve essere negoziata per evitare fenomeni di reattanza.

Le persone che condividono la sala d'attesa di un ambulatorio medico o lo scompartimento di un treno, infatti, salvo situazioni particolari gestiscono uno "*spazio sociale*", che prevede lo sfruttamento degli ambienti nel rispetto dell'intimità di ciascuno.

Infatti, all'arrivo, inizialmente ciascuno sceglie lo spazio più distante possibile rispetto a chi è arrivato prima, fino a quando non rimarrà un'unica sedia libera che sarà probabilmente quella di fianco a colui che era presente nella stanza sin dall'inizio.

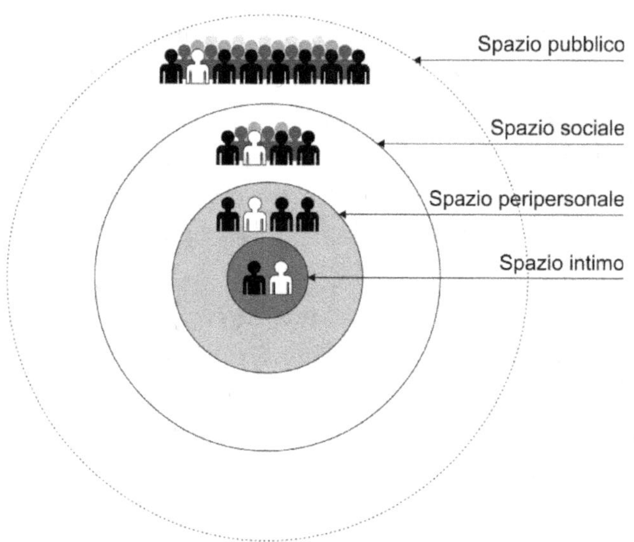

L'ambiente professionale è condiviso con modalità sociali e peripersonali; in quest'ultimo caso le distanze sono condizionate da dinamiche spaziali, simboliche ed affettive, oltre che la storia comunicativa degli interlocutori.

Avvicinarsi ad una persona durante il dialogo manifesta vicinanza fisica ma anche empatica. Ma raramente concediamo a qualcuno di entrare nel nostro "*spazio intimo*", che solitamente è riservato ai familiari più stretti (partner e figli). Un'invasione non condivisa viene accolta come una minaccia e la risposta conseguente può essere irrigidimento (risposta alla minaccia) o il ritrarsi (per manifestare contrarietà all'invasione e per mantenere uno spazio di sicurezza).

Tutte modalità, come immaginate, che vengono agite e interpretate in tempi estremamente rapidi e che costringono gli interlocutori a creare e modificare in continuazione le regole del dialogo per mantenere modalità accettabili per entrambi. Non tutte le regole sono condivise e condivisibili: chi ha lavorato a contatto con i pazienti avrà sicuramente maturato l'esperienza di come ci siano persone che non hanno piacere di essere toccate o avvicinate, ma ciò non significa che siano scostanti o poco inclini alla relazione. Cogliendone i segnali, è possibile valutare se la loro ritrosia sia dovuta allo stress della situazione oppure allo stile comunicativo che predilige altri canali, al posto di quello fisico, suggerendoci di adottare a nostra volta canali efficaci, se desideriamo rendere la relazione proficua.

Come vedete, pur dovendo in qualche caso banalizzare aspetti che nella realtà ci appaiono decisamente complessi, gli strumenti della comunicazione sono molteplici e sovrapposti, afferendo contemporaneamente alle tre categorie di cui abbiamo riferito poc'anzi (*verbale, non verbale* e *para-verbale*).

Potremmo domandarci, a questo punto, qual è il peso ponderato di ciascun canale nell'efficacia di un discorso. In altre parole, volendo persuadere qualcuno (ad esempio sollecitare un paziente ad essere collaborativo, aiutarlo a superare le sue paure o modificare le sue aspettative), quale di queste tre modalità può risultare più efficace? Potremmo porre il dilemma in questi termini: se il potere persuasivo di un messaggio comporta un certo peso, in quali percentuali si dividono i tre canali comunicativi?

Generalmente le persone, a questa domanda, rispondono con convinzione che la parte più efficace della comunicazione è proprio la comunicazione verbale. Cioè quella più evoluta, che sfrutta una combinazione quasi perfetta fra dotazioni biologiche, cognitive e nervose. Chi non ha avuto occasione di dedicarsi a questi argomenti solo in qualche caso si spinge ad ipotizzare che, oltre alla comunicazione verbale, un peso importante – ma comunque inferiore rispetto alla prima modalità – sia associato alla comunicazione non-verbale. In tutti i casi, chi risponde in questo modo è tratto in inganno dagli aspetti visibili della comunicazione, ma che non per questo garantisce risultati poderosi.

Fra i tre canali, infatti, la comunicazione verbale è proprio la modalità meno efficace, quella che risulta meno adatta a trasmettere gli strumenti persuasivi ed attivare le risposte stereotipate dell'interlocutore. La comunicazione non-verbale, è in grado di farlo sicuramente in modo più efficace, ma il canale più efficiente ed affidabile è il realtà quello della comunicazione para-verbale e di tutti i meccanismi ad esso collegati.

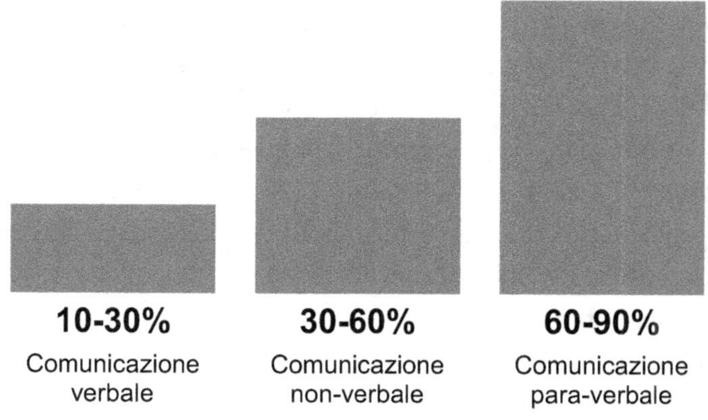

L'utilizzo della parola e di tutte le sue forme (come la scrittura) è l'unica modalità "digitale", che si avvale di forme artificiose e convenzionali della comunicazione umana e, come anticipato, comporta che il messaggio venga creato da chi intende trasmetterlo, a volte modificato dal mezzo di comunicazione (un browser Internet, un sistema di messaggistica, la parola...) e, soprattutto, decodificato da chi lo riceve. I codici afferiscono ad un significato che è prodotto all'interno di una visione (del mondo, della situazione...) che non necessariamente coincide con quello del ricevente, per il quale gli stessi codici sono comunque referenti di un modo differente. La comunicazione verbale è quanto di più ambiguo e volubile a cui possiamo affidare un nostro messaggio importante. Risente inoltre di alcuni limiti pragmatici: per esempio, il tempo di esposizione di un discorso, talvolta, può essere molto lungo e il ricevente deve dedicare molte risorse attentive nell'azione di decodifica, risorse di cui non sempre dispone e o desidera utilizzare.

Riguardo a questo aspetto, come vedremo, va detto che gli abili comunicatori sanno persuadere le persone proprio sfruttando la loro disponibilità di attenzione o, al contrario, inibendola come nel caso in cui vogliono evitare che l'interlocutore rintracci nella sua memoria informazioni o esperienze che disconfermano la sua tesi.

Al contrario, la comunicazione para-verbale è immediatamente disponibile, utilizza canali sensoriali e cognitivi di base, non richiede importanti risorse attentive e talvolta neppure la compresenza, per quanto simbolica degli interlocutori (come nel caso di chi scrive e legge un libro) e per tali motivi ci affidiamo più facilmente ad essa, implicitamente, per quanto riteniamo i livelli espliciti più affidabili. Ad esempio, pensiamo di risolvere una questione "parlando" con il nostro interlocutore, ma ci avviciniamo ad esso comunicando di non essere disponibili a mettere in discussione le nostre tesi, generando altrettanta rigidità, accusando poi l'altro si non essere accogliente.

La comunicazione para-verbale sfrutta canali che si sono evoluti anticamente, bypassano i meccanismi cognitivi razionali, elaborati e necessariamente più lenti, e prevale sulle altre modalità. Se minacciamo un nostro conoscente sorridendo, egli capirà che stiamo scherzando proprio dall'espressione facciale, nonostante i codici verbali che stiamo utilizzando dicano l'esatto contrario.

Soprattutto, va rilevato che la comunicazione para-verbale non può essere inibita o interrotta. Tantomeno modificata. Solo i grandi attori riescono ad impersonare un personaggio che non gli appartiene. Per tutte le altre persone non vie è possibilità di dire una cosa e pensarne un'altra:

l'espressione del viso, il tono della voce e la velocità dell'eloquio, così come altri segnali che vengono espressi e percepiti in maniera implicita (cioè sotto la soglia di consapevolezza) rivelano l'ambiguità e provocano la reattanza dell'astante.

Tendiamo infatti sempre a sfuggire alle situazioni ambigue perché poco determinabili e le persone risultano poco prevedibili.

Siamo molto bravi, nonostante qualcuno possa ritenere il contrario, a individuare le bugie, proprio perché cogliamo immediatamente i segnali di ambiguità. I bambini, quando vogliono nascondere alla mamma una marachella, a volte stringono fortemente le mani dietro la schiena per inibire i movimenti che non sarebbero sotto il loro controllo. Anche in età adulta, talvolta, fatichiamo noi stessi a raccontarci delle bugie e un improvviso attacco di iperemia (il nostro viso che si accende come una lampadina rossa) rivela che il nostro censore intimo se n'è avveduto.

Tali meccanismi, modalità esplicite ed implicite, consapevoli o sotto la soglia di consapevolezza, si avvalgono e sono coordinati da strutture nervose specializzate differenti: se sezionassimo un encefalo, esponendo le strutture interne, noteremmo che le afferenze (vale a dire i condotti di neurotrasmettitori che trasferiscono il segnale da un'area all'altra del Sistema Nervoso) sono molto maggiori dal *sistema limbico* alla *neo-corteccia*. Le vie neurali che collegano le aree interne a quelle esterne del cervello, risultano decisamente maggiori e più dense rispetto alle vie che percorrono il senso contrario.

La neo-corteccia, la parte più esterna del cervello, si è evoluta solo nelle ultime migliaia di anni ed è caratterizzata da una fitta rete di neuroni specializzati, grazie ai quali possiamo esprimere le valutazioni più fini. Grazie a quest'area dell'encefalo, siamo in grado di razionalizzare i nostri pensieri, progettare, rimandare un'azione per cogliere il momento più opportuno, ma anche produrre poesie e composizioni sinfoniche. Ma tutto ciò richiede una quantità notevole di energia metabolica e di tempi di produzione e modificazione dei processi non sempre sono disponibili e compatibili con situazioni che richiedono risposte rapide, come quelle conseguenti alle attivazioni emotive.

Il sistema limbico, all'opposto, è un'area profonda del cervello e comprende le strutture più antiche nella nostra storia evolutiva. Viene chiamato anche "*cervello del rettile*" o "*rettiliano*". Rassicurandovi che nessun essere strisciante di aggira all'interno del nostro cranio, il suo nome è dovuto al fatto che è pressoché identico da milioni di anni, molto ora prima della nostra trasformazione in mammiferi o stadi intermedi, nel periodo triassico. Ma ci costringe in qualche maniera a pensare come dei rettili. Questi animali non dispongono di aree corticali evolute ed i loro comportamenti sono basati su semplici stereotipi selezionati dalla funzione emotiva. L'attivazione della paura seleziona comportamenti coerenti (la fuga o l'attacco), l'attivazione della fame la necessità di procurarsi il cibo e così via.

Noi stessi, quando siamo attivati da un'emozione riconducibile alla paura, valutiamo rapidamente e grossolanamente l'ambiente e la situazione ed emettiamo un comportamento coerente con le modificazioni che il nostro organismo subisce per prepararci a gestire gli eventi e garantirci la sopravvivenza. Nessuno infatti, in preda al panico, valuterebbe sensato mettersi a raccontare barzellette. Disponiamo infatti di scarso controllo razionale sulle nostre emozioni: se qualcuno ci spaventasse – anche per gioco – potremmo poi tranquillizzarci («*era uno scherzo, non c'è alcun motivo di avere paura*») ma nonostante questo le modificazioni organiche (battito cardiaco accelerato, focalizzazione dell'attenzione, ipersensibilità ai segnali ambientali...) non verrebbero affatto inibite.

Per dimostrare come i meccanismi automatici e inconsapevoli non siano sotto il nostro controllo vi proponiamo questo piccolo esperimento.

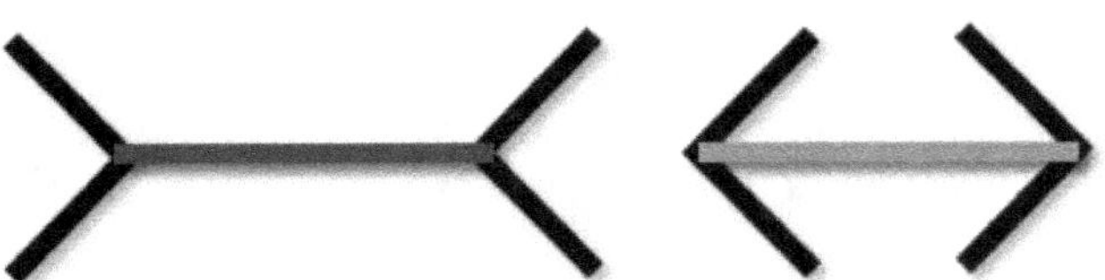

L'antica illusione di Franz Carl Müller-Lyer (di fine '800), ci costringe a percepire un oggetto in modo differente da come è in realtà, poiché alcuni dispositivi di semplificazione intervengono per ottimizzare i tempi di percezione della realtà, anche quando non appare particolarmente complessa.

Durante la nostra evoluzione si è sviluppato e installato fra i meccanismi di valutazione uno stereotipo basato sull'osservazione che in natura gli oggetti grandi generalmente contengono quelli piccoli. Sono sufficienti gli angoli che simulano la chiusura o l'apertura dell'oggetto per farci apparire decisamente differenti i due oggetti. In realtà, come avrete intuito, le due linee sono perfettamente sovrapponibili, si tratta in effetti dello stesso oggetto.

Ma la cosa interessante è che continueremo a vederle differenti nonostante razionalmente siamo assolutamente certi che siano uguali. Addirittura, potremmo utilizzare uno strumento di misurazione, come un righello, verificare la loro equipollenza ma la percezione non varierebbe.

Poiché i meccanismi automatici prevalgono sui meccanismi razionali e consapevoli, possiamo affermare che le modalità comunicative più efficaci – che convergono nel canale para-verbale – sono proprio quelle su cui disponiamo di minore controllo.

La comunicazione efficace, pertanto, non si realizza attraverso la sapiente regolazione delle parole (o, almeno, non solo), ma attraverso la condivisione del canale empatico con i nostri interlocutori e con la conoscenza e lo sfruttamento degli schemi di risposta automatica disponibili e coerenti con il contesto.

LA COMUNICAZIONE NEL CONTESTO
PROFESSIONALE SANITARIO

Addentrandoci in un contesto più pragmatico, possiamo intuire in qualche modo l'importanza – per l'operatore sanitario - di possedere efficaci strumenti comunicativi nella pratica quotidiana, fortemente caratterizzata (com'è evidente) dalla componente relazionale e sociale.

Nella visione "medica", la diagnosi si basa su criteri oggettivi e la prognosi sulla capacità della sostanza chimica di modificare il funzionamento dell'organismo. In realtà, come ha potuto verificare chi vive la quotidianità a contatto con il paziente, la *diagnosi* inizia da ciò che dichiara il paziente, anche come conseguenza del modo in cui viene sollecitato a farlo, e la *prognosi* dipende in misura significativa sulla volontà del paziente di guarire. Il concetto stesso di cura risiede pertanto nella relazione fra le figure di cura (inteso tutti coloro che a vario titolo partecipano al processo di erogazione del servizio) e l'assistito. Se la comunicazione non è efficace, non lo è la relazione e – di conseguenza – non può esserlo il processo di cura.

L'efficacia della comunicazione e della relazione si misura non solo nella relazione fra il professional helper e l'assistito, ma anche fra il professional helper e l'organizzazione[11] estesa in cui opera. Le aspettative delle differenti componenti (il professionista sanitario, l'assistito e l'organizzazione che definisce le regole formali di relazione, lasciando liberi gli attori di definire quelle informali) talvolta contrastano sia sul piano individuale che quello

---

[11] *Preferiamo riferirci al termine "organizzazione", invece di altri come "azienda, azienda sanitaria, reparto" ecc. ... non solo perché più generale ma intendendo in questo aspetti più ampi, rispetto a quelli economici, gestionali e amministrativi, includendo quelli relazionali, il collegamento con le reti sociali, le rappresentazioni individuali e collettive, le valutazioni ed i comportamenti che rendono ragione del fenomeno sociale complesso dell'erogazione del servizio sanitario.*

sociale, causando dissonanza, stress e frustrazione, da cui origina aggressività, secondo vari modelli interpretativi, di cui il più noto è probabilmente quello di Dollard e Miller (Teoria della Frustrazione-Aggressività), che vedremo in seguito.

Nella struttura psichica di ciascun individuo si installano categorie di bisogni che sono ordinati gerarchicamente fra di loro. La nota *piramide dei bisogni* di Abraham Maslow, realizza tale gerarchia profetizzando che un singolo bisogno non diventa motivante fino a quando non sono stati soddisfatti quelli che lo precedono. Alla base della scala di bisogni risiedono i bisogni fisiologici e di sicurezza, legati alla sopravvivenza: sono quelli che spingono una persona ad accedere ad un servizio di cura e a farla emettere pensieri aggressivi (che possono a loro volta anticipare comportamenti coerenti) se la soddisfazione di tali bisogni risulta minacciata o non conforme alle aspettative, poiché sono i bisogni più legati alle istanze legate alla conservazione, la cui sottrazione induce alla lotta.

In una condizione conflittuale, quando l'escalation della dinamica di contrapposizione ha già condotto gli attori a trascurare l'oggetto della relazione – come una richiesta di cura – spostando la loro visione su una contesa di potere e dominanza, bisogni primari e secondari entrano in contrasto fra loro e il desiderio di affermazione sovrasta quelli gerarchicamente prevalenti. Ciò causa l'invalidazione delle previsioni e rende inefficaci le successive strategie di comunicazione, generando contrapposizione e distanza, da cui può emergere un conflitto aperto, anche a causa della difficoltà di riportare la comunicazione sul livello iniziale (la richiesta di cura).

Nel momento in cui si realizza la necessità di accedere al servizio, l'assistito produce un'*agenda* che comprende aspettative sulla diagnosi e il processo di cura. Concordiamo che talvolta tali aspettative sono irrealistiche, ma ciò – almeno in parte – accade come conseguenza del distacco fra gli attori che concorrono alla produzione del servizio, che per definizione prevede il concorso sia di chi lo eroga, sia di chi ne usufruisce. Sulla base di tali aspettative, l'assistito regola i propri schemi comportamentali, compresi quelli emessi nel caso le aspettative non vengano confermate, e che si contrappongono al processo di cura.

Indipendentemente dagli esiti, pertanto, tutto ciò che rende inefficace la relazione rende inefficace la cura. L'obiettivo del curante è solo secondariamente quello di evitare azioni aggressive nei suoi confronti, che si manifestano come sintomo parossistico della disfunzionalità, ma di anticiparne le condizioni che lo producono, proprio perché queste non sono compatibili – anche quando la reazione non è degna di attenzione di natura penale o amministrativa – con la funzione e la professione di cura.

Temiamo che non tutti siano d'accordo con tale affermazione, ma riteniamo che il fenomeno dell'aggressività nell'ambito sanitario (per molti aspetti non dissimile da ciò che accade in altri contesti, come quello scolastico-educativo), per quanto aberrante e degno di estrema attenzione, sia solo la manifestazione più odiosa di criticità diffuse che non possono essere risolte agendo sul sintomo, quanto piuttosto – accedendo ancora alla metafora medica – individuandone le cause e disponendo di strumenti efficaci per rimuoverle o minimizzarne (per quanto nella disponibilità del singolo operatore) gli effetti.

Perché (talvolta) è difficile comunicare?

Le competenze comunicative sono un fattore innato, di cui dispongono già i neonati, che le esprimono sin dal primo vagito (il *pianto sociale*) per ottenere accudimento, manifestando consapevolezza delle conseguenze di tale comportamento sugli altri (ciò che viene definito *Teoria della mente*); su ciò si installano abilità sempre più raffinate in seguito alle esperienze di socializzazione.

Tuttavia, quando il mondo relazionale diventa estremamente complesso (come nel caso delle intense relazioni sociali nel contesto professionale) tali abilità risultano insufficienti e in caso di criticità tendiamo ad utilizzare stereotipi di risposta che possono rivelarsi inadeguati. Ci sorprendiamo come talvolta facciamo fatica a comunicare fra di noi, ma non ne comprendiamo il motivo o diamo spiegazioni ingenue che tendono più spesso a giustificare o assolvere noi stessi. In realtà, alla base delle difficoltà di condivisione e comprensione risiede la necessità di rendere comprensibile e prevedibile il mondo, compreso quello relazionale, ricercando criteri oggettivi o fornendo di oggettività criteri che, in realtà, non lo sono affatto.

E sulla base di questo giudichiamo gli altri. Immaginate cosa accade quando, in realtà, non siamo motivati a conoscere il mondo degli altri, così come accade in un contesto lavorativo che per definizione è condizionato da costrittività, in qualche misura percezione di iniquità economica, sbilanciamento di autorità sociale. In altre parole, le persone generalmente nel contesto professionale sono più interessate a proteggere il loro mondo piuttosto che assecondare quello degli altri. Ciò porta inevitabilmente alla *polarizzazione delle opinioni*, fenomeno che si manifesta anche nei comportamenti e con la conseguente difficoltà di anticipare i possibili eventi che rendono inefficace la relazione nella pratica professionale.

Contrariamente a ciò che pensiamo, dunque, durante un normale dialogo, ma soprattutto durante una discussione e ancor più nel corso di un conflitto, le visioni degli interlocutori non sono mai perfettamente coincidenti. Esistono sicuramente aree di sovrapposizione, che vanno coltivate e mantenute se non ampliate, ma le due aree sono destinate a non coincidere mai. A dimostrazione che le parole non sono in grado di far convergere le due aree di valutazione, basti ricordare la situazione che ciascuno di noi ha vissuto (come protagonista o come spettatore) in cui due persone discutono e devono ammettere: «*stiamo dicendo le stesse cose, ma nonostante questo non ci capiamo*».

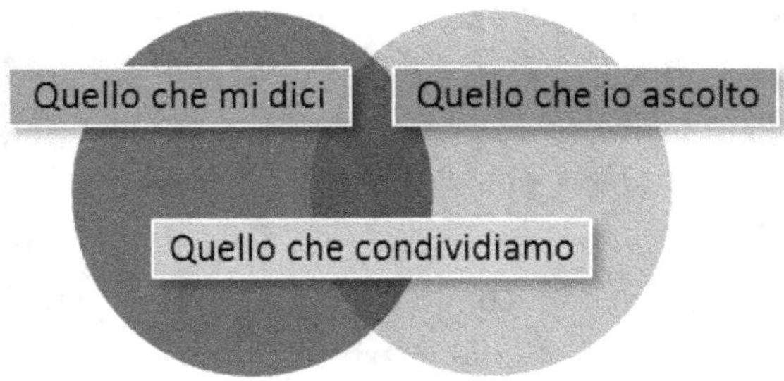

Ciò che si condivide non sono le parole, ma i significati e questi dipendono dalle visioni, all'interno delle quali le parole sono interpretate. E come le visioni, anche le parole – anche se i codici sono gli stessi – possono essere alquanto distanti. Gli antefatti che condizionano i comportamenti comunicativi possono impattare sulla salute degli operatori come conseguenza di criticità organizzative create proprio dalle difficoltà di condivisione delle visioni (interpretazioni, obiettivi, valutazioni degli esiti...) fra gli attori sociali e fra differenti linee gerarchiche.

L'esempio successivo (anche in questo caso reale, se non fosse per i nomi dei protagonisti) lo dimostra piuttosto fedelmente.

Un piano di lavoro riporta che il paziente Luca, essendo relativamente autonomo, deve recarsi nel reparto X per prendere la terapia.

L'operatore Paolo consegna il farmaco a Luca ma il giorno dopo viene pesantemente rimproverato dal suo superiore Valentina: Luca è scoperto dalla terapia. Paolo non capisce e si giustifica: «ho dato il farmaco a Luca come era riportato nel piano di lavoro!».

Valentina, quando ha scritto «prendere», intendeva «assumere» il farmaco... Paolo aveva inteso che il suo compito era esclusivamente consegnare il farmaco a Luca.

Nella nostra esperienza professionale abbiamo osservato come mano a mano che le categorie gerarchiche si allontanano dal livello operativo, aumenta il livello di astrazione. Mentre l'operatore (O.S.S.), gestendo ruoli meramente operativi, adotta una visione pragmatica legata all'operatività manuale, il paziente di affida a credenze ingenue, il coordinatore, il responsabile di reparto, il medico internista, il primario e così via, tendono a valutare la situazione in maniera più astratta.

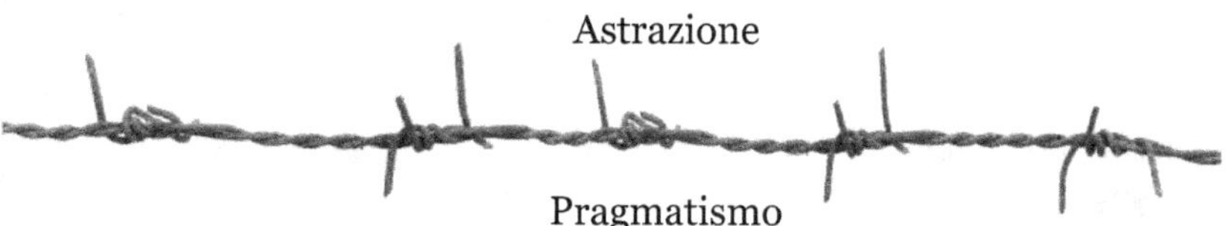

In questo caso i confini di interpretazione sono molteplici e permeabili e finiscono per contrapporsi o non sovrapporsi.

Diamo per scontato che quando comunichiamo gli altri condividano pienamente i nostri significati, le nostre opinioni, i nostri messaggi; in realtà quando comunichiamo inviamo segnali impliciti che informano l'altro non solo come siamo noi, ma come vediamo chi ci sta di fronte e come vorremmo ci vedesse lui, ottenendo dagli altri segnali coerenti con i nostri messaggi.

Nel contesto di cura, gli effetti possono essere differenti e talvolta paradossali:

Se l'operatore tratta il paziente come un bambino, non in grado di provvedere a sé, otterrà la risposta di un bambino.

Un effetto che approfondiremo successivamente, utilizzando il modello dell'Analisi Transazionale di Eric Berne.

Se il paziente non si fida dell'operatore e si irrigidisce, probabilmente il caregiver non gli ha comunicato di essere in grado di accogliere la sua richiesta di aiuto.

Abbiamo compiuto osservazioni e realizzato filmati durante le normali e quotidiane fasi operative all'interno di strutture sanitarie, in cui è evidente come talvolta gli assistiti, se non sono in grado di definire gli eventi che li riguardano (come nel caso di una movimentazione), assumano un atteggiamento rigido e difensivo che amplifica il distacco relazionale con gli operatori.

Se il parente di un paziente è spaventato può esprimere le sue richieste in modo aggressivo, ottenendo una risposta aggressiva, che genera a sua volta escalation di aggressività...

Talvolta diamo spiegazioni basate sui segnali più evidenti, ma le cause possono essere tuttavia differenti rispetto alle nostre ipotesi. L'aggressività è l'espressione della paura. Se una persona si sente minacciata (indipendentemente dal fatto che la minaccia sia reale) può reagire aggredendo a sua volta.
Spesso le azioni sugli assistiti, principalmente a causa dei tempi contratti, sono eseguite senza fornire informazioni o preparare l'utente anche ai possibili rischi. In questa fase di stress, timore per il dolore o per l'incertezza degli eventi, si nascondono possibili criticità che agiscono su tutti gli attori del contesto sociale.

LO STRUMENTO DELLA COMUNICAZIONE ASSERTIVA

L'"assertività" è lo strumento della relazione nell'ambito professionale. Amplifica la componente persuasiva consentendo agli attori sociali di individuare i vantaggi della relazione. Incorpora la capacità di generare relazioni efficaci e anticipare le possibili criticità, modificando gli atteggiamenti e prevenendo quelli più violenti.
A dimostrazione della sua efficacia, è l'unico strumento disponibile per lo psicoterapeuta per modificare visioni e comportamenti disadattivi, curare nevrosi, disturbi d'ansia, dell'umore e fobie.

I termini *assertività* e *persuasione* in qualche modo coincidono. Ma, per maggior precisione, potremmo definire l'"assertività" come "lo strumento della persuasione" e l'insieme di tecniche che rendono efficace la relazione, compresa quella professionale. Se la persuasione (che possiamo interpretare come la capacità di modificare valutazioni e comportamenti delle persone facendo in modo che queste le considerino come una libera scelta) è basata su meccanismi automatici, prodotti dalle esperienze filogenetiche, quelle di chi ci ha preceduto durante la nostra lunga evoluzione, l'assertività è la tecnica che ci consente di utilizzare tali meccanismi. È pertanto uno strumento di cui ciascuno, indipendentemente dal suo ruolo professionale, dovrebbe disporre nella sua personale "cassetta degli attrezzi", preferibilmente ricca di utensili, per evitare la circostanza contenuta nella nota metafora del già citato Abraham Maslow: «*se possediamo solo un martello, finiremo per trattare tutto come un chiodo*». Nei nostri incontri formativi preferiamo, in alternativa ad una noiosa proiezione di slides per addentrarci nel concetto di "assertività", superare le definizioni e concedere ad ogni partecipante di valutare quanto lui stesso è assertivo e comprendere pertanto le caratteristiche del costrutto. Potete eseguire voi stessi il test, rispondendo alle domande di questo reattivo (che abbiamo semplificato da uno strumento di derivazione clinica).

Test di assertività

Per ognuna delle affermazioni presentate, indichi se essa descrive esattamente o meno un aspetto del suo comportamento professionale.
Scelga la sua risposta ad ogni affermazione tra le cinque possibilità seguenti con una crocetta nello spazio corrispondente: per nulla, un poco, abbastanza, molto, moltissimo.
Per conoscere il risultato, al termine del test sono riportate le istruzioni per eseguire lo scoring.

		PER NULLA	UN POCO	ABBASTANZA	MOLTO	MOLTISSIMO	Score ▽
1.	La maggior parte delle persone con cui ho a che fare sembra essere più aggressiva o più sicura di me.	☐	☐	☐	☐	☐	*_____
2.	Ho avuto delle perplessità a chiedere o ad accettare aiuto da parte dei colleghi per la mia "timidezza".	☐	☐	☐	☐	☐	*_____
3.	Se vedo fare un lavoro in maniera non soddisfacente, mi lamento con il mio collega o con la persona con cui o a che fare.	☐	☐	☐	☐	☐	_____
4.	Sono attento nel cercare di evitare di ferire i sentimenti delle altre persone, anche quando sento di essere stato offeso.	☐	☐	☐	☐	☐	*_____
5.	Se un collega mi propone un modo di operare, ma non sono d'accordo, ho difficoltà a dire "no grazie", e preferisco adeguarmi.	☐	☐	☐	☐	☐	*_____

6. Quando mi viene chiesto di fare qualcosa, io insisto nel sapere il perché devo farlo oppure perché devo farlo in quel modo. □ □ □ □ □   _____

7. A volte sono io che cerco una buona e vivace discussione quando penso che le persone non facciano o non dicano cose corrette. □ □ □ □ □   _____

8. Io tendo a farmi avanti come la maggior parte delle persone nella mia condizione personale e professionale. □ □ □ □ □   _____

9. Penso che comportarmi onestamente spesso avvantaggia gli altri nei miei confronti. □ □ □ □ □   * _____

10. Mi piace dare il via alla conversazione con persone appena conosciute o con estranei. □ □ □ □ □   _____

11. Spesso non so cosa dire quando mi trovo con persone più preparate o carismatiche che incontro nell'ambito lavorativo. □ □ □ □ □   * _____

12. Esito se c'è da prendere contatto telefonico con aziende commerciali o con Istituzioni. □ □ □ □ □   * _____

13. Se dovessi chiedere un posto di lavoro preferirei farlo scrivendo delle lettere piuttosto che sostenendo un colloquio diretto. □ □ □ □ □   * _____

14. Potrei cambiare nel negozio il regalo dei miei colleghi, ma lo tengo anche se non mi va bene, trovo imbarazzante restituire la merce. □ □ □ □ □   * _____

15. Se il mio collega mi sta annoiando con i suoi discorsi, preferisco far finta di essere interessato. □ □ □ □ □   * _____

16. Partecipando alle attività formative esito o evito di fare delle domande per paura di sbagliare o sembrare stupido. □ □ □ □ □   * _____

17. Durante una discussione, a volte ho paura di agitarmi tanto da cominciare a tremare tutto. □ □ □ □ □ *_______

18. Se un conferenziere o un formatore fa un'affermazione che penso sia sbagliata, non esito a farglielo notare di fronte alla platea. □ □ □ □ □ _______

19. Quando mi viene proposto qualcosa e giudico eccessivo il prezzo, evito di discuterne. □ □ □ □ □ *_______

20. Se ho fatto qualcosa di importante e degno di attenzione, faccio in modo che gli altri lo vengano a sapere. □ □ □ □ □ _______

21. Chiunque tenti di passarmi avanti, ad esempio per ottenere qualcosa di più dal mio superiore, poi avrà a che fare con me. □ □ □ □ □ _______

22. Ci sono delle volte in cui non riesco proprio a dire niente, anche se vorrei farlo. □ □ □ □ □ *_______

23. Sono aperto e franco e non ho difficoltà ad esprimere i miei sentimenti ai colleghi e le persone con cui ho a che fare. □ □ □ □ □ _______

24. Se qualcuno sta diffondendo falsità e malignità sul mio conto, faccio in modo di incontrarlo subito per affrontare il fatto. □ □ □ □ □ _______

25. Spesso ho difficoltà nel dire no agli altri, anche quando vorrei farlo o penso sia giusto farlo. □ □ □ □ □ *_______

26. Se una persona si sta comportando male con me tendo a tenermi dentro tutto piuttosto che fare scenate. □ □ □ □ □ *_______

27. Esprimo delle lamentele per un servizio scadente nel bar o nel ristorante dove ho invitato il mio collega. □ □ □ □ □ _______

28. Quando qualcuno mi fa un complimento, qualche volta, per l'imbarazzo, non so che dire. ☐ ☐ ☐ ☐ ☐ *_____

29. Se delle persone, durante un corso o una conferenza, parlano a voce alta, chiedo loro di smettere o continuare altrove la conversazione. ☐ ☐ ☐ ☐ ☐ _____

30. Faccio presto a esprimere un'opinione. ☐ ☐ ☐ ☐ ☐ _____

TOT. PUNTEGGIO [   ]

Come calcolare il punteggio

Per le risposte contrassegnate con * segni lato 0 se ha risposto PER NULLA, 1 se ha risposto POCO, 2 se ABBASTANZA, 3 se MOLTO, 4 se MOLTISSIMO.

Per tutte le altre risposte segni a lato 4 se ha risposto PER NULLA, 3 se ha risposto POCO, 2 se ABBASTANZA, 1 se MOLTO, 0 se MOLTISSIMO.

Poi sommi i vari punteggi e riporti il risultato nella casella del totale.

Una volta che avete completato il test ed eseguito lo scoring, potete verificare il risultato:

> Punteggi oltre 68: stile di comunicazione prevalentemente
> PASSIVO
>
> Punteggi compresi fra 40 e 67: stile di comunicazione prevalentemente
> ASSERTIVO
>
> Punteggi minore di 39: stile di comunicazione prevalentemente
> AGGRESSIVO

Avvertiamo che, proprio perché è stato modificato nella sua struttura per adattarlo ai nostri scopi, perde in parte la sua affidabilità, ma mantiene l'utilità di fornire delle indicazioni, per quanto grossolane.

Lo scopo del test non è quello di fornire un giudizio sulle abilità comunicative di ciascuno, ma di valutare se – all'interno dello stile relazionale – è compresa questa dotazione o se tale stile tende preferibilmente verso altre modalità.

È possibile che qualcuno, valutando il risultato, per i motivi riportati sopra non si riconosca totalmente nel punteggio. Generalmente, la categoria (*assertivo*, *passivo* o *aggressivo*) comunque è piuttosto affidabile.

L'esecuzione del test ed il risultato ci consentono di comprendere la struttura del costrutto dell'assertività e contemporaneamente il nostro stile in relazione all'efficacia della comunicazione.

L'assertività è, dal punto di vista teorico, una modalità comunicativa che si installa idealmente a metà strada fra uno stile aggressivo e uno passivo, fra i bisogni individuali e quelli sociali.

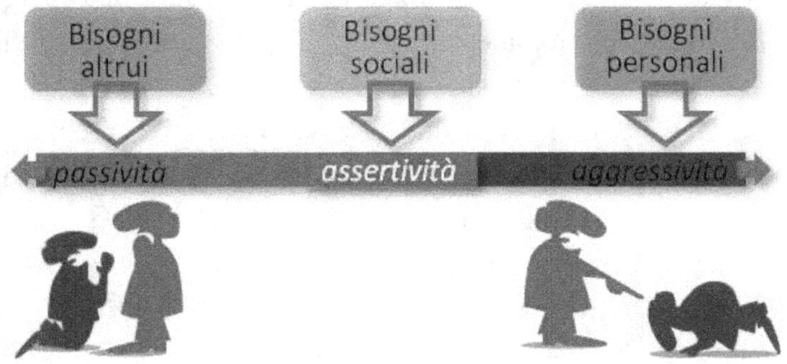

L'*aggressività* può consentire di ottenere cambiamenti comportamentali (e in effetti viene sovente utilizzata in ambito organizzativo contando sulle contrapposizioni gerarchiche) ma non corrisponde alla *persuasione*, poiché chi la subisce non la percepisce ovviamente la scelta come libera. Un'imposizione (come un atto normativo o autoritario) necessita anche di un controllore e questi non sempre è disponibile nelle complesse gerarchie formali e informali di un'organizzazione, soprattutto di tipo sanitario. Le persone, pertanto, non assecondano il cambiamento se non percepiscono l'azione censoria del controllore.

L'utilizzo dell'aggressività, come nel caso in cui un collaboratore si opponga in maniera anassertiva alla richiesta di un superiore, può provocare pericolose modifiche nella relazione che perdurano oltre la situazione in cui originano, per il fatto che i vantaggi reciproci sono annullati a favore esclusivo, o sono fortemente sbilanciati a favore di qualcuno.

Lo stile *passivo*, che molto spesso viene adottato in queste situazioni da chi subisce l'autorità, nell'ambito professionale non è più produttivo della situazione opposta, poiché il rischio è quello di creare una regola relazionale che poi risulta molto difficile modificare se qualcun altro se ne è accaparrato il vantaggio.

Se, ad esempio, l'organizzazione chiede ad un operatore di eseguire un compito che non gli compete (un turno che spetterebbe a qualcun altro o di prolungare l'orario di lavoro) si rivolge più facilmente a chi in occasioni precedenti aveva accettato, anche se controvoglia, e non certo a chi aveva rifiutato. Lo stesso operatore, che poi desidera uscire da questa sorta di "gabbia", se decide di opporsi ad una successiva richiesta, rischia di essere stigmatizzato come persona poco disponibile e che non asseconda le difficoltà dell'ente in cui collabora.

Siamo molto più attenti a cogliere le modificazioni dei comportamenti, piuttosto che le invarianze. Nel nostro ambiente evolutivo, infatti, un cambiamento segnala più spesso un pericolo.

Al di fuori delle definizioni e dei tecnicismi, possiamo considerare la *comunicazione assertiva* quella modalità comunicativa in cui tutti gli attori percepiscono un vantaggio e non desiderano uscire dalla relazione. La storia scientifica (vale a dire la produzione di teorie che sono state validate con metodi empirici) coincide in qualche modo con la conoscenza della *comunicazione persuasiva*, che ha origine proprio nell'ambito clinico. Per quanto le conoscenze siano state approfondite per strade che hanno finito per coincidere, l'interesse è iniziato dagli studi delle tecniche cliniche dello psichiatra Milton Erickson, che è considerato il più importante terapeuta della sua epoca e inventore, tra l'altro, delle metodologie di "terapia-breve". Erickson è deceduto nel 1980 ed ha vissuto ed operato in una fase in cui la psico-farmacologia non era dotata degli attuali strumenti e tutte le sue abilità terapeutiche si erigevano sulla capacità di persuadere le persone a modificare una visione disadattiva o comportamenti disturbanti, superando le naturali resistenze che i pazienti oppongono, spaventati dal cambiamento. La persuasione è pertanto uno strumento estremamente potente, così come l'assertività, che è in qualche modo l'insieme delle tecniche della persuasione.

Nonostante l'affermazione della tecnologia farmacologica rispetto all'utilizzo della relazione terapeutica, gli stessi terapeuti sono concordi nel riconoscere che la persuasione è uno strumento ben più efficace del composto chimico. Ha un peso determinante e in taluni casi prevale infatti la decisione del paziente di guarire sul principio attivo, il cosiddetto *effetto placebo*, o – al contrario – la convinzione di non poterlo fare, definito *effetto nocebo*.

Nel momento in cui il paziente ritiene di potersi affidare al terapeuta riconoscendone competenza e autorevolezza (due basi della struttura degli strumenti persuasivi) accetta la tesi del medico che infonde la certezza della guarigione e modifica la sua *agenda* modificando le sue aspettative e finendo per confermarle. Se, al contrario, la relazione è conflittuale e non è basata sulla fiducia, il paziente può confermare aspettative contrarie, svincolandosi parzialmente dall'effetto del farmaco.

Il professionista, per persuadere il suo paziente ad impegnarsi nel processo prognostico, dovrà necessariamente utilizzare modalità di comunicazione assertiva per creare quel clima di fiducia e reciprocità in mancanza della quale il paziente potrebbe abbandonare la relazione o distaccarsene.

Essere assertivi significa essere efficaci, ottenere ciò che si desidera e rifiutare ciò che non si desidera, cementare relazioni vantaggiose e modificare quelle che non lo sono, migliorare il proprio benessere personale e quello delle persone a cui portiamo le nostre cure, prevenire le disfunzionalità delle relazioni, soprattutto in circostanze complesse come nel caso del servizio di cura, e – di conseguenza – arginare le circostanze che generano conflitto e violenza, proprio perché si pone su un polo alternativo rispetto all'aggressività.

Anticipando i dubbi che sicuramente pervaderanno le vostre riflessioni nel momento in cui inizieremo a proporre delle esercitazioni, la comunicazione assertiva non è affatto la comunicazione di chi – magari sentendosi aggredito – assume una posizione di sudditanza o di accettazione rispetto ai suoi interlocutori.

Al contrario, la comunicazione assertiva è la "comunicazione delle persone forti".

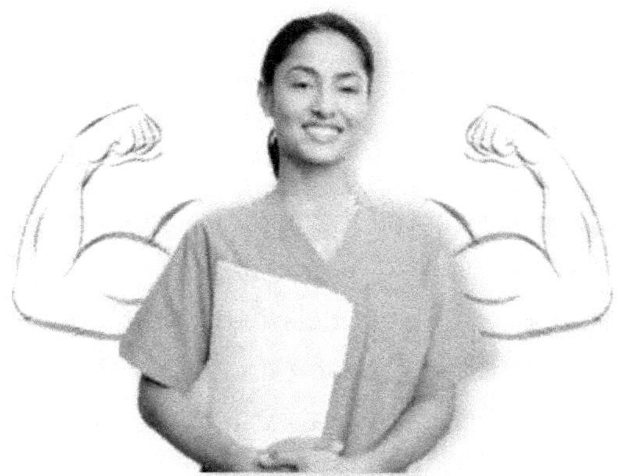

Così come ci vuole molta "forza" per rimanere impassibili di fronte ad un pugile che attacca durante un combattimento, è necessario talvolta far percepire all'interlocutore la nostra volontà di non aggredirlo per evitare che questi adotti strategie di difesa o di attacco.

Utilizziamo spesso la metafora della noble-art per spiegare ai nostri discenti il funzionamento dell'assertività, pur consapevoli che non tutti gli interlocutori apprezzano e hanno approfondito la faticosa conoscenza di questa disciplina, solo apparentemente violenta e sanguinosa. Una ripresa di un incontro - per quanto duri pochi minuti – è quanto di più gravoso un fisico anche preparato possa affrontare e la disputa non può minimamente essere assimilata ad una rissa, poiché uno sforzo necessario non potrebbe essere mantenuto a lungo. L'abilità dell'atleta consiste nel costringere l'avversario, con tattiche e finte, ad "abbassare la guardia" e scoprire pertanto dei punti del corpo che possono essere colpiti al fine del punteggio. Il pugile aggredito può restare impassibile e parare i colpi e in questo modo l'aggressore non otterrà alcun punteggio utile ai fini dell'incontro e finirà per esaurire le sue energie ed essere pertanto aggredibile.

Se il nostro avversario si difende non avremo mai ragione di lui. Se pensa di non essere aggredito "abbasserà la guardia" e potrà essere facilmente battuto.

Naturalmente, al di fuori del ring, il nostro obiettivo non è abbattere l'avversario, ma fare in modo che entrambi i contendenti risultino vincitori, percependo il vantaggio della relazione.

Per comprendere meglio il concetto, vi proponiamo – in versione rivisitata per i nostri scopi – il *modello win-win* (io vinco – tu vinci), creato proprio nell'ambito professionale.

La comunicazione assertiva funziona così (io vinco – tu vinci):

Non funziona così (io vinco – voi perdete):

Neanche così (noi vinciamo – tu perdi):

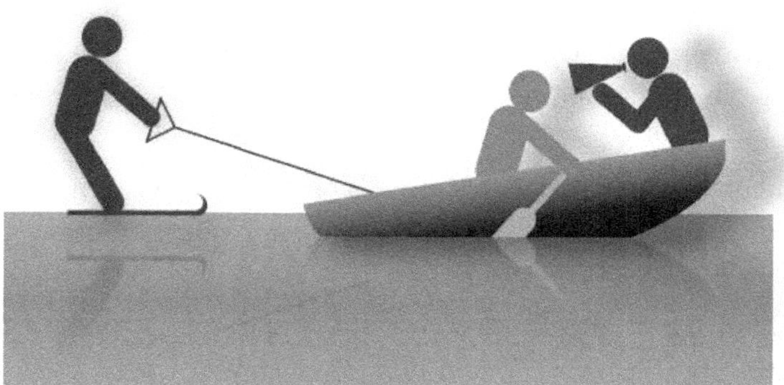

Perché finisce sempre così (tu perdi – io perdo):

La metafora win-win, che costituisce un valido modello didattico nelle organizzazioni, si riferisce alla distribuzione dei vantaggi nella relazione. Se uno o più interlocutori non percepiscono l'equità della distribuzione dei vantaggi o lo sbilanciamento dell'impegno per ottenere uguali vantaggi, la relazione inevitabilmente si interrompe, talvolta in modo violento.

Anche nella situazione 1, che può apparire contraria a tale principio, la distribuzione dei vantaggi è equa: nelle organizzazioni la divisione per scale gerarchiche è infatti funzionale ai processi di lavoro e prevede pertanto la divisione in *decisori* ed *esecutori*, attori che da versanti opposti concorrono a creare un servizio, come un processo di cura. Una categoria non potrebbe prescindere dall'altra ed i vantaggi di tutti verrebbero annullati.

Nell'ambito lavorativo, tuttavia, spesso le relazioni risultano sbilanciate. La percezione di squilibrio di potere crea condizioni di forte stress. Se lo sbilanciamento percepito supera la *"finestra di tolleranza"*[12] che ciascuno

---

[12] *La "finestra di tolleranza" è un concetto utilizzato nella psicologia clinica e sociale, sviluppato da Daniel Siegel nel 1999. È definita come quel range all'interno del quale le diverse intensità di attivazione emotiva e fisiologica possono essere integrate senza interrompere la funzionalità del nostro sistema psico-organico.*
Questo concetto è stato poi integrato alla "Teoria polivagale di Porges" secondo la quale possediamo tre sottosistemi del Sistema Nervoso Autonomo, organizzati gerarchicamente, che governano le nostre risposte agli stimoli: A) Il ramo ventrale parasimpatico del nervo vago che risponde agli stimoli sociali; B) il ramo simpatico che risponde alla mobilizzazione e C) il ramo dorsale parasimpatico del nervo vago che produce una risposta di immobilizzazione.
Ciascuno dei tre sottosistemi corrisponde a alle tre zone della nostra finestra di tolleranza: il sistema vagale ventrale correla con l'attivazione ottimale, il sistema simpatico con la risposta di iperattivazione e il ramo dorsale parasimpatico del nervo vago corrisponde all'ipoattivazione. Evolutivamente il sistema più recente è il sistema vagale ventrale che coinvolge il ramo ventrale del nervo vago – il vago mielinizzato.
Questo sistema permette la consapevolezza così che sia possibile ragionare e decidere flessibilmente come agire, attivo quando siamo nello spettro della finestra di tolleranza.Questo sistema viene disattivato se l'intensità emotiva e fisiologica supera la nostra soggettiva soglia di tolleranza, portandoci fuori finestra; in conseguenza di ciò entrano in azione le risposte legate all'attacco/fuga del sottosistema simpatico.

di noi fissa in base alle proprie aspettative, ciò crea inizialmente insoddisfazione, poi conflitti e infine l'interruzione, talvolta traumatica, della relazione, compresa quella professionale. Tale azione può essere preceduta da azioni violente, nel tentativo di guadagnare dosi di potere e ristabilire l'ottenimento dei vantaggi, sulla base delle aspettative, o aggredire l'oggetto (fisico o sociale) che vi si contrappone.

L'evoluzione è caratterizzata da eventi che possono creare situazioni critiche (come incomprensioni fra l'operatore ed il paziente o i suoi parenti) che contribuiscono a modificare gli eventi in senso negativo. L'assertività, pertanto, è lo strumento più efficace per gestire le relazioni professionali ed è un vero e proprio strumento di lavoro. Non ci associamo al coro di coloro che propongono tale strumento, per scopi divulgativi o – talvolta – commerciali, come una sorta di formula matematica in cui introducendo specifici elementi si otterrà un risultato certo, sempre uguale a se stesso, o come la ricetta della torta della nonna, in cui gli ingredienti devono essere mescolati sapientemente, per ottenere la gradevolezza di tutti.

La comunicazione non è una "scienza esatta", ed è quanto di più lontano da un paradigma dogmatico. In altre parole, nessuna tecnica, per quanto confezionata con estrema abilità, assicurerà il risultato atteso. Tuttavia, è possibile affermare con certezza che affrontare una criticità relazionale utilizzando modelli ricorrenti, sul versante dell'anassertività (aggressività e passività) non consentiranno in nessun caso di risolvere la criticità e, più facilmente, la esacerberanno.

Per concludere questa parte introduttiva e teorica, possiamo esplorare i campi relazionali in cui l'assertività può risultare efficace e può essere utilizzata come strumento di lavoro nei differenti contesti professionali:

L'assertività consente di dire di «SI»

Può apparire facile dire di sì, ma non sempre lo è. Talvolta ci sentiamo costretti ad assecondare una richiesta, ma non desideriamo affatto farlo.

Potremmo sicuramente dire di sì se ciò comporta dei vantaggi anche per noi e non solo per chi esprime la richiesta.

L'assertività consente di dire di «NO»

Per i motivi opposti, come sopra. Talvolta desideriamo dire di no e lo facciamo rinunciando però ai vantaggi di una relazione e ciò aprirebbe scenari non positivi. Possiamo, in alternativa, opporci alla richiesta facendo percepire a chi la esprime che comunque ne otterrà un vantaggio.

Consente di «CRITICARE»

Nella nostra cultura, associamo la *critica* ad un'aggressione o una valutazione sul piano personale, anche quando è espressa nell'ambito procedurale o in funzione di un miglioramento. Molte persone rinunciano ad esprimere critiche temendo la reazione dell'interlocutore e rinunciano a farlo. La conseguenza è che le persone continuano a ripetere gli stessi errori e le organizzazioni non affrontano o risolvono i loro problemi e non progrediscono, talvolta rinunciando ad opportunità anche economiche.

Consente di «NEGOZIARE»

Se entrambi gli interlocutori desiderano ottenere vantaggi reciproci dalla relazione, tali vantaggi devono essere necessariamente negoziati. In mancanza di negoziazione, ciascuno spingerà il proprio limite sempre più in là, invadendo lo spazio dei vantaggi di qualcun altro, fino a quando questi – non percependo la soddisfazione di bisogni individuali e sociali – abbandonerà la relazione vanificando i vantaggi che possono essere ottenuti solo in forma cooperativistica.

Consente di «CAMBIARE»

La conseguenza dell'accettazione e della negoziazione delle visioni è il cambiamento. Molte persone, soprattutto in condizioni di stress e incertezza, sono bloccate nel cambiamento, poiché prevalgono timori e resistenze, per quanto la situazione attuale venga valutata non positiva e se ne richieda (talvolta espressamente) la modifica. Ciò comporta il progressivo deterioramento del contesto relazionale.

Un'ultima doverosa precisazione, prima di trasferirci nella parte pratica di questo manuale, riguarda l'avvertimento che l'assertività è sicuramente uno strumento efficace ma non è affatto uno stile di vita. Talvolta le relazioni devono essere interrotte e ciò si verifica proprio in tutte quelle occasioni in cui i vantaggi sono eccessivamente sbilanciati a favore di qualcuno. Non è necessario frequentare un corso di comunicazione o studiare libri o manuali per imparare a "mandare a quel paese" le persone, così sarebbe superfluo produrre dei prontuari per insegnare a farlo. Lo facciamo spesso e quasi sempre ne ricaviamo un senso di liberazione. Ma non sono meno numerosi i casi, soprattutto nell'ambito professionale, in cui vorremmo solidificare la relazione ma non siamo in grado di farlo e temiamo di perderne i vantaggi. In questo caso l'assertività è lo strumento sicuramente più efficace.

☑ Esercitazione 1 – Riconoscere l'assertività

L'esercitazione che proponiamo prevede il giudizio sulla comunicazione che trovate fra le virgolette, estrapolata da un contesto reale.

1 – Al termine di un turno di lavoro un paziente ci chiede di aiutarlo; questo comporta per noi una deviazione molto lunga dal programma e siamo già in ritardo...
«*...Va bene, ma facciamo presto che sono già in ritardo e non ho tempo da perdere!*».

Come giudica la risposta? ☐ passiva ☐ assertiva ☐ aggressiva

Se qualcuno di voi l'ha giudicata aggressiva, indotto a farlo dalla punteggiatura e dalla parte della frase, è caduto in errore. Se può consolarlo è in buona compagnia, poiché durante gli incontri formativi la maggior parte dei partecipanti commette la stessa imprecisione.

L'effetto dell'atto comunicativo è nel contenuto, non nella *forma*, gli aspetti esteriori come le parole o la punteggiatura. Esattamente come quando riceviamo un regalo: siamo sicuramente attratti dalla carta per confezionarlo e da un bel fiocco rosso, ma il giudizio e il valore affettivo del regalo è determinato da ciò che è contenuto nel pacco, non dal pacco stesso. Nel caso dell'esempio, chi pronuncia la frase si può esprimere in maniera aggressiva ma l'effetto è opposto, cioè quello di assumere una posizione di passività. Infatti, accetta la richiesta del suo interlocutore.

Inoltre, la modalità aggressiva può deteriorare la relazione e ciò può pregiudicare reciproci vantaggi futuri.

Ciò ci consente di individuare due pilastri irrinunciabili della comunicazione assertiva:

1) il *vantaggio* (reciproco, come non agire un'azione che non si desidera agire, ottenere dall'altro un'azione che si desidera ottenere)

2) la *relazione* (che non deve essere modificata in senso peggiorativo a causa della comunicazione)

In mancanza di una di queste componenti, non siamo nell'ambito della comunicazione assertiva, ma di qualcos'altro.

2 - Abbiamo una gran fretta perché dobbiamo compiere un'operazione su un ospite e chiediamo al nostro collega di sospendere il suo compito e attendere.

«Ernesto, scusami tanto, lo so che sei impegnato, ma devi proprio lasciarmi fare! Non sai che fretta ho...».

Come giudica la risposta? ☐ passiva ☐ assertiva ☐ aggressiva

Si tratta evidentemente di una comunicazione aggressiva. Chi effettua la richiesta in questa modalità dimostra di non comprendere le esigenze dell'altro e di essere ripiegato sulle proprie. Chiede all'interlocutore di comprendere le sue, ma non si preoccupa di fare altrettanto.

Otterrà probabilmente un *"effetto paradosso"*, ciò l'effetto opposto che verrà espresso con un rifiuto più o meno veemente e, probabilmente, con un'inclinazione negativa nella relazione fra i due operatori, con il rischio di incrinare la relazione e rendere meno efficace il processo operativo.

Questa condizione ci ricorda una situazione sperimentale che abbiamo incontrato sui libri di psicologia sociale. Tutte le conoscenze su cui ci basiamo sono infatti confermate da rigorose sperimentazioni che, come in questo caso, sono spesso realizzate in condizione "ecologica", vale a dire in un contesto più possibilmente reale (in alternativa ad altre modalità come le osservazione degli animali da laboratorio).

Ad un gruppo di studenti universitari (le "vittime" predilette dei ricercatori) veniva chiesto un compito ingrato, cioè effettuare un gran numero di fotocopie. Poco dopo, un complice dello sperimentatore si avvicinava al "soggetto sperimentale" (per utilizzare la terminologia della ricerca) con un cospicuo numero di fogli in mano e, esprimendosi in differenti modi, cercava di ottenere il posto alla fotocopiatrice. La percentuale di risposte negative e positive fornisce la misura del valore della persuasione contenuta nella comunicazione persuasiva. Nel caso dell'esempio, la forma di richiesta espressa in questi termini ottiene una delle percentuali più basse di adesione alla richiesta.

3 - Ci telefona il Ernesto, un paziente che spesso tende a preoccuparsi eccessivamente per la sua salute, e quando lo fa chiede di venire in ambulatorio...

«...Buongiorno Ernesto, mi dispiace che non stia bene; purtroppo oggi rientro tardi in sede e non potrei dedicarle molto tempo, cosa ne dice se domani con calma mi telefona e ne parliamo?».

Come giudica la risposta? ☐ passiva ☐ assertiva ☐ aggressiva

Sperando che le vostre conoscenze siano già sufficienti per esprimere la risposta corretta, vi confermiamo che siamo al cospetto di una comunicazione assertiva. Potremmo aggiungere che, in questo caso, possiamo parlare di una composizione che presenta tutti gli elementi dell'assertività, che analizziamo nel dettaglio.

A) *«...mi dispiace che non stia bene...»*: la frase esprime comprensione e disponibilità ad accogliere l'altro. Ciò ha l'effetto di aprire il canale empatico che è diadico, cioè si dirige da e verso entrambi gli interlocutori. La *"teoria della mente"*, di cui disponiamo sin dalla nascita, ci informa dell'effetto reciproco della comunicazione e sappiamo che se ci dimostriamo comprensivi anche il nostro interlocutore lo sarà e sarà più disponibile ad accogliere una proposta di negoziazione.

Ovviamente, non è necessario ciò sia comunicato espressamente; talvolta, nell'eloquio, introduciamo meccanicamente dei termini che possono richiamare un atteggiamento positivo, ma non sono confermati da uno stato d'animo corrispondente. La dissonanza fra comunicazione verbale e non verbale (che rivela l'atteggiamento nei confronti dell'oggetto sociale) crea *reattanza*[13] e la percezione che la relazione è ambigua, non facilmente prevedibile e non funzionale.

---

[13] *Può essere intesa come la tendenza a fare l'opposto di quello che qualcuno vorrebbe tu facessi perché pensi che stia cercando di limitare la tua libertà di scelta. Il fenomeno, come vedremo, ha in realtà implicazioni ben più esteso.*

B) «... *purtroppo oggi rientro tardi in sede ...*»: è una spiegazione plausibile e condividibile del motivo per cui l'emittente oppone un rifiuto al ricevente.

Sin dai tempi della scuola ci hanno insegnato a dire «no» alla maestra motivando il nostro rifiuto. Il semplice no può esprimere solo opposizione. Un no motivato (e la motivazione deve essere ovviamente condividibile) può essere più facilmente accettato in un contesto di reciprocità poiché consente di anticipare le possibili obiezioni.

C) «... *cosa ne dice se domani con calma ...(?)*»: questa parte è la componente persuasiva della comunicazione. Infatti, il comunicatore – esprimendo in questo caso l'asserzione sotto forma di richiesta - aggira le difese dell'interlocutore poiché questi giudica che la responsabilità della scelta sia nella sua disponibilità e non si tratti di un'imposizione. Ma non è così, poiché si trova a giudicare un'unica opzione (quella fornita dall'emittente) disponibile in un ambito di reciprocità che è stato efficacemente creato in precedenza; infatti, il ricevete percepisce che se esprimesse a sua volta una negazione, ciò introdurrebbe pesanti criticità nella relazione e rinuncia a farlo.

In questo esempio, il comunicatore introduce inoltre un elemento che può essere utile all'accettazione della tesi (non ci vediamo oggi poiché non lo desidero, ci vediamo domani): «...*ci vediamo con calma...*». L'effetto percepito è qualcosa di simile a: «*se ci incontriamo oggi non ho molto tempo da dedicarti, visti i tempi della tua richiesta, mentre domani potrò essere molto più disponibile per te*». Un abile comunicatore sarebbe in grado di modificare comunicazione para-verbale (come la velocità dell'eloquio più rilassata in concomitanza di queste parole) ed atteggiamento generale per enfatizzare il significato.

D) «... *mi telefona e ne parliamo?*»: l'abilità del comunicatore gli consente di spostarsi verso il polo dell'aggressività, sbilanciando il vantaggio a suo favore. Infatti, la richiesta di Ernesto era di un incontro in ambulatorio, ma portandolo a concentrarsi sull'accettazione o meno dell'unica opzione disponibile, questi finisce per accoglierla e considerarla una valutazione che dipende dalla sua disponibilità.

Quest'ultima opzione, può dar adito all'opinione che tali modalità, che enfatizzano e si affidino più a dinamiche manipolatorie, invece che propriamente persuasive. Ovviamente, senza sindacare sui termini che in una certa misura coincidono, le basi bio-psico-sociali si sovrappongono con la medesima estensione. Più facilmente, si considera la *manipolazione* come la disposizione negativa, prevaricante e talvolta truffaldina della persuasione, che può incorporare effetti positivi come nel caso del placebo. In effetti, tale giustificata perplessità si solleva spesso durante i nostri incontri formativi.
Tuttavia, obiettiamo che in questo caso entrambi gli interlocutori ottengono un vantaggio reale, non fittizio. Lo strumento comunicativo consente di far emergere un vantaggio differente rispetto alle aspettative di accoglienza e di cura del paziente, che verranno comunque confermate, in un contesto di mediazione.
Come discusso, molti studiosi della comunicazione ritengono (ma non ci sentiamo di condividere questa opinione) che la comunicazione possa essere ridotta ad una sorta di assemblaggio di elementi, così come la struttura di una composizione musicale. Senza dover cadere in tale banalizzazione, possiamo però produrre una funzione che esprime la relazione fra gli elementi citati sopra:

$$A = f\,E,\,S,\,P,\,I$$

Dove: f = funzione, A = Assertività, E = Empatia, S = Spiegazione, P = Persuasione, I = Interessi/Indennità

Una rappresentazione più "elegante" (visto che abbiamo adottato la terminologia dei ricercatori) può essere la seguente:

$$A = f\,E, P$$

Per "persuasione" intendiamo la tecnica persuasiva (che vedremo successivamente), o la struttura dell'effetto persuasivo, poiché la stessa assertività è contenuta nella persuasione e l'empatia - a sua volta - è la persuasione. Ma, volendo utilizzare codici matematici pur con le perplessità espresse sopra, possiamo considerare questa funzione la rappresentazione più utile per i nostri scopi. Sostituendo i fattori, infatti, otterremo l'effetto desiderato. Introducendo anche gli elementi della prima funzione - se disponibili - potremmo essere maggiormente efficaci.

Se è necessario rinfrescare le vostre reminiscenze scolastiche, le funzioni esprimono la relazione di due fattori indipendenti fra di loro. Nella realtà, ovviamente, le cose vanno in maniera differente dalla formalizzazione matematica: risulta difficile manipolare efficacemente la tecnica persuasiva in assenza di un efficace canale empatico, percepito come reciprocità e condivisione di vantaggi.

L'empatia può essere veicolata dalla tecnica, ma è principalmente un "*atteggiamento*"[14], che non può essere sostituito dalla tecnica, salvo in casi rarissimi che non riguardano le comuni esperienze professionali e della quotidianità.

---

[14] *Precisiamo che per "atteggiamento" (termine spesso introdotto nella comunicazione quotidiana con accezioni non definite) in psicologia sociale si intende una istanza psichica che corrisponde alla valutazione – negativa o positiva – di un oggetto sociale, come ad esempio una persona o un gruppo di persone, che determina le conseguenti aspettative ed i successivi comportamenti, compresi quelli comunicativi.*

Vi proponiamo un ultimo esempio prima di passare ad una nuova sessione di esercizi.

4– Chiediamo consiglio ad un collega più esperto, riguardo a un nostro paziente; lui ci dice «*va bene così*», ma è evidente che si vuole liberare in fretta di noi...
«*Guarda Ernesto, apprezzo i tuoi consigli ma mi sembra che hai poco tempo da dedicarmi. Preferisci che aspetti? Oppure torno più tardi così sei tranquillo?*».

Come giudica la risposta? ☐ passiva ☐ assertiva ☐ aggressiva

Crediamo che a questo punto le vostre competenze siano già sufficienti per riconoscere la comunicazione come assertiva. Il nostro collega Ernesto è evidentemente impegnato in un compito che non intende interrompere e la nostra intrusione potrebbe essere giudicata inopportuna ed ottenere un rifiuto. Con questa modalità possiamo conquistare l'attenzione di Ernesto, proponendogli un nuovo appuntamento. Potremmo portarlo noi stessi ad indicare un'opzione: «*...vengo a inizio turno, oppure preferisci indicarmi tu un orario nel pomeriggio, quando sei più tranquillo?*».
Possiamo modificare la componente para-verbale con un eloquio rapido e "ansiogeno" nella prima parte dell'asserzione ed uno lento e rilassato nella seconda, portando l'interlocutore a scegliere l'opzione proposta, cioè incontrarci nel pomeriggio, giudicandola più vantaggiosa.
Sarà lui stesso ad indicare l'orario e difficilmente si sottrarrà all'impegno che lui stesso percepisce di aver prodotto, mentre in realtà è stato imposto.
Otterremo pertanto ciò che desideriamo senza deteriorare la relazione professionale e personale con il nostro interlocutore. Questi non solo percepirà un vantaggio immediato, ma anche quello immateriale legato alla reciprocità, alla base degli scambi sociali, basato sulla consapevolezza che – in condizioni simili ma a ruoli invertiti – potrà affidarsi a noi.

☑ Esercitazione 2 – Le regole dell'assertività

Come abbiamo premesso, riteniamo poco utile replicare le regole della comunicazione in maniera acritica, come schemi fissi e replicabili. I modelli di risposta di cui disponiamo (di pensiero, di valutazione, di giudizio, di comportamento...) sono creati in contesti specifici e non sempre si adattano a situazioni che possono apparire simili, ma in realtà variano anche in maniera significativa.

Nella maggior parte delle occasioni in cui ci troviamo in difficoltà con i nostri interlocutori, ciò è dovuto proprio al fatto che cerchiamo di replicare modelli che hanno funzionato in un contesto ma si rivelano inefficaci in un altro (ciò che nell'ambito cognitivista viene denominato *"errore di generalizzazione"*). In questo caso ci troviamo disorientati e incapaci di produrre nuovi strumenti.

In questa esercitazione vi proponiamo alcuni scambi comunicativi, di tipo anassertivo e di tipo assertivo, dai quali vi chiediamo di ricavare le regole che le sottendono. Disponendo delle regole, risulterà più agevole comporre strumenti di comunicazione adeguati ai differenti contesti, che – per quanto presentino similarità - non sono mai identici.

Vi esortiamo inoltre a non considerare gli esempi come regole, ma indicazioni da cui ricavare le regole, per essere in grado successivamente di produrre messaggi assertivi coerenti con il contesto comunicativo e relazionale.

Come già preannunciato, gli esempi che seguono sono ricavati da circostanze reali, per quanto – non avendole vissute direttamente – possano apparire irreali. La stringa di comunicazione da noi proposta ha lo scopo di identificare la regola e non quella di costituire la regola stessa.

Per una miglior efficacia dell'esercitazione, vi chiediamo di non leggere immediatamente la risposta che potete trovare al termine della tabella ma cercare di identificare voi stessi la regola che sottende l'efficacia del messaggio assertivo.

Ricordiamo che:

- Messaggio anassertivo: viene percepito come una minaccia e solitamente non sortisce l'effetto sperato. Talvolta provoca l'effetto opposto ("paradosso") o quello meno desiderato.
- Messaggio assertivo: consente di inviare all'altro il messaggio senza censure o giudizi, facendogli percepire il vantaggio reciproco della relazione e del cambiamento di atteggiamento.

	Messaggio anassertivo	Messaggio assertivo	Regola
1.	*«Stai dicendo cose senza senso! Ma capisci quello che dici?»*	*«Probabilmente sono io che non riesco a seguirti, puoi spiegami meglio quello che vuoi dire?»*	?
2.	*«Non hai capito niente di quello che ti hanno spiegato nel corso di formazione!»*	*«Poiché ho fatto questa operazione altre volte, forse posso aiutarti se mi aiuti ad approfondire cosa ti hanno spiegato...»*	?
3.	*«Ma se non sa neanche che cosa mi ha detto un attimo fa!»*	*«Mi sembra di aver capito una cosa diversa prima. Mi spieghi meglio qual è la sua opinione così possiamo discuterne»*	?

4. *«Questa è una cosa che ogni persona con un minimo di intelligenza dovrebbe sapere!»* — *«Se ha idee diverse ho piacere di parlarne con lei, ma questa cosa non possiamo metterla in discussione»* ?

5. *«Sta stravolgendo il senso delle mie parole!»* — *«Ho sensazione, con lei, di non riuscire a spiegarmi come vorrei...»* ?

6. *«Non mi faccia perdere tempo, devo fare cose ben più importanti!»* — *«Mi dispiace che abbia l'impressione che non ci interessiamo di lei, ...»* ?

Le regole sottese:

1 - *Spostare il problema su di noi, per non far percepire aggressività*

2 - *Aiutare l'altro a mettere in discussione le sue convinzioni*

3 - *Se l'obiettivo è "l'ultima parola": importante è farlo notare senza provocare l'escalation di aggressività*

4 - *Non mettere in discussione l'incapacità del nostro interlocutore, fissando comunque dei paletti nella comunicazione*

5 - *Spostare il problema su di noi, chiedendo al nostro interlocutore di aiutarci ad esprimere ciò che vogliamo*

6 - *Comunicare al nostro interlocutore le nostre emozioni, suscitando empatia ed aiutandolo a riconsiderare le sue credenze*

Infine, aggiungiamo un po' di complessità chiedendovi di provare a produrre voi il messaggio assertivo, come alternativa a quello anassertivo:

Messaggio anassertivo	Messaggio assertivo	Regola
7. «*Basta! Con te non si può proprio lavorare! Io faccio per conto mio tu fai quello che vuoi*»	?	?

7 - Il desiderio di una relazione sincera genera una reazione positiva: far percepire che la comunicazione non ha scopi indiretti

Se avete avuto difficoltà a produrre un messaggio assertivo, anche utilizzando la regola proposta, vi proponiamo questo esempio:

«Sono veramente dispiaciuto (rattristato) per il fatto che non riusciamo a collaborare. Cosa vuoi che faccia per rimediare a questa situazione?»

Probabilmente, questo esempio non vi piacerà. È possibile infatti che, immaginando la scena e pensando di esserne i protagonisti, facciate fatica ad accettare che – se ci sentiamo aggrediti – sia conveniente fare un passo indietro piuttosto che utilizzare a nostra volta una modalità aggressiva. Ma ora vi apparirà più chiaro cosa intendevamo quando enunciavamo che "l'assertività è la comunicazione delle persone forti", associandola alla metafora del pugile impegnato sul ring.

È necessaria una notevole sicurezza, infatti, per contrastare l'avversario che adotta una modalità aggressiva, ce ne rendiamo conto. Ma una risposta aggressiva non sarà mai produttiva, in alcun caso, senza eccezioni.

"Arretrando", costringeremo il nostro contendente a scoprirsi. Dimostrando sincero dispiacere apriremo il canale empatico e proponendo al nostro interlocutore di identificare lui stesso una soluzione lo metteremo di fronte a due alternative, che risulteranno in ogni caso per noi utili:

1) in caso di rifiuto, dovrà accettare di essere la causa diretta dell'interruzione della relazione, non assecondando la nostra disponibilità

2) in caso di accettazione, otterremo una soluzione che sarà sicuramente migliore della condizione attuale

In quest'ultimo caso, inoltre, il nostro interlocutore, proponendo lui stesso una soluzione – che comporterà inevitabilmente una rinuncia parziale a obiettivi individuali – sarà molto più motivato a modificare i suoi comportamenti.

Non è scontato che la soluzione proposta sia perfetta, ma aprirà tuttavia una possibile mediazione e scongiurerà un possibile conflitto o il blocco della comunicazione, eventualità che nell'ambito professionale possono essere alquanto distruttive.

Valutando i possibili corsi di azione disponibili, dobbiamo considerare gli svantaggi di un possibile conflitto o di una mancata mediazione, cosa che spesso ci risulta difficile realizzare. Comunicando in maniera assertiva non avremo forse la certezza di riuscire ad ottenere maggiori vantaggi ma, rinunciando a farlo, avremo la certezza di subire gli svantaggi della mancata mediazione.

Questo ultimo esempio rende meglio ragione della questione:

	Messaggio anassertivo	Messaggio assertivo	Regola
8.	*«Ti dico che è così e basta!»*	*«Io sono assolutamente certo di quello che ti dico, ma non ho nessun problema a cambiare opinione se mi spieghi dove ti hanno spiegato questa cosa»*	?

L'esempio da noi proposto, può apparire una sorta di resa incondizionata, ma non lo è affatto. In ogni caso – nel corso di un conflitto già ad un livello avanzato come in questo caso – il nostro desiderio di "non perdere la faccia" di fronte all'altro o agli altri prevale sugli obiettivi della relazione.

Un messaggio di questo tipo ci consente in ogni caso di uscire "vincitori" dalla disputa che si è creata su una visione evidentemente divergente. La nostra disponibilità ad accogliere le opinioni dell'altro costringe l'interlocutore ad abbassare la sua guardia difensiva e dichiarare – ad esempio – la fonte delle sue conoscenze, che potrebbe apparire ben meno solida delle sue convinzioni.

Pertanto: se le argomentazioni dell'interlocutore appaiono evanescenti, otterremo l'accettazione della nostra visione; se le argomentazioni dell'interlocutore appaiono solide, non avremo "perso la faccia" poiché ci eravamo sinceramente dichiarati disponibili ad accoglierle.

In tutti i casi, dopo questo scambio, è opportuno non manifestare atteggiamenti di rivalsa o di contrarietà come «*hai visto che avevo ragione?*», poiché a questo livello il conflitto è solo congelato ed un evento significativo può riavviarlo verso livelli più elevati. Nel secondo caso, potremmo ringraziare il nostro interlocutore di averci offerto una visione più utile rispetto a quella di cui disponevamo.

In entrambi i casi avremo conseguito i due obiettivi della comunicazione assertiva: 1) ottenere una modifica, parziale e condivisa, di visione, valutazione o comportamento o non perdere la faccia di fronte all'altro (se questo viene giudicato prioritario); 2) mantenere intatta la relazione con il nostro collega di lavoro e poter contare su futuri scambi collaborativi di natura professionale.

Le regole dell'assertività

È possibile identificare alcuni principi della comunicazione assertiva, in mancanza dei quali l'effetto della relazione risulta scarsamente efficace, se non addirittura opposto alle nostre aspettative e generare condizioni conflittuali che possono preludere a forme di aggressività.

1. *Componendo il messaggio, bisogna aver chiaro l'obiettivo della comunicazione e della relazione.*

   Quasi sempre, soprattutto nell'ambito professionale, non abbiamo il tempo e spesso la motivazione per fermarci a valutare la situazione e le conseguenze delle nostre e delle azioni altrui. Pertanto, ci facciamo guidare da valutazioni e risposte automatiche selezionate in base all'attivazione emotiva e strategie di difesa che possono risultare poco produttive. Spesso questa condizione genera l'emergere di un conflitto che finisce per pregiudicare pesantemente la relazione personale e professionale, con conseguenze importanti.

   Se ci rendiamo conto di essere in una condizione critica, possiamo rivolgerci queste domande: A) intendo mantenere la relazione positiva o migliorare la relazione con il mio interlocutore? B) desidero che questi modifichi almeno in parte le sue opinioni o i suoi comportamenti anche dovendo a mia volta modificare parzialmente i miei? Se in entrambi i casi siamo in grado di fornire una risposta positiva, lo strumento dell'assertività può accorrere in nostro aiuto.

2. *Perché il messaggio sia efficace, il nostro interlocutore deve percepire che noi siamo convinti di ciò che diciamo.*

   A meno che non siamo dotati delle abilità di un attore hollywoodiano, ci risulterà comunque difficile esprimere un'opinione, o cercare di modificare quella di un interlocutore, se noi stessi non siamo persuasi della tesi che esprimiamo. Come detto, infatti, le forme di comunicazione non esplicite – che sono solo parzialmente sotto il nostro controllo – prevalgono rispetto alle forme verbali o codificate e in caso di ambiguità chi riceve il messaggio tenderà a fuggire dalla relazione. In tutti i casi, infatti, in cui l'ambiente appare imprevedibile si generano strategie di difesa che possono portare all'abbandono della relazione.

È pertanto fondamentale, se desideriamo essere efficaci e persuasivi, non esprimere opinioni o contenuti di messaggi di cui noi stessi non siamo persuasi.

3. *La nostra strategia, se si vuole continuare la relazione, deve essere finalizzata a non creare l'emergere di difese da parte del nostro interlocutore.*

I nostri meccanismi intrapsichici sono dotati di efficaci "strategie di difesa" che si attivano automaticamente in tutti i casi riteniamo la situazione minacciante, nei confronti della nostra immagine intima, pubblica o professionale. Una richiesta espressa in modo impositivo, ad esempio, può toccare il vissuto o lo stato d'animo di chi riceve il messaggio, che potrà reagire in modo aggressivo, generando un escalation di ostilità ed un possibile conflitto.

Se l'interlocutore ritiene che i vantaggi della relazione siano sbilanciati, o percepisce che è in atto un tentativo di persuasione finalizzato a spostare i vantaggi su qualcun altro, reagirà in modo aggressivo prima di abbandonare la relazione.

Tutto ciò creerà le condizioni per l'avvio all'escalation del conflitto, caratterizzato dalla separazione progressiva dall'oggetto della comunicazione e la focalizzazione su aspetti personali dei contendenti.

Riguardo a questo ultimo punto, possiamo considerare la relazione che si genera in un contesto di assertività molto simile ad un incontro di boxe, come già citato.

Le difese comunicative sono ovviamente ben altra cosa rispetto a quelle del boxeur, ma allo stesso modo non è possibile avere ragione del nostro interlocutore se questi intende difendersi. Se emette comportamenti difensivi non potremo mai ottenere un effetto persuasivo (un po' come rimaniamo insensibili alla pubblicità di un prodotto di cui abbiamo già accertato le scarse qualità).

Le nostre strategie devono pertanto essere finalizzate a non far percepire agli altri attori sociali alcuna finalità prevaricatoria, finalizzata ad ottenere dei vantaggi personali a svantaggio di quelli sociali.

Un'altra metafora che può risultare altrettanto utile per comprendere al meglio i meccanismi sottesi all'efficacia dell'assertività è quella del gioco del poker.

La disputa, in questo caso, e la strategia che i giocatori mettono in campo, è basata sul bluff: un giocatore – attraverso atteggiamenti, espressioni, comportamenti e scelte delle opzioni possibili – cerca di ingannare gli avversari convincendoli di avere in mano delle carte che gli consentono di aggiudicarsi la "mano", convincendoli a non rilanciare e cedere la posta in gioco, piuttosto che rischiare una perdita maggiore, senza chiedere di "vedere le carte". Una tattica aggressiva, pertanto, può spaventare gli avversari che rinunciano ad impegnarsi nella partita consentendo la vittoria agevole di chi la mette in atto.

Talvolta le persone si comportano in modo simile: l'esperienza le ha portate a pensare che aggredendo l'avversario questi rinunci al gioco finalizzato alla distribuzione dei vantaggi, lasciando al suo interlocutore l'intera posta in gioco.

Ma le cose vanno ovviamente in maniera differente rispetto ad una partita a carte poiché – soprattutto nell'ambiente professionale – se i vantaggi sono ad appannaggio di una sola persona o di un solo gruppo, chi percepisce di essere escluso, o di non ottenere vantaggi sufficienti, tenderà a reagire per ristabilire un livello ritenuto congruo di equità, anche in maniera veemente e, solo se la condizione lo consente, ad abbandonare la relazione.

La responsabilità della relazione

Ancora molto prima dell'emergere di un reale conflitto, se la relazione non è soddisfacente tendiamo a chiederci di chi è la responsabilità e a scaricarla sugli altri, assolvendo noi stessi. Questa modalità difensiva non è sicuramente efficace, poiché il nostro interlocutore tenderà ovviamente a fare altrettanto e l'oggetto della relazione (come – ad esempio - un qualunque obiettivo professionale o all'interno della relazione di cura) non verrà ottenuto, o finirà di passare in secondo piano rispetto a obiettivi individuali.

«Non mi ascolti mai quando ti parlo!» implica lo spostamento della responsabilità della difficoltà nella relazione sull'interlocutore che, ovviamente, sentendosi aggredito potrebbe reagire con qualcosa come «*Sei tu che non ti sai spiegare!*», generando un'escalation basata su reciproche accuse e tentativi di scaricare la responsabilità sull'altro.

In questi passaggi – come si nota – non è presente l'oggetto della relazione (ad esempio un passaggio di consegne o la modalità per eseguire un compito) con il rischio evidente che la relazione finisca per concentrarsi su aspetti personali e non sugli obiettivi professionali.

Scaricare sugli altri la responsabilità può essere pertanto comodo e auto-protettivo, ma non è efficace, perché non consente di assicurarsi i risultati che gli interlocutori ritengono di dover ottenere dalla relazione. Al contrario, è strategico aiutare gli altri ad assumersi la propria responsabilità, rafforzando la collaborazione.

Come farlo? Semplicemente non rinunciando ad assumerci la nostra.

In questo caso, gli altri attori sociali tenderanno più facilmente a caricarsi il peso di una parte della responsabilità della relazione, che risulterà equamente divisa, poiché non si sentiranno aggrediti o giudicati, e la relazione rimarrà intatta attorno all'oggetto che la definisce.

«Guarda mi dispiace, pensavo di averti spiegato bene ma evidentemente sono stato affrettato», potrebbe generare una risposta come: *«Scusami tu, mi rendo conto che ti ho chiesto aiuto in un momento inopportuno; fammi sapere quando sei libero così vediamo meglio questa cosa»*.

In questo caso entrambi gli interlocutori avranno ottenuto l'obiettivo comune che è un trasferimento di competenze all'interno dell'organizzazione ed uno più individuale, vale a dire potersi dedicare alla relazione in una fase più propizia, senza interruzione di compiti, e disporre di informazioni o spiegazioni relative a come deve essere effettuato un compito che l'operatore più esperto potrà così affidare al suo collaboratore.

La relazione fra i due attori non subisce brusche variazioni in senso negativo, come nel caso probabile di questo passaggio reale, colto fra i corridoi di una struttura residenziale: *«Voi nuovi pensate di sapere già tutto e non state ad ascoltare»*, con l'interlocutore che – in questo caso – non reagisce verbalmente ma dimostra tutta la sua contrarietà in modo non verbale e - girando su sé stesso e riprendendo il suo compito senza modificazioni - sancisce la fine della relazione e il blocco del trasferimento di una competenza importante nella pratica professionale.

Non sempre le cose vanno così, ovviamente.

Nell'ultimo scambio riportato è evidente che la relazione è basata su pregiudizio e su precedenti esperienze negative che non è facile rimuovere dai magazzini mnemonici.

Tuttavia è altrettanto evidente che questo tipo di relazioni – che nella pratica professionale sono purtroppo frequenti – se consentono un momentaneo spostamento di forze a vantaggio di una difesa personale, nel medio e lungo termine creano insoddisfazione reciproca oltre all'abbandono parziale o totale degli obiettivi professionali.

☑ Esercitazione 3 – Produrre l'assertività

Riteniamo che, a questo punto, siate già in grado di possedere competenze sufficienti per iniziare a produrre voi stessi dei messaggi assertivi. L'esercitazione successiva è predisposta in modo da perfezionare ulteriormente le vostre abilità.

Vi anticipiamo che, durante i nostri incontri formativi, questa sezione appare talvolta un po' ostica. Nonostante la parte fin qui illustrata sia stata ben compresa, i dicenti scoprono come non sia così immediato – in verità – assumere un atteggiamento assertivo e spesso emerge la "fatica cognitiva" di dover elaborare e comporre assiomi che si allontanano con decisione da ciò che i nostri automatismi ci suggerirebbero. Non di rado, qualcuno si blocca di fronte alla richiesta di eseguire un passaggio da messaggio anassertivo a messaggio assertivo e poi giudica ovvio il nostro suggerimento, a dimostrazione che la difficoltà risiede proprio nell'automatizzare l'atteggiamento assertivo sostituendo quello più spontaneo.

Non neghiamo pertanto una certa astrusità che risiede tuttavia non nella complessità della tecnica quanto dall'abitudine – impressa sin dai tempi della socializzazione primaria – di apprendere secondo regole ben definite da replicare nei vari contesti. In realtà, il nostro sistema di apprendimento prevede l'automazione progressiva dei processi in seguito al miglioramento della pratica: così come abbiamo avuto difficoltà ad iniziare ad andare in bicicletta o guidare l'automobile, oggi possiamo farlo senza pensare ai vari passaggi motori o addirittura chiacchierando o impegnandoci contemporaneamente (e in qualche caso inopportunamente) in altri compiti.

La strategia di apprendimento più proficua è pertanto non quella formale scolastica, basata sulla memorizzazione dei concetti e delle regole, quanto quella "naturale", basata sulla ripetizione delle risposte a specifici stimoli.

Vi ricordiamo pertanto – come già anticipato – di non considerare gli esempi di queste esercitazioni come le regole della tecnica, ma come esempi da cui trarre la regola che poi sarà utile per comporre messaggi assertivi più coerenti con le specifiche e differenti circostanze. Vi consigliamo di provare ad immedesimarvi nelle situazioni proposte – che anche in questo caso hanno origine nella realtà – per rendere più efficaci queste esercitazioni.

In questa esercitazione a difficoltà intermedia vi proponiamo alcuni messaggi anassertivi chiedendovi di trasformarli in messaggi assertivi, utilizzando le regole illustrate sopra: A) ottenere lo scopo della relazione, B) mantenere una relazione positiva con l'interlocutore.

In conclusione di questa sezione di addestramento, per aiutarvi nel compito di acquisizione di abilità, abbiamo riportato alcune possibili soluzioni, che vi invitiamo ovviamente a scoprire solo dopo aver completato ogni singolo esercizio.

1–Un operatore a un suo collega di lavoro:
Messaggio anassertivo: *«Questo lavoro non mi piace! Perché? Perché lo dico io!»*.
Messaggio assertivo: ____

2 – Un responsabile al suo collaboratore:
Messaggio anassertivo: *«È assolutamente indispensabile che mi finisca questo lavoro entro domani mattina»*.
Messaggio assertivo: ____

3 – Un operatore a un suo collega di lavoro:
Messaggio anassertivo: *«Hai fatto proprio un bel lavoro, da te non me lo sarei mai aspettato...»*.
Messaggio assertivo: ____

4 – Un operatore a un suo assistito:
Messaggio anassertivo: *«Le regole sono queste, deve aspettare...»*.
Messaggio assertivo: ____

5 – Un operatore a un suo assistito:
Messaggio anassertivo: *«Non metta in discussione ogni cosa che le dico».*
Messaggio assertivo: ____

Di seguito, come promesso, vi suggeriamo alcune possibile riposte. Ancora una volta raccomandiamo (a costo di sfinire qualche lettore) di non utilizzare gli esempi come regole, ma trarre da essi le regole da utilizzare per comporre messaggi assertivi.

1 - Messaggio assertivo: *«Hai fatto quello che ti ho chiesto, ma penso che puoi fare ancora meglio. Cosa ti può essere utile per migliorare?».*

2- Messaggio assertivo: *«È importante che questo lavoro sia pronto entro domani mattina. Proponi tu una soluzione che vada bene anche te».*

3 - Messaggio assertivo: *«Hai fatto proprio un bel lavoro, ti confesso che mi hai sorpreso piacevolmente».*

4- Messaggio assertivo: *«Cercheremo di intervenire prima possibile, ma le chiedo di aspettare che gli operatori si liberino dai compiti in cui sono già impegnati».*

5 - Messaggio assertivo: *«Mi dispiace che le abbiano fornito delle informazioni diverse. Ci teniamo che non le creino confusione...».*

Come avrete sicuramente notato, abbiamo adottato varie modalità di composizione di un messaggio assertivo, tutte però rispettose delle regole dell'assertività.
Come anticipato, in base al nostro livello di abilità, possiamo spostarci proficuamente sull'asse della passività e dell'aggressività per modificare il significato del messaggio, ad esempio per mettere dei punti fermi nella relazione. Ad esempio, nel caso dell'esercizio n. 3: *«Hai fatto proprio un bel lavoro. Mi fa piacere che stai superando le tue difficoltà, posso aspettarmi che tu migliori ancora?».*

Una comunicazione di questo tipo va oltre la contestualità in cui è stata prodotta ed esprime la richiesta che il collaboratore si impegni per raggiungere i livelli di performance che gli competono. Espresso sotto forma di richiesta, non può che ottenere una risposta, probabilmente positiva e con essa la dichiarazione di impegno formale del collaboratore al suo superiore a migliorare ulteriormente.

Molto probabilmente quest'ultimo otterrà ciò che richiede al suo collaboratore: gli obiettivi auto-indotti (quelli che assumiamo noi stessi) sono decisamente più motivanti rispetto a quelli indotti dall'esterno.

Nel caso di una relazione con l'assistito, chi produce il messaggio non personalizza l'informazione: «*Cercheremo di intervenire prima possibile...*» è preferibile rispetto a «*Cercherò di intervenire prima possibile...*», poiché chi riceve il messaggio rappresenta il suo interlocutore non come una singola persona ma come un'intera organizzazione, composta da molte persone e una quantità notevole di regole, a cui risulta più difficile opporsi, rispetto ad una singola espressione, che può essere giudicata come una opinione e per questo facilmente aggredibile.

Una regola generica ma efficace per anticipare e rendere più complicato ad un attore sociale una possibile risposta aggressiva è far percepire a questi che il suo interlocutore non è isolato. Difficilmente, anche quando i meccanismi di inibizione e auto-regolazione emotiva sono disinnescati, scaglieremmo la nostra violenza contro un gruppo coordinato di persone, valutandone le conseguenze. In effetti, nella quasi totalità dei casi, le aggressioni – sia fisiche che verbali – sono rivolte a singoli operatori, anche se poi possono coinvolgere altre persone, che magari intervengono in un secondo momento per portare aiuto all'aggredito. Più facilmente più persone si scagliano contro un'altra persona isolata. La circostanza contraria, vale a dire un singolo che si contrappone ad un gruppo coeso, è pressoché inesistente. Questo non solo per i rapporti di forza fisica, ma anche per le dinamiche sociali che si innescano in tali circostanze.

Molto spesso, gli operatori si trovano ad operare in solitudine (come nel caso di una guardia medica) o separati dal resto del gruppo di lavoro (come nel caso di un operatore all'interno di una reception di un Pronto Soccorso). È utile, in questo caso, utilizzare nelle verbalizzazioni pronomi personali plurali (noi, loro) invece che singolari, per far percepire, attraverso i simbolismi contenuti nel messaggio, che l'individuo a cui ci riferiamo fa parte di un'organizzazione più ampia e coesa, anche se non presente o visibile.

La forma della comunicazione

Prima di passare ad esercitazioni più complesse, riteniamo sia utile illustrare alcuni aspetti che possono essere fruttuosi per padroneggiare al meglio le tecniche dell'assertività.

Non siamo personalmente convinti che una parola possa modificare in positivo o in negativo il senso di un messaggio, ma esistono delle variabili che è importante considerare per rendere più efficace la comunicazione e persuadere i nostri interlocutori a modificare il loro atteggiamento o comportamento. Una di queste è quella che potremmo definire "la forma della comunicazione", vale a dire la modalità esteriore con cui è espressa e che collega aspetti espliciti a quelli impliciti. Questo comprende la comunicazione non verbale e para-verbale, la punteggiatura ma anche la disposizione dei contenuti nella frase.

Per comprendere meglio questo ultimo passaggio, possiamo provare a valutare questo esempio, in cui sono riportati due messaggi che esprimono lo stesso concetto con modalità non dissimili, ma con una differenza sostanziale:

«Ernesto è una bravissima persona, ma è anche un gran tonto, e di lui non ci si può proprio fidare».

«Non ci si può proprio fidare di Ernesto, perché è un gran tonto, anche se è una bravissima persona».

In entrambi i casi risulta evidente il consiglio di non affidare compiti importanti a Ernesto, poiché chi emette il messaggio non lo ritiene adeguato alla loro complessità.

Avrete sicuramente notato che il messaggio è composto da tre concetti, che veicolano informazioni positive e informazioni negative:

1. Ernesto è una bravissima persona (informazione positiva)
2. È un gran tonto (informazione negativa)
3. Non ci si può fidare di lui (informazione negativa)

Ma nei due esempi i concetti sono disposti in maniera differente. Nel primo caso l'informazione positiva è all'inizio della frase. Nell'esempio successivo il messaggio si apre invece con un'informazione negativa. Inoltre, tale informazione (non ci si può fidare di Ernesto) è il significato stesso associato alla frase. Chi emette il messaggio intende fornire al suo interlocutore anche gli elementi per decifrare il significato che desidera associargli.

La modalità con cui si apre un messaggio ne condiziona la valutazione successiva. Un effetto ben noto nel ramo della psicologia cognitiva che si occupa di comunicazione con il nome di *"effetto priming"*: in questo caso le prime informazioni condizionano le informazioni successive. Nel caso di una stringa di testo piuttosto lunga, le informazioni successive rischiano di essere "cancellate" dalla partizione di memoria (la Memoria di Lavoro) che utilizziamo per la prima assimilazione e valutazione delle informazioni, che può contenere una quantità estremamente limitata di *chunk* (unità di memoria).

Se chi valuta il messaggio intende mantenere le prime informazioni, sarà costretto a rinunciare a quelle successive quando la quantità supererà i limiti di capacità mnemonica.

La valutazione della necessità o meno di mantenere l'informazione – e il significato associato – dipende dal peso dell'informazione e dai rischi che comporterebbe non tenerla in considerazione. In questo caso affidare un compito importante ad una persona non adeguata.

In altre parole, questa è la modalità con cui valutiamo una persona dal primo impatto visivo ancora prima che questi apra bocca, o costruiamo un'impressione utilizzando informazioni esterne (come quelle passate da altre persone) o stereotipi legati alla categoria professionale, all'età, la provenienza, l'aspetto esteriore... legandole ad esperienze personali o vicarie (cioè sperimentate da altre persone). Allo stesso modo, le prime parole di una frase sono una sorta di "vestito" che, una volta valutato, ci fornisce gli elementi per dare significato al contenuto.

Oltre all'effetto primacy, esiste anche l'effetto contrario. L'"*effetto recency*" pone invece maggiore peso sulle informazioni più recenti – quelle ricevute per ultime – poiché le informazioni precedenti perdono peso o vengono "cancellate" dalla Memoria di Lavoro.

Anche in questo caso la scelte di mantenere un'informazione a discapito di altre dipende da fattori come la *salienza* dell'informazione (in termini di importanza), il rischio associato al non prenderla in considerazione e le aspettative di chi riceve il messaggio. L'effetto recency ha tuttavia un peso maggiore nel caso della stringa di testo sia piuttosto lunga, a causa della limitata capacità della Memoria di Lavoro e dalla impossibilità di registrare, codificare e accantonare le informazioni direttamente in questa partizione.

Possiamo pertanto sfruttare abilmente questi effetti ponendo gli elementi salienti del significato all'inizio della frase se il discorso è breve e contratto, come nel caso dell'eloquio diretto vis-a-vis, o fare il contrario se la stringa di testo è piuttosto lunga, come nel caso di una e-mail.

Ad esempio, se volessimo chiedere ad un nostro collega di aiutarci in un compito gravoso che comporta per lui degli aspetti negativi (come il prolungamento dell'orario di lavoro), potremmo agire in questo modo:

«*Ciao Ernesto, so di potermi fidare di te: puoi aiutarmi a fare questo lavoro? Mi rendo conto che hai già finito il tuo orario*».

In questo caso il peso maggiore è spostato sull'informazione: "*so di potermi fidare di te*" che corrisponde ad una dichiarazione di stima alla quale il nostro amico Ernesto, probabilmente, farà fatica a sottrarsi.

Se Ernesto fosse lontano, in un'altra sede di lavoro, e ci trovassimo nella necessità di chiedergli aiuto inviandogli una e-mail, potremmo esordire in questo modo: «*Ciao Ernesto, ti devo chiedere un aiuto che probabilmente ti risulterà un po' gravoso...*», spiegando successivamente in cosa consiste questo aiuto nel testo successivo della e-mail, e chiudere infine il discorso: «*Lo chiedo a te perché sento di potermi fidare*».

In questo caso, con buona probabilità, il significato sollecitato da una attivazione emotiva positiva ruoterà ancora attorno al concetto della fiducia, mentre l'informazione negativa (la gravosità del compito), posta all'inizio del discorso, avrà progressivamente perso peso e sarà scomparsa dalla Memoria di Lavoro e non sarà stata immagazzinata in altre partizioni.

Effetto primacy e effetto recency sono infine condizionati da un ulteriore automatismo, il cosiddetto *"effetto alone"*: tendiamo infatti ad associare ad un'informazione positiva altre informazioni positive e informazioni negative ad un'informazione negativa, così come caratteristiche comuni alla prima informazione. Ad esempio accade che quando si recano dal medico, ritenendolo autorevole nel campo in cui svolge la sua professione, molte persone chiedono consigli per argomentazioni provenienti da tutt'altro campo, non necessariamente associato alla medicina.

Ciò è dovuto alla valutazione delle informazioni sulla base delle nostre aspettative: come segnalato, se queste non contrastano con le informazioni modifichiamo le informazioni e non le aspettative, poiché questo risulta più faticoso dal punto di vista cognitivo. Pertanto, se il messaggio viene aperto con un'informazione positiva («*Ernesto è una gran brava persona*»), tutte le informazioni successive verranno valutate all'interno di questa cornice positiva.

Effetto opposto, ovviamente, in caso contrario. Ernesto non riceverà alcun incarico, in ogni caso, ma il significato associato all'informazione sarà comunque positivo o negativo rispetto alla sua valutazione.

Esiste un ulteriore dinamica che possiamo utilizzare abilmente e che ci consente di sfruttare contemporaneamente entrambe le condizioni presentate sopra: il cosiddetto *"effetto sandwich"* consiste nel porre una informazione che si desidera non venga pesata o assuma un peso inferiore nella valutazione complessiva, rispetto alle altre. *«Ernesto è una bravissima persona, ma è anche un gran tonto, però è sempre disponibile quando gli chiedo qualcosa»*: ci informa che il nostro collega Ernesto non è adeguato per l'incarico che stiamo valutando di affidargli, ma l'impressione generale che ne ricaverà il nostro interlocutore, con molta probabilità, sarà comunque positiva nei confronti della persona; *«Ernesto è un gran tonto, è sempre disponibile quando gli chiedo qualcosa, ma è inaffidabile»*: in questo caso l'informazione positiva è "schiacciata" fra le due informazioni negative che assumono un peso maggiore nella valutazione complessiva, per quanto – in entrambi i casi – Ernesto non riceverà l'incarico.

Gli effetti illustrati sopra non riguardano solamente valutazioni sulle persone, ma anche una qualsiasi informazione che – a seconda della disposizione della frase – può modificarne il significato.

L'esempio successivo può illustrare meglio il concetto. In questo caso il peso del significato è spostato sul contenuto evidenziato in corsivo:

GIOVANNA stasera indossa gli zoccoli fucsia di gomma
Giovanna STASERA indossa gli zoccoli fucsia di gomma
Giovanna stasera indossa *gli* ZOCCOLI fucsia di gomma
Giovanna stasera indossa gli zoccoli FUCSIA di gomma
Giovanna stasera indossa gli zoccoli fucsia *di* GOMMA

Se poniamo l'accento differentemente sulle diverse parole, l'informazione assumerà significati differenti o il significato si articolerà su elementi con peso differente: 1) è Giovanna che stasera indossa gli zoccoli (e non Lucia, Pamela o Federica...), 2) li indossa proprio stasera (e non ieri o domani), 3) indossa gli zoccoli (e non altre calzature), 4) che gli zoccoli sono fucsia (e non uno dei tanti colori disponibili) e infine 5) che sono di gomma (e non di altri materiali). L'informazione non varierà (saremo tutti a conoscenza delle scelte stilistiche di Giovanna), ma il significato, e il peso dei suoi elementi, sicuramente sì.

Anche questo effetto ci consiglia di valutare il più possibile la composizione dei nostri messaggi, sia per ottenere maggiori effetti persuasivi sia per evitare il più possibile che il significato che desideravamo associare al testo risulti eccessivamente distorto dalle valutazioni del nostro interlocutore, con il rischio di non ottenere, o ottenere un raggiungimento solo parziale, dei nostri obiettivi.

Comunicazione verbale e comunicazione non-verbale

Nella trattazione degli argomenti e la stesura di questo manuale abbiamo scelto di non occuparci nel dettaglio delle aree della comunicazione non verbale e quella para-verbale. Non perché li consideriamo di valore marginale, tutt'altro. Abbiamo già avuto modo di spiegare che il significato ed il potere persuasivo sono maggiormente associabili proprio a questi elementi. Ma abbiamo preferito evitare una esposizione banalizzata dell'argomento, per motivi di spazio, anche in considerazione che le competenze in questo caso – per essere padroneggiate proficuamente – richiedono un lungo apprendimento e un costante training.

Ripromettendoci di dedicare un testo specifico all'interno di questa collana, possiamo tuttavia ridurre l'argomento delle forme non verbali di comunicazione ad un assioma fondamentale: le forme di comunicazione (verbale e non) devono coincidere nella loro emissione.

Chi riceve il messaggio ne coglie ogni aspetto sia in modo esplicito sia – soprattutto – in modo implicito utilizzando schemi automatici che prevalgono su quelli razionali.

In caso di ambiguità (discrasia fra ciò che è detto e ciò che la comunicazione effettivamente veicola) l'interlocutore si affida maggiormente ai segnali non-verbali. Se la difficoltà di decifrare il messaggio risulta eccessiva, il rischio è che la relazione venga abbandonata e chi emette il messaggio venga giudicato inaffidabile. Ciò creerà aspettative negative che finiranno per condizionare le interazioni successive, nel caso si ricreasse l'occasione.

Vi invitiamo a non prescindere da questo fondamentale aspetto.

Pur rinunciando ad una trattazione esaustiva della componente non-verbale, desideriamo rimarcare un aspetto che può risultare importante ed essere relativamente padroneggiabile: il ritmo dell'eloquio. È fin troppo intuitivo, infatti, che una velocità elevata nell'emissione delle parole può far percepire uno stato ansioso o di non tranquillità, il desiderio di concludere velocemente lo scambio comunicativo o scarsa disponibilità nei confronti dell'interlocutore. Anche un ritmo eccessivamente lento può fornire impressioni negative. L'effetto dipende, in questo caso, non tanto da valori oggettivi (non esiste un ritmo ideale, inteso come il numero di parole al minuto) ma dal contesto.

Anche in questo caso, infatti, vale la regola per cui la comunicazione non-verbale e tutte le forme ad essa associate devono essere coerenti con la situazione, l'obiettivo della comunicazione, lo stile dei comunicatori e la storia precedente nella relazione. Se gli interlocutori si esprimono in maniera differente, infatti, al di là degli stili personali, ciò può segnalare all'altro una mancanza di condivisione e la mancanza di volontà (reale o meno) nel negoziare aspetti secondari della comunicazione, che possono tuttavia condizionare i livelli primari. Se gli interlocutori non percepiscono un clima di cooperazione, infatti, anche i significati associati alla comunicazione saranno coerenti con questo stato (come dimostrano le massime conversazionali di Grice a cui abbiamo dedicato una sezione, come modello per situazioni specifiche).

Se nel corso del tempo avrete occasione e desiderio di approfondire le vostre conoscenze, potrete maneggiare tecniche raffinate come quella utilizzata dai più abili oratori e esperti di public speaking a scopo persuasivo. Il ritmo dell'eloquio e le pause vengono modificati per consentire o impedire il recupero dalla Memoria a Lungo Termine (il magazzino dove sono archiviate le informazioni destinate a perdurare) di informazioni che possono confermare o disconfermare i significati contenuti nel messaggio.

Se, ad esempio, vogliamo persuadere qualcuno ad accettare una nostra tesi, ma temiamo che questi recuperi delle informazioni contrarie alla tesi stessa, non gli concederemo il tempo per farlo e passeremo immediatamente ad un'altra parte del discorso. Se, al contrario, sappiamo che il recupero di informazioni rafforzerebbe l'opinione, possiamo fare una pausa di 3-4" per dare il tempo al nostro interlocutore di recuperare le informazioni dalla partizione di memoria in cui sono immagazzinate e trasferirle nella Memoria di Lavoro, dove le informazioni vengono associate ai significati prima di essere archiviate nuovamente nella "memoria da elefante", a cui ricorreremo per le valutazioni ed i comportamenti successivi.

Queste tecniche vengono utilizzate anche nel confezionamento degli spot pubblicitari che quotidianamente vengono inseriti nei programmi televisivi e radiofonici, con il passaggio più o meno serrato da una scena all'altra, o da alcuni politici soprattutto di scuola nordamericana di cui potete visionare i numerosi filmati presenti in Internet, realizzati in occasione di comizi o conferenze.

Sino a quando le vostre abilità non saranno sufficientemente raffinate, tuttavia, vi consigliamo di non deludere la regola fondamentale di non cercare di "ingannare" con le parole il vostro interlocutore, perché i segnali impliciti che il vostro corpo emetterà comunicheranno comunque che il lemma è disancorato dal pensiero e lo stato d'animo e la comunicazione apparirà pertanto incoerente e ambigua.

E difficilmente una persona giudicata ambigua otterrà fiducia.

L'assertività è basata sulla cooperazione, la condivisione dei vantaggi della relazione e la negoziazione delle regole. Se vi trovaste nella condizione di voler ingannare il vostro interlocutore, le tecniche dell'assertività vi risulterebbero pertanto poco utili. Con una discreta dose di abilità, possiamo pertanto modulare le aree non verbali della nostra comunicazione per modificare la comunicazione dell'interlocutore e – di conseguenza – la relazione con esso. Ad esempio, un paziente preoccupato, insistente, può essere contenuto, oltre che con specifiche verbalizzazioni assertive, anche da un eloquio rallentato, che si contrappone a quello eccessivamente contratto tipico della persona ansiosa, se questo è in grado di trasmettere calma e sicurezza. Nel processo di *normalizzazione* ogni interlocutore tende ad assecondare l'altro e ad affidarsi a persone autorevoli che trasmettono certezze e coerenza con le aspettative. Guadagnata la fiducia dell'interlocutore, risulterà più agevole persuaderlo, convincendolo a calmarsi, prevenendo eventuali risposte aggressive che possono essere emesse da persone preoccupate per la propria sicurezza che giudicano come disconfermate le proprie aspettative di cura, ad esempio a seguito di un'asserzione come: «*si deve calmare! Aspetti e verrà chiamato quando sarà il suo turno*».

☑ Esercitazione 4 – Rispondere all'anassertività

Come anticipato, nei contesti relazionali e in particolare in quello lavorativo, la situazione più ricorrente è quella proposta in questa esercitazione, cioè quella in cui un comunicatore adotta un messaggio anassertivo creando un contesto relazionale conflittuale e poco efficace ai fini dell'obiettivo professionale.

Se, per esempio, un operatore intende sollecitare la collaborazione di un collega nella manovra di movimentazione di un ospite, ma ritiene che la sua tecnica sia inadeguata, può esperire un messaggio di questo tipo: «*guarda che dobbiamo spostarlo sulla carrozzina, vedi di non far fare il lavoro tutto a me*». Anche questo esempio è tratto – come in tutti i casi presenti in questo manuale – dalla realtà osservata.

Il messaggio sopra citato è ovviamente di tipo aggressivo e veicola un significato che va oltre il "qui e ora" e risulterebbe poco comprensibile a chi non conosce la storia della relazione fra i due comunicatori, in cui probabilmente è presente un'esperienza in cui il carico di lavoro e responsabilità sono stati percepiti eccessivamente sbilanciati da parte di uno dei due interlocutori. Il significato implicito è qualcosa di simile: «*il carico di lavoro deve essere equamente diviso, non cercare di scaricarlo tutto su di me come hai fatto l'altra volta*». Ad un livello inferiore, è qualcosa di simile a: «*sei uno scansafatiche inaffidabile!*».

Indipendentemente dalla realtà dei fatti, chi riceve questo messaggio può avere una visione differente degli eventi e percepire il messaggio come accusatorio e squalificante.

È possibile infatti che nell'esperienza precedente lo sbilanciamento del carico di lavoro sia stato causato proprio da una difficoltà di comunicazione che non ha consentito un perfetto coordinamento fra i due professionisti. Indipendentemente da ciò, il messaggio comporterà l'automatica assunzione di modalità difensive da parte dell'altro operatore il quale potrebbe rispondere a sua volta utilizzando messaggi accusatori: «*ma se non mi dici mai prima cosa vuoi fare!*» o addirittura squalificanti: «*per una volta che hai fatto qualcosa, adesso sembra che fai tutto tu!*». Questi possibili messaggi (in questo caso stiamo producendo ipotesi di come potrebbero susseguirsi gli eventi) si installano a livelli progressivi dell'escalation del conflitto.

Noterete come nel primo caso sia presente una forma aggressiva – e ovviamente anassertiva – ma sia comunque presente l'oggetto della relazione (effettuare una manovra di movimentazione); nel secondo caso l'obiettivo professionale è già passato in secondo piano e prevale la contesa personale (ciascuno interessato è a prevalere sull'altro).

Fin troppo agevole intuire che questo obiettivo, in realtà, non si realizzerà e l'operazione di movimentazione - fatta salva la professionalità dei due operatori - risulterà ancora piuttosto difficoltosa a discapito del paziente e in qualche misura della salute psico-fisica dei due operatori.

Per molti motivi, pertanto (stress, ritmi di lavoro, esperienze negative...) è molto probabile che uno scambio comunicativo si apra con una forma anassertiva a cui risulta naturale rispondere con una modalità altrettanto anassertiva (a causa dell'emergere di difese). Ciascuno di noi – in condizioni normali e assenza di tecniche adeguate – giocoforza risponde con le stesse modalità in cui è stato confezionato il messaggio che riceve.

Del resto, se nell'ambito relazionale e professionale ogni scambio si aprisse con una forma assertiva, non avremmo motivo di parlare dell'argomento perché gli scambi successivi avrebbero ovviamente la stessa forma. Poiché le cose vanno spesso in modo differente, la situazione più reale è pertanto quella di dover ristabilire un clima cooperativo e trasformare lo scambio comunicativo da anassertivo a assertivo per non rinunciare a tutti i vantaggi della relazione a favore di un illusorio vantaggio personale.

Potete spulciare fra le vostre esperienze, infatti, per verificare quanto sia raro che uno scambio anassertivo si risolva con l'accettazione volontaria da parte di un interlocutore di una nuova regola in cui prevale una condizione di aggressività e magari con una richiesta di scuse da parte di chi viene aggredito («sì, *hai ragione, sono proprio uno scansafatiche...*»). Riutilizzando le situazioni proposte precedentemente, vi invitiamo pertanto – possibilmente calandovi nel contesto o facendo riferimento ad esperienze simili che avete vissuto – a rispondere in modo assertivo al messaggio anassertivo proposto. Anche in questo caso (e raccomandandovi di visionarli solo dopo aver completato l'esercitazione) vi proponiamo in conclusione delle ipotesi da noi prodotte.

1–Un operatore a un suo collega di lavoro:
Messaggio anassertivo: *«Questo lavoro non mi piace! Perché? Perché lo dico io!»*.
Messaggio assertivo: ____

2 – Un responsabile al suo collaboratore:

Messaggio anassertivo: *«È assolutamente indispensabile che mi finisca questo lavoro entro domani mattina».*

Messaggio assertivo: _______________________________________

3 – Un operatore a un suo collega di lavoro:

Messaggio anassertivo: *«Hai fatto proprio un bel lavoro, da te non me lo sarei mai aspettato...».*

Messaggio assertivo: _______________________________________

4 – Un assistito all'infermiere:

Messaggio anassertivo: *«Ma quanto tempo devo aspettare ancora?».*

Messaggio assertivo: _______________________________________

5 – Un operatore a un suo assistito:

Messaggio anassertivo: *«Voglio parlare con un superiore!».*

Messaggio assertivo: _______________________________________

Di seguito, come promesso, vi suggeriamo alcune possibile riposte.

1 - Risposta assertiva: *«Mi dispiace vederti contrariato, vorrei fare veramente un buon lavoro. Cosa posso fare perché tu sia soddisfatto?»*

2 - Risposta assertiva: *«Sono dispiaciuto di doverti dire di no, mi rendo conto che ti metto in difficoltà, ma ho da tempo programmato un altro impegno. Se è proprio indispensabile questo lavoro inizio adesso e arrivo domani un po' prima, poi recupererò in uscita»*

3 - Risposta assertiva: *«Sono felice di averti finalmente soddisfatto. Ti confesso che ero in difficoltà perché non avevo le informazioni che mi servivano. Se tu potessi aiutarmi in futuro certamente continuerò a fare meglio»*

4 - Risposta assertiva: *«Comprendo il suo disagio, come vede siamo tutti impegnati a dare assistenza alle persone e siamo anche noi in difficoltà. Le chiedo di non crearne altre, perché i tempi di attesa aumenterebbero»*

5 - Risposta assertiva: «*Può richiedere una visita con il primario contattando il centro prenotazioni. In questo momento sta eseguendo delle visite già programmate. Ma se mi spiega le sue perplessità posso aiutarla senza costringerla ad aspettare*»

Ovviamente (esortandovi ancora a non considerare gli esempi come regole) non garantiamo che una risposta assertiva sia sempre in grado di invertire il clima di aggressività, ma in ogni caso aumenterà notevolmente la probabilità che questo accada. Una risposta anassertiva garantirà sistematicamente, al contrario, che l'obiettivo non sarà raggiunto.

In qualche misura, tuttavia, anche se il nostro interlocutore non è disposto a modificare il suo atteggiamento, qualche risultato l'avremo ottenuto. Concentriamoci sull'esempio 1: («*Questo lavoro non mi piace! Perché? Perché lo dico io!*» e la possibile risposta «*Mi dispiace vederti contrariato, vorrei fare veramente un buon lavoro. Cosa posso fare perché tu sia soddisfatto?*») è evidente il tentativo iniziale di scaricare sull'altro la responsabilità di un evento e la chiusura ad un possibile tentativo di cooperazione «*Perché lo dico io!*» che non porterà ad alcun miglioramento del risultato.

La risposta – al contrario – dimostra disponibilità ed apertura e restituisce la responsabilità del blocco della relazione su chi emette il messaggio anassertivo. Se questi non modificherà il suo atteggiamento («*non ho tempo da perdere!*») dovrà assumersi la responsabilità del blocco e della rinuncia ad ottenere un risultato conforme alle sue aspettative.

Inoltre, la modifica o meno dell'atteggiamento ci fornirà comunque delle informazioni utili – che probabilmente non erano disponibili – che ci possono aiutare ad interpretare la relazione e le sue difficoltà, oltre che progettare come risolverla o gestirla.

La risposta «*non ho tempo da perdere!*» ci può ad esempio suggerire che il problema del nostro collega è probabilmente lo stress dovuto ad un carico di lavoro eccessivo e potremmo proporci di aiutarlo nei suoi compiti per ottenere la sua disponibilità e la sua apertura: «*Mi dispiace vederti contrariato, mi rendo conto che tutti i problemi cadono su di te, ultimamente. Se sei in difficoltà posso aiutarti, così intanto posso capire meglio come fare il mio lavoro*». Comprensione e apertura non possono che a loro volta stimolare identici atteggiamenti.

Se invece il nostro interlocutore al nostro tentativo di apertura precedente emettesse una risposta come: «*Voi nuovi pensate di sapere già tutto e mi tocca anche rimediare agli errori che fate*» oppure «*Non sopporto il tuo modo di fare le cose*» ciò ci informerebbe rispettivamente che l'atteggiamento è basato su stereotipi o esperienze negative precedenti e che – nel secondo caso – c'è una discrasia personale che va oltre aspetti meramente lavorativi e professionali.

Disporre di questo tipo di informazioni può essere estremamente utile per non interpretare in maniera erronea la situazione basandosi sul detto, o sulla fatica di interpretare i segnali impliciti. Se cerchiamo di risolvere il problema sbagliato otterremo lo stesso risultato del medico che fornisce ad un paziente il farmaco per una patologia differente rispetto a quella che ha colpito effettivamente il suo paziente.

Nel caso dell'esempio 2 («*È assolutamente indispensabile che mi finisca questo lavoro entro domani mattina*») la risposta da noi proposta in qualche caso ha ottenuto un riscontro successivo come: «*Beh vedi tu, l'importante è che sia pronto entro domani mattina, sono un po' preoccupato perché avremo presto un'ispezione*»). In questo caso, come è evidente, l'oggetto della relazione non è tanto la realizzazione di un compito, quanto la preoccupazione del responsabile per un prossimo audit e il tentativo di mettere ordine in tutte le situazioni oggetto della verifica.

Le persone preoccupate vanno ovviamente confortate e il responsabile può essere rassicurato dal fatto che il suo collaboratore si attivi per portare a termine il compito e che questo verrà realizzato nei tempi previsti. Il collaboratore otterrà di non dover prolungare il suo orario lavorativo oltre limiti accettabili.

È facilmente osservabile che coloro che assumono ruoli di responsabilità e poteri decisionali (che con le loro scelte condizionano la vita e il clima organizzativo) tendono a gestirli o con modalità controllanti, che prevedono la focalizzazione sequenziale delle operazioni (non iniziare un'operazione prima che sia considerata conclusa quella precedente) oppure sulla delega ai collaboratori di gestire tutte le situazioni confidando che ciò corrisponde ad una immediata archiviazione del problema.

Questo confermerebbe l'osservazione di alcuni studiosi secondo i quali manager organizzativi, professionisti e tutti coloro che convivono con carichi di responsabilità agiscono spesso (o almeno in parte) non secondo modalità finalizzate alla massima efficienza, ma che garantiscono l'abbassamento del loro livello di stress.

Per una persona controllante (cioè che desidera essere presente nella gestione di tutte le situazioni e cerca di presidiarle il più possibile, pur agendo sulle deleghe) può essere confortante constatare che il compito verrà eseguito entro un certo termine e pertanto potrà iniziare a dedicarsi ad un altro compito, abbassando il suo livello di ansia, il segnale bio-chimico che si attiva nel caso di una situazione percepita come minacciante.

Per una persona con una spiccata tendenza alla delega, può essere rassicurante il fatto che il collaboratore o una persona da cui si aspetta una prestazione abbia iniziato ad eseguire il compito ed assume meno importanza il fatto che venga realizzato entro un tempo improrogabile. Nel momento stesso in cui il collaboratore su cui è riversata fiducia ha assunto il compito, infatti, il responsabile considera non più presente il problema nella sua personale lista di stimoli ansiogeni.

Se giudicate utili questi concetti, potrete verificare se il vostro superiore (o i vostri colleghi se si verificano dispute per i rapporti di forza o situazioni di gerarchie informali) agisce preferibilmente controllando o delegando. Anche un controllante può delegare, ma è meno disposto a negoziare sugli esiti e le modalità (*«fammi questa cosa, ma devi farla a modo mio»*). Allo stesso modo un delegante può agire un qualche grado di controllo (*«fai *come vuoi, ma mi aspetto da te un buon risultato»*); è pertanto utile valutare qual è la modalità prevalente tenendo conto che questa è generalmente espressione di tratti di personalità che tendono a non variare sensibilmente nel corso del tempo.

In tutti i casi, come vedete, è necessario aver ben presente qual è l'oggetto della relazione, che può essere molto differente da ciò che è espresso in modo esplicito. Allo stesso modo, è importante non rinunciare totalmente al vantaggio della relazione per non cadere in una modalità relazionale passiva con tutto ciò che questo implica (cosa di cui abbiamo già discusso).

Ad esempio la situazione 3 consente di ottenere una maggiore disponibilità evitando una chiusura totale e la rinuncia all'oggetto della relazione.

Il male quotidiano

Disfunzionalità comunicative e forme di aggressività celate o mimetizzate nelle routine organizzative si installano nei processi di socializzazione che normalizzano e trasmettono le regole sociali, ma talvolta diventano scontri aperti fra categorie, con fenomeni che possono essere associati a forme di bullismo o *"nonnismo"* (l'atteggiamento vessatorio e prevaricatorio degli scaglioni più anziani nei confronti delle nuove reclute, in funzione di un'autorità informale che facilmente non veniva contrastata dall'autorità formale in campo militare, condizione ben nota a tutti coloro che hanno conosciuto la vecchia naja).

Spesso, dietro una parvenza di accoglienza, operatori anziani, "strutturati" e che hanno assunto ruoli informali, tendono a erigere difese nei confronti di previlegi acquisiti o per minimizzare la minaccia, non necessariamente reale, che nuove competenze mettano in discussione le solidità costruite.

Così, chi propone nuove modalità viene percepito come una minaccia e osteggiato, chi cerca di difendere le sue convinzioni subisce il tentativo di inibizione e la costrizione ad accettare tale regola, nella convinzione che poi la eserciterà a sua favore. Ciò crea una condizione improduttiva, che limita l'ingresso e lo scambio di competenze, che può essere superata aggirando le modalità difensive che ciascuno mette in campo.

Una giovane specializzanda in medicina, nostro paziente, viene presentata agli altri medici al suo ingresso in reparto. La sua fama la precede: uscita dall'università con il massimo della votazione, nel precedente incarico aveva dimostrato notevoli capacità.
Contrariamente alle sue aspettative, l'accoglienza è stata fredda, una stretta di mano di circostanza, qualcuno che ha persino evitato di presentarsi a sua volta. Da quel momento è iniziata da parte di alcuni colleghi una guerra personale, mai dichiarata, che l'ha portata all'isolamento. Inizialmente ha provato a ignorare i notevoli episodi di indifferenza personale e squalifica professionale, poi il carico di stress si è rivelato eccessivo ed ha iniziato a rispondere in maniera aggressiva e nell'ospedale hanno iniziato a circolare maldicenze su una sua presunta relazione clandestina con un medico, l'unico che l'aveva supportata, tanto da essere richiamata dal primario. Tutto ciò le ha provocato gravi difficoltà psicologiche, tanto da richiedere il supporto di uno specialista.

L'episodio sopra citato, dimostra come nelle organizzazioni complesse a forte interazione sociale forme di violenza e aggressività si manifestino in forme altrettanto complesse, che non riguardano esclusivamente la relazione con l'utente o altri attori come i famigliari dell'assistito.
Tali modalità creano la rappresentazione di un contesto in cui prevalgono dinamiche individualistiche ed edonistiche, in un clima in cui si tenda a prevalere sull'altro, piuttosto che al supporto reciproco, con la conseguenza di produrre le condizioni in cui tali disfunzionalità si estendono a tutti i livelli organizzativi, come quelli relativi all'utenza o al contesto sociale, o quelli che da questi ambiti convergono, non possano essere contenuti e – al contrario – trovano terreno fertile.

Durante le nostre consulenze rivolte alle condizioni di benessere psicosociale, episodi come quello citato, per quanto diversi fra loro, sono spesso venuti alla luce. Ciò che le accomuna, è l'incapacità di risposta della vittima, annichilita dalle circostanze e dalla mancanza di adeguati ed efficaci strumenti comunicativi, che l'ha portata quasi sempre ad accettare le forme di violenza fino, talvolta, ad una condizione di esaurimento a cui ha risposto o producendo a sua volta un atteggiamento aggressivo, o modalità evitanti, come richiedere una nuova assegnazione o un nuovo incarico.

LE "ARMI" DELLA PERSUASIONE

Come abbiamo più volte anticipato, lo scopo di questo manuale non è quello (o non solo quello) di gestire le situazioni di criticità, ma di eluderle, agendo sugli antefatti, sulle condizioni che preludono al conflitto. Per questo, tutti gli strumenti comunicativi e relazionali sono utili per modificare gli atteggiamenti negativi che, se non gestiti, possono generare contrarietà, opposizione, insoddisfazione e - in un numero limitato ma non trascurabile di casi - aperta aggressività verbale e fisica, comportamenti violenti o di prevaricazione.

Abbiamo definito la *"persuasione"* come la modalità di modificare gli atteggiamenti di uno o più individui e, di conseguenza, i suoi comportamenti. I meccanismi di persuasione si attivano in numerosi contesti, dai condizionamenti sociali a quelli consumistici, da quelli politici a quelli che appartengono alle relazioni intime e, infine, nella psicoterapia. Tutti fanno riferimento a risposte automatiche emesse dal nostro organismo, attraverso il sistema nervoso, affinate nella lunga storia evolutiva, che hanno lo scopo di garantire il miglior adattamento all'ambiente. Per i nostri scopi e campi di applicazione, concordando con gli esiti di molti studi e ricerche (come quelle di McGuire [15]), abbiamo sostenuto che i meccanismi persuasivi risultano efficaci solo nel caso in cui riescano a bypassare le valutazioni razionali e consapevoli emesse dalle strutture neo-corticali del sistema nervoso, accedendo a quelle più antiche in cui sono installate le risposte emotive pre-confezionate.

---

[15] *J.W. McGuire ha prodotto un modello di esposizione ed accettazione dei messaggi persuasivi in 5 fasi: esposizione al messaggio, attenzione, comprensione, accettazione o rifiuto, persistenza del cambiamento, azione sulla base di nuove ipotesi; il modello, di fatto, prevede che siano presenti specifiche componenti perché si generi l'effetto di cambiamento sul ricevente.*

Pertanto, se siamo consapevoli del condizionamento, questo non risulterà efficace. Se un venditore ci vende un prodotto che poi si rivela diverso da quanto promesso (in altre parole, una fregatura), il tentativo successivo di venderci qualcos'altro non avrà successo. Probabilmente, non acquisteremo più prodotti di quella marca, indipendentemente da chi ce lo propone, in un meccanismo che McGuire associa all'*immunizzazione*.

Da sempre, gli studiosi delle varie discipline che si occupano di dimensioni umane si impegnano sull'argomento, non necessariamente per fini utilitaristici, e si interrogano sulla possibilità e la capacità degli individui di contrastare i meccanismi di persuasione. Ciò ha ispirato la contrapposizione di differenti visioni che entrano nel dibattito sociale, ad ed esempio fra apocalittici (con esponenti autorevoli come Zygmunt Bauman) e integrati (che propongono una visione più ottimista, vicina al positivismo sociologico di natura nordamericana). Tale terminologia nata in una raccolta di saggi e di articoli di Umberto Eco pubblicati nel 1964.

La neurologia ha dimostrato che tali meccanismi dipendono da variabili come l'attenzione, la motivazione e la disponibilità di informazioni; la psicologia i differenti funzionamenti nei livelli individuali e sociali: Petty e Cacioppo parlavano di *"via centrale"* e *"via periferica"*, per intendere il contemporaneo utilizzo di risposte automatiche e risposte consapevoli.

Di fatto, i meccanismi di persuasione sono una costante nella nostra esistenza, poiché sono contenuti negli atti comunicativi che definiscono le relazioni umane. Veicolano i simboli delle regole che legano gli individui, dell'appartenenza e dell'individualità, e la distribuzione dei vantaggi che garantiscono la sopravvivenza.

La connessione fra comunicazione e adattamento all'ambiente fa riferimento alla costante necessità del nostro organismo di individuare strategie che massimizzino l'adattamento minimizzando l'impiego di risorse. Per far ciò, utilizza svariate modalità, la maggior parte delle quali non sono sotto il nostro diretto controllo. Ad esempio, siamo attirati da una gustosa bistecca, ignorando la fetta di torta che qualcuno ci offre, non semplicemente per il sapore, ma perché il nostro organismo necessità delle sue componenti (grassi, minerali, calcio...) che non sono contenuti nel dolce, e ne enfatizza per tanto il gusto e la piacevolezza.

Tuttavia, condizionamenti sociali che ci portano ad uniformarci alle regole del gruppo, preferendole a quelle individuali in funzione di un maggior vantaggio percepito, ci possono portare a rinunciare al gusto di determinate pietanze per abbracciare uno stile alimentare o consumistico "alla moda".

Se qualcuno ci chiede ragione delle nostre scelte, possiamo sicuramente fornire spiegazioni convincenti, ma che nulla hanno a che fare con i reali motivi che le hanno ispirate, di cui non siamo consapevoli.

L'argomento è smisurato, per quanto fascinoso per chi si occupa di scienze umane, impossibile contenerlo in una premessa. Dovendo ricercarne una modalità applicativa, possiamo fare riferimento ad un modello unanimemente riconosciuto ed empiricamente dimostrato per trasferire il piano astratto su quello di realtà, per confezionare regole di interazione e messaggi comunicativi che enfatizzino il potere persuasivo e migliorino l'efficacia della comunicazione.

Gli atti persuasivi hanno infatti il potere di modificare l'*atteggiamento*, che costituisce il loro bersaglio. Con questo termine, in psicologia, si intende la valutazione positiva o negativa di un oggetto sociale (ad esempio una persona o un bene di consumo). La valenza definisce le interazioni: se una persona ci risulta simpatica (atteggiamento positivo) ci relazioneremo con essa; se riteniamo inaffidabile un prodotto (atteggiamento negativo) non lo acquisteremo anche se ci viene proposto con un forte sconto.

Oltre alla "direzione" (positivo vs negativo), la persuasione presenta altre dimensioni: intensità e persistenza. La prima corrisponde al "peso" dell'azione persuasiva: ad esempio, possiamo avere un atteggiamento negativo verso un collega, ma poi riceviamo informazioni negative e cambiamo opinione.

La seconda si distribuisce sulla variabile tempo: essendo basata su attivazioni emozionali, queste non sono necessariamente persistenti e tendono a modificarsi o perdere la loro consistenza, per cui è possibile che un effetto ottenuto si riveli attenuato o invertito in una situazione successiva (gli spot pubblicitari vengono riproposti dopo periodi di pausa per rinnovare l'interesse dei consumatori verso un prodotto, secondo specifiche strategie).

La "reattanza psicologica"

Con questo termine si intende comunemente il meccanismo opposto alla persuasione. In effetti, talvolta gli obiettivi della comunicazione falliscono e non riusciamo ad ottenere gli obiettivi relazionali. Il tentativo può ottenere l'effetto opposto, cioè perdita di fiducia e rifiuto dell'oggetto della comunicazione.

Ma, accodandoci anche in questo caso alle opinioni di altri, riteniamo che sia riduttivo considerare la reattanza come l'opposto della persuasione. Il fenomeno è ben più complesso e presenta numerose dinamiche che talvolta possono generare situazioni negative e creare pertanto valutazioni negative estremamente resistenti, che possono preludere a conflittualità e condurre a forme di aggressività.

Ad esempio, se un utente sperimenta una circostanza negativa con una persona, può considerare negativamente l'intera categoria professionale a cui questa afferisce.

La reattanza, ha infatti il potere (e comporta il rischio) di estendere il suo effetto oltre l'oggetto della comunicazione, coinvolgendo sfere più ampie e creando atteggiamenti negativi estesi e rigidi, che poi possono essere difesi in maniera veemente.

Si potrebbe dire, pertanto, che la reattanza psicologica ha un potere superiore alla persuasione, che nella maggioranza dei casi si limita all'oggetto e si attiva – di fatto – in tutti i casi in cui non sussistono le condizioni della persuasione:

- la persona dispone di informazioni sufficienti
- la persona dispone di risorse attentive adeguate
- la persona è adeguatamente motivata a ricercare e utilizzare le informazioni
- la persona è "*immunizzata*"

Se ci aspettiamo un atto persuasivo, e ne temiamo gli effetti, reclutiamo tutte le risorse attentive e motivazionali che ci consentono di considerare le informazioni disponibili. La reattanza si attiva soprattutto non solo come reazione a un tentativo di persuasione, ma in seguito ad esperienze negative o aspettative che ci portano a costruire strategie difensive molto rigide, che valicano la specifica circostanza. È decisamente più economico e meno rischioso estendere la valutazione piuttosto che valutare di volta in volta la situazione. Modificare la nostra opinione, soprattutto se negativa, richiede inevitabilmente l'impiego di una serie di risorse di cui non sempre disponiamo o che non siamo disponibili ad utilizzare.

Di conseguenza, le persone interagiscono con l'ambiente utilizzando rigidi atteggiamenti basati su esperienze precedenti che poi possono generare risposte altrettanto rigide: «*tutti i pazienti di questo reparto sono dei petulanti*», «*i medici più bravi sono anche quelli più scostanti*». Approcciandoci ad un paziente con la convinzione che si tratti di un impertinente ipocondriaco, finiremmo per provocare la reazione di un impertinente ipocondriaco. Le *profezie che si autoavverano* sono basate sulla conferma delle aspettative con cui ciascuno agisce nell'ambiente relazionale, cercando di anticiparne le variazioni, limitandole, per diminuire l'incertezza. Ma ciò ci impedisce di modificare i nostri schemi di pensiero e motori, rimanendo ancorati a convinzioni negative.

La direzione della persuasione (o la reattanza) dipendono dall'atteggiamento iniziale e dai successivi processi cognitivi, compresi quelli che giustificano le nostre azioni: «*alla fine i medici sono tutti uguali!*»

L'origine scientifica delle "armi di persuasione"

La ricerca in ambito scientifico è iniziata studiando i metodi terapeutici di Milton Erikson. Lo psichiatra americano, anche a causa delle condizioni fisiche, per la cura dei suoi pazienti disponeva solo delle parole, persuadendoli a guarire, non disponendo di fisicità o supporti farmacologici (che si affermarono solo dopo la sua scomparsa).

Successivamente, Robert Cialdini, un ricercatore e docente dall'Arizona State University, ha compiuto per molti anni ricerche "sul campo". Per scoprire i meccanismi della persuasione, ha seguito i piazzisti e si è fatto assumere nei saloni di auto usate. Questa estrosa modalità di ricerca lo ha associato alla notorietà, ma ha anche reso famosi i "trucchi" che vengono attivati, talvolta inconsapevolmente, da coloro che per vari scopi utilizza modalità persuasive, che hanno selezionato sulla base della loro efficacia, con modalità evolutive darwiniane (nel senso che ciò funziona viene perfezionato, ciò che non funziona abbandonato).

Successivamente, Cialdini ha trasferito le conoscenze dirette nei laboratori sperimentali, costruendo esperimenti con lo scopo di dimostrare empiricamente le basi biologiche e cognitive della persuasione e misurare gli effetti delle singole variabili, controllandole statisticamente. Da ciò è nata una solida conoscenza e successivamente sono state perfezionate numerose applicazioni, in ambito comunicativo.

Ciò che le ricerche scientifiche hanno dimostrato (utilizzando metodi rigorosi e strumenti come la risonanza magnetica per individuare le aree del cervello che si attivano durante i processi cognitivi) è che per quanto le tecniche persuasive siano molteplici e variegate, i meccanismi neurali sono in realtà racchiusi in poche categorie, che fanno sempre riferimento a necessità di adattamento all'ecosistema, fisico e relazionale, e di economia di risorse metaboliche e ambientali.

Nel prendere una decisione (assecondare il comunicatore, acquistare un servizio o aderire a un'opinione) chi riceve il messaggio si fa guidare da pochi indizi contenuti nello stimolo e che sollecitano l'*euristica* corrispondente ad un particolare principio. L'"euristica" corrisponde ad una risposta automatica stereotipata, rapida e in buona parte inconsapevole (che alcuni approcci denominano "*schemi*", altri "*modelli operativi interni – M.O.I.*), che non richiede processi cognitivi consapevoli e razionali, più raffinati ma anche più lenti e dispendiosi.

Se abbiamo un dubbio, infatti, quasi sempre rinunciamo ad approfondirlo (Pirandello recitava: «...*bisognerebbe diffidare di noi stessi, della realtà del mondo*»). Pertanto, i meccanismi automatici prevalgono su quelli controllabili, anche in funzione della struttura neurale che prevede molte più afferenze dal sistema limbico, più antico, localizzato a ridosso del tronco encefalico, verso le aree neo-corticali più esterne, piuttosto che il percorso contrario.

L'illusione di Franz Carl Müller-Lyer, che abbiamo già proposto, dimostra questo aspetto e chiarisce che il potere della persuasione risiede nella credenza del suo obiettivo che la scelta che ne consegue sia libera e consapevole, frutto di una valutazione razionale ed esaustiva, mentre non lo è affatto.

Le euristiche della persuasione

Per illustrarle rimaniamo fedeli alla nomenclatura scelta dallo scopritore, forse un po' suggestiva, per scopi di divulgazione:

1. reciprocità
2. coerenza – impegno
3. riprova sociale
4. autorità
5. simpatia (similarità)
6. scarsità

Ci sentiamo letteralmente obbligati a ricambiare ciò che ci viene dato. Se incontriamo un amico e questi ci offre un caffè, se qualche tempo dopo si rinnovano l'incontro e l'invito, è scontato che questa volta lo precederemo alla cassa, per saldare il conto. Ci sentiamo obbligati a farlo, difficilmente ci sottrarremmo a questa regola, percependo su di noi lo stigma conseguente all'aver disatteso un'aspettativa sociale. Tale regola si è evidentemente installata sulla necessità di scambiare beni che assicuravano la sopravvivenza nella nostra fase evolutiva, facendo in modo che tutti i membri del gruppo ne disponessero, anche chi non era stato in grado di procurarseli.

Una suggestiva teoria di Leda Cosmides, psicologa evoluzionista, nota con il titolo altrettanto suggestivo di *Teoria dell'imbroglione*, ipotizza che il famoso "big bang evolutivo", che ha fatto progredire la specie umana verso livelli preclusi ad altre, sia stato determinato dall'aver sviluppato strumenti cognitivi che ci consentono di esprimere valutazioni efficaci sull'affidabilità degli altri membri del gruppo sociale. Infatti, se un individuo cedeva un bene ad un altro e poi, necessitandone, non gli veniva restituito, ciò poteva costituire una minaccia per la sua sopravvivenza, perché non avrebbe avuto cibo a sufficienza. La regola della reciprocità, alla base della comunicazione assertiva, fa pertanto riferimento alla condivisione di tale regola e alla necessità individuale di distribuzione equa di vantaggi sociali. Si basa sulla ristrutturazione cognitiva della volontarietà di un atto che in realtà è imposto e sulla "necessità" cognitiva di ricambiarlo.

Se nel marketing tale strategia si declina in molteplici variabili (dagli assaggi nel supermercato ai buoni regalo), può essere utilizzata per confezionare tecniche terapeutiche: *«Lei non ha fatto quello che le avevo chiesto la scorsa settimana. Non importa, però allora mi deve fare quest'altra cosa…»*.

In altre parole, l'euristica della reciprocità si attiva in ogni circostanza in cui l'individuo riceve disponibilità dall'altro, percependo l'impegno di ricambiarlo: «*Le chiedo di aspettare che abbia concluso con gli altri pazienti, così poi potrò dedicare più tempo a lei*». La persuasione non è semplicemente sollecitata dal ruolo, dai luoghi, dalle circostanze: ad esempio la verbalizzazione: «*Deve aspettare il suo turno!*», si riferisce a condizioni simili a quelle dell'esempio precedente, ma genera effetti decisamente opposti.

2 - Euristica della *coerenza – impegno*

Un obiettivo che abbiamo assunto noi stessi lo percepiamo come un obbligo e tendiamo a perseguirlo per confermare l'immagine (intima e sociale) che abbiamo creato di noi stessi. Si basa sul meccanismo della "*dissonanza cognitiva*": il bisogno di coerenza ci costringe ad allineare le nostre convinzioni e comportamenti con ciò che abbiamo fatto o detto di voler fare. Anche in questo caso l'euristica è mimetizzata in numerose tecniche e variabili, che possiamo individuare guardandoci attorno, come l'"*articolo civetta*" che ci invita a recarci in un supermercato attratti da un'offerta irresistibile, per poi scoprire che l'articolo è esaurito e acquistarne un altro, ovviamente con un prezzo maggiore. Lo stesso motivo per cui, mentre raccoglie le ordinazioni, il cameriere non ci propone mai il dolce, ma ripassa un po' di tempo dopo che abbiamo definitivamente poggiato le posate sul piatto e abbiamo voglia di passare ancora un po' di tempo con gli amici. In quel frangente, valutiamo il costo in più come una percentuale di ciò che abbiamo già stimato di spendere e pertanto come un incremento relativo limitato. Con questa tecnica, il ristoratore da una piccola fetta di dolce ottiene un ricarico decisamente importante.

Nella relazione fra il paziente e il terapeuta, che invita il suo assistito a modificare, faticosamente, il suo stile di vita: «*È importante che lei si dedichi con costanza ad attività fisica, quale impegno ritiene di poter assumere e mantenere?*». Ciò non garantirà che il paziente abbandoni la sedentarietà e il suo regime alimentare, ma aumenterà sicuramente le probabilità che ciò accada, poiché l'impegno assunto viene percepito come una libera scelta, nonostante si tratti in realtà di un'imposizione mimetizzata. Infatti, l'asserzione porta l'individuo a concentrarsi sull'opzione per lui più favorevole (iscriversi in palestra, associarsi a un gruppo di camminatori...) escludendo quella che prevede una negazione, vale a dire rifiutare la prescrizione del medico.

3 – Euristica della *riprova sociale*

Il nostro "istinto gregario" (il termine è coniato da Trotter[16]) e le dinamiche di *normalizzazione* del gruppo ci portano a conformarci alle opinioni ed ai comportamenti della maggioranza. Per "normalizzazione" si intende la convergenza del pensiero e delle azioni verso una media del pensiero e delle azioni del gruppo, che costituiscono un rifermento alla compiacenza.

Compiacciamo il gruppo ed il suo leader per timore di esclusione, ma anche perché risulta più economico pensare che se la massa va in una direzione, quella sarà quella corretta. Quello che talvolta viene definito *"effetto gregge"*, porta ad effetti paradossali, come quando tutti si accaniscono su un'uscita al casello autostradale, lasciandone liberi altri. Mentre facciamo la scelta, dopo un momento di perplessità, pensiamo: «*probabilmente vanno tutti lì perché l'altro non funziona*», condividendo con gli altri il fastidio di passare inutilmente il nostro tempo ad attendere.

Questa dinamica intra-psichica riguarda tutte le specie sociali, origina nei primordi della storia evolutiva ma si manifesta con effetti talvolta distruttivi anche nella modernità, contrariamente a ciò che ritenevano le teorie illuministiche, che sancivano un netto stacco fra il mondo animale e quello

---

[16] *Wilfred Trotter, sosteneva che, sia negli uomini che nelle altre specie animali, i fenomeni psichici alla base della formazione delle masse, si fondano su una tendenza innata chiamata "istinto gregario" (gregariousness).*

umano. Nell'ambito commerciale (che fornisce gli esempi più disponibili), tale meccanismo si evidenzia in svariate tecniche: il centro commerciale aumenta le vendite perché, a suo interno, vediamo tante persone agire comportamenti di acquisto e facciamo altrettanto.

Ma il meccanismo più evidente è sicuramente la moda. Il termine, in realtà, è di derivazione statistica e si riferisce al punto più elevato di una curva gaussiana, dove si concentrano i maggiori comportamenti, nel caso di variabili sociali. Se desideriamo una dimostrazione del potere persuasivo di tale meccanismo, potete fare riferimento al vostro guardaroba, soprattutto al fatto che un bel abito che qualche anno fa vi aveva attirato esposto nella vetrina di una boutique e vi aveva convinto a mettere mano ai risparmi, oggi non osereste indossare, se non a carnevale, per non attirare i lazzi degli astanti. I nostri gusti non sono cambiati spontaneamente, ma ispirati dal nostro sistema nervoso che ha modificato i canoni di piacevolezza per portarci ad uniformarci ai condizionamenti sociali per evitare la pericolosa prospettiva di isolamento.

Difficilmente le persone si isolano dal gruppo o si contrappongono ai comportamenti comuni, temendo lo stigma sociale. Per anticipare azioni che contrastano le regole e possono sfociare in aggressività, è importante mantenere perciò un comportamento coerente con tutti gli interlocutori (ad esempio in una sala d'attesa di un reparto ospedaliero) in modo da sollecitare risposte similari, a cui un singolo individuo teme di opporsi.

4 – Euristica dell'*autorità*

Ci affidiamo più facilmente a persone a cui riconosciamo un ruolo autorevole, perché risulta economico pensare che se hanno competenze in un campo, le avranno anche in altri. Associamo ad un ruolo autorevole anche competenza, intelligenza e caratteristiche similari, attribuendo a determinate persone caratteristiche e abilità che, in realtà, non posseggono. Così, ci rivolgiamo al medico di famiglia anche per consigli finanziari e al sacerdote per sapere se otterremo l'attenzione dell'amata. Ciò dipende da un ulteriore dinamica cognitiva, nota come *"effetto alone"* o *"effetto macchia d'olio"*, per cui le attribuzioni iniziali si allargano ad altre caratteristiche.

La compiacenza al leader è una tematica complessa, e ancora una volta ci troviamo costretti a dominare la tentazione di sconfinarvi; la sua comprensione si distribuisce sui vettori autorità vs autorevolezza che distinguono lo stile di leadership e la sua efficacia nei differenti contesti. In ogni caso, siamo addestrati dall'evoluzione a riconoscere immediatamente un leader dai messaggi che emette ed affidarci ad esso, poiché incarna il fondamentale ruolo di *opinion leader* che ha il compito non solo di fornire le informazioni con cui ciascuno deve regolare le relazioni sociali, ma anche la cornice cognitiva per interpretarle.

L'autorevolezza è anticipata da segnali come il ruolo, l'abito, le aspettative, nonostante la psicologia ingenua, talvolta, ci informi del contrario («*L'abito non fa il monaco*»): in realtà, il sacerdote non otterrebbe altrettanto seguito se non indossasse abiti talari.

Un aspetto sicuramente interessante è che poiché associamo all'autorità specifici attributi fisici (di dominanza), chi vuole sfruttare questa dinamica li enfatizza per aumentare l'effetto persuasivo (la mitra papale, il bearskin delle guardie inglesi che presidiano i palazzi reali, alto tradizionalmente 18 pollici, il berretto di Napoleone Bonaparte, che le malelingue dicevano essere più alto dell'imperatore, che era infatti soprannominato "Petit chapeau"). Il generale francese, non potendo contare sulla sua fisicità, la elevava artificiosamente con un vistoso copricapo e dalla sella della sua cavalcatura, per aizzare il suo esercito nelle sanguinose campagne di guerra, rinunciando al suo mimetismo, per ottenere il vantaggio dell'autorevolezza.

L'effetto alone associa l'altezza all'autorità ma anche a canoni estetici («*altezza, mezza bellezza*»). Questo schema psico-motorio può essere utilizzato per implementare l'effetto persuasivo delle regole, comunicando che sono imposte da figure di elevato grado gerarchico (ad esempio il primario del reparto), anche se indotte dal professionista più vicino all'interlocutore, al quale si chiede di rispettarle.

L'autorevolezza, tuttavia, può essere solo conquistata, non può essere imposta.

5 – Euristica della *simpatia* (*similarità*)

Ci affidiamo più facilmente a persone a simpatiche, non perché ci fanno ridere (o non solo), ma perché le riteniamo più simili a noi. Anche in questo caso entrare nel dettaglio dell'argomento ci costringerebbe ad aprire scenari sconfinati, ma ci aiuta ad interpretare correttamente il senso del discorso pensare che, nell'accezione originale e nel contesto americano, il termine che viene più spesso utilizzato è quello di *"similarity"*, che però evidentemente non soddisfaceva i traduttori.

La simpatia è collegata pertanto alla somiglianza: costituisce un legame affettivo (allo stesso modo di altri come l'amicizia e ciò che lega i partner e i familiari...) attivato da risposte emozionali che hanno lo scopo di stabilire legami adattivi e vantaggiosi con gli altri membri del gruppo. Scegliamo gli amici perché il legame con loro ci assicura supporto reciproco. Ma la scelta è orientata dalla similarità, cioè dalla coincidenza con la nostra visione.

Infatti, cerchiamo costantemente di agire nel mondo creando aspettative su come si modificherà, anche in base alle nostre azioni (agire nel momento in cui si modifica non è altrettanto efficace). Si potrebbe dire che il nostro sistema nervoso non è altro che una grande macchina per prevedere il futuro. Ma questo impegno risulta gravoso e può essere estremamente semplificato se scegliamo persone che ci assomigliano, poiché sono facilmente prevedibili, proprio perchè si comportano esattamente come ci comporteremmo noi. Nella nostra esperienza clinica abbiamo notato come siamo molto più rigorosi a orientarci nella scelta degli amici utilizzando questo criterio, molto meno nella scelta del partner. Una coppia di conviventi è generalmente molto più assortita, con caratteristiche anche opposte fra i partner.

Pertanto, la percezione di simpatia è uno stato affettivo che ci informa, tramite specifici segnali psico-fisici, che siamo in presenza di un membro del nostro gruppo; è decisamente più economico e ci fornisce maggiori certezze frequentare gruppi di persone simili a noi, proprio perché sono più prevedibili. Tali segnali dipendono da un'attivazione neuro-chimica, processata dall'ormone peptidico dell'ossitocina, che in combinazione con altri enzimi, come il progesterone, provoca il senso di piacevolezza quando ci troviamo in gradevole compagnia, condividendo racconti e risate con altre persone. Ciò è associato al senso di fiducia che le persone simili a noi suscitano, proprio perché assomigliano a colui che riteniamo generalmente più affidabile, cioè noi stessi. Di conseguenza, apparendo simili al nostro interlocutore, che percepirà ciò come simpatia reciproca, otterremo l'opportunità di persuaderlo, portandolo più facilmente verso le nostre opinioni.

Semplificando la trattazione, possiamo asserire che ciò che genericamente definiamo *fiducia* si basa su tale meccanismo, che ci porta ad affidarci e seguire le persone che attivano le emozioni che lo definiscono ed allontanarci da quelle che innescano reazioni opposte. Per suscitare fiducia in un individuo è pertanto far percepire, anche simbolicamente, la somiglianza: «*Capisco che in questo momento sia contrariato, lo sarei anch'io al suo posto*»; «*È capitato anche a me, ho vissuto il suo stesso problema, appena riusciamo le spiego come l'ho risolto*».

6 – Euristica della *scarsità*

Può risultare sicuramente complicato comprendere appieno le basi biologiche di tale schema di risposta pensando che quando abbiamo fame non dobbiamo fare altro che fiondarci nel primo supermercato o in un fast-food. Qualche migliaio di anni fa evidentemente la ricerca di cibo era decisamente più complessa e l'esito non sempre favorevole. Per questo motivo abbiamo evoluto meccanismi che ci portano a risparmiare risorse metaboliche e strategie che ci consentono di averne sempre a disposizione, anche in regime di scarsità. Temiamo la scarsità di cibo e quando possibile ne facciamo scorta. Il nostro sistema cognitivo si attiva per rendere più desiderabile un bene che temiamo possa rendersi indisponibile e per questo gli attribuiamo maggior valore e siamo disposti a pagarlo di più. Così, siamo disposti a pagare cifre ingiustificate per oggetti che non forniscono nessuna utilità pratica, solo perché non sono facilmente fruibili. Se l'oro fosse disponibile come i sassi, costerebbe come i sassi.

Nel campo del marketing, le strategie più comuni sono le vendite a termine, slogan come *"ultimi pezzi, ultimi giorni, l'offerta termina domenica..."*.

In contesti meno specifici, possiamo sollecitare il potere persuasivo delle nostre proposte manifestando che non saranno disponibili in eterno e richiedendo – ad esempio – una decisione entro un certo termine, dopo di chè non saranno più valide. Si consideri che, nel contesto sanitario, lo schema descritto è in qualche modo sempre attivo, poiché chi richiede cura e assistenza percepisce che la risoluzione di un problema sanitario richiede inevitabilmente il rispetto di precise scadenze.

Concludendo questa sezione, più di tipo documentale che manualistico, non abbiamo ritenuto inserire una specifica esercitazione; vi proponiamo tuttavia di riflettere autonomamente su quanto illustrato ipotizzando come inserire i meccanismi di base della persuasione nel discorso e nella comunicazione per renderlo più efficace. Per questo scopo, ne sintetizziamo il contenuto nelle seguenti regole, che in veste differente abbiamo incontrato qua e là nel corso della trattazione. Anche in questo caso, rimarchiamo che per essere efficaci le tecniche comunicative devono risultare routinarie per diventare ed apparire spontanee, poiché se vengono giudicate incoerenti o forzate l'interlocutore attiverà processi difensivi e ciò creerà le condizioni dell'aggressività.

1. Reciprocità: ogni atto comunicativo, per essere efficace, deve sollecitare la reciprocità dei comunicanti, ciascuno deve percepire il vantaggio della relazione (es: «*come pensi possiamo fare questa cosa?*», al posto di: «*fammi questa cosa come ti dico io*»).

2. Coerenza/impegno: la persuasione è l'antitesi della coercizione, anche se i risultati possono apparire simili, ed implica che chi riceve la comunicazione percepisca che l'accettazione o meno siano una scelta nella sua disponibilità (es.: «*proponimi tu un'ora in cui vuoi che ci incontriamo, io sono disponibile dalle 3 alle 4*», invece di: «*passo alle 3 e mezza*»).

3. Consenso sociale: l'atto comunicativo deve essere condiviso, fare riferimento al contesto in cui origina e alle sue regole sociali e contemporaneamente può avvalersi di esse per aumentarne l'effetto persuasivo (es.: «*vieni anche tu con noi questa sera alla riunione?*», invece di «*vieni questa sera alla riunione?*»)

4. Autorità: anche se condiviso, il piano di potere deve essere accettato dagli attori, non autoreferenziato, perché funzionale alla relazione e l'equipollenza percepita dei vantaggi (es.: «*di solito chiedo che questa cosa venga fatta così, ma dimmi se hai idee diverse*», invece di «*faccio questo lavoro da 30 anni, credo di saperne più di te*»).

5. Simpatia: far percepire all'altro che faremmo ciò che farebbe lui e lui farebbe ciò che faremmo noi (es.: «*anch'io la penso come te, sono perfettamente d'accordo, che ne dici se facciamo così?*», invece di «*non so tu, ma a me sembra proprio che si faccia così*»).

6. Scarsità: fissare comunque dei punti fermi, per non far percepire la comunicazione come eccessivamente dispersiva (es.: «*capisco le tue difficoltà, ma devo chiederti di prendere una decisione, cortesemente indicami pure tu una data, poi sarò costretto a*

chiedere a qualcun altro», invece di «*per quanto tempo devo ancora aspettare che tu decida cosa vuoi fare?*»).

Integrazione delle tecniche

Per congedarci definitivamente da questa sezione, desideriamo rimarcare, nel caso non fosse già stato osservato, che le tecniche e gli strumenti, nella pratica comunicativa, non vengono quasi mai utilizzati singolarmente, ma in forma combinata, proprio per sollecitare differenti risposte e ottenere l'obiettivo desiderato. Pensiamo che sia evidente che la comunicazione assertiva, per quanto possa e debba apparire spontanea, è in realtà il frutto di una pianificazione, che può essere sicuramente facilitata dalla pratica, ma che prevede la definizione di un obiettivo, la valutazione della situazione e l'azione successiva, eventualmente una nuova rivalutazione e la pianificazione di una nuova azione.

Nell'ambito cognitivista il riferimento è il "modello T.O.T.E"[17]. (di Miller, Galanter e Pribram):

$$\text{Test} \rightarrow \text{Operate} \rightarrow \text{Test} \rightarrow \text{Exit}$$
$$(\textit{verificare, agire, verificare, uscita})$$

Il ciclo si ripete, fino a quando non si è raggiunto il risultato atteso, fino all'uscita definitiva. La pianificazione prevede inevitabilmente la definizione di una strategia, che deve essere accurata in proporzione alla posta in gioco, al valore della relazione e ai rischi connessi all'eventualità di un conflitto. Tale rischio è sempre presente nel contesto terapeutico ed il professionista deve sempre valutare con quale modalità aggredire le difese intrapsichiche del paziente che lo tengono vincolato al disagio che lamenta.

---

[17] *Il modello TOTE è stato creato da tre scienziati, George Armitage Miller (fondatore della psicologia cognitiva), Eugine Galanter, (psicologo sperimentale e insegnante di psicologia matematica) e Karl Pribram (neuro chirurgo, psichiatra e psicologo), che hanno spiegato come il cervello umano ha operatività bidirezionale, in quanto esegue dei processi e li monitora simultaneamente descrivendo questa operazione come "apprendimento comportamentale", codificato con il nome T.O.T.E., che può essere applicato in svariati campi.*

Talvolta le cause sono evidenti, ma non sono immediatamente rimovibili, poiché il paziente potrebbe difendere alcune istanze o spaventarsi. In questo caso ci soccorre la Teoria costruttivista, su cui si basa il modello terapeutico che, in modo simile ad altri, descrive la psiche come articolata in "nuclei centrali" e "nuclei periferici". I primi sono maggiormente protetti e possono essere modificati solo dopo aver modificato quelli più esterni a cui sono collegati.

Al di fuori del setting terapeutico, volendo ottenere scopi similari possiamo pianificare di ottenere lentamente l'obiettivo, in modo che l'interlocutore accetti piccoli cambiamenti, meno spaventanti, rispetto alla prospettiva minacciante di dover modificare la sua intera visione.

Il nostro organismo, e il nostro sistema nervoso, non dispongono di riferimenti relativi e dobbiamo sempre necessariamente ancorare le nostre valutazioni a qualcos'altro. Non siamo in grado di dire con precisione quanto è alto il tavolo a cui siamo appoggiati (salvo che non disponiamo di uno strumento di misurazione), possiamo al massimo dire che è più alto della sedia e più basso del soffitto. Pertanto, può essere necessario dividere l'azione persuasiva in più fasi, per avvicinarci gradualmente all'obiettivo ed ottenere l'effetto di convincimento, senza provocare una reazione di reattanza.

Talvolta questa modalità assume nomi eccessivamente suggestivi e poiché nessuno era soddisfacente, qualcuno ne ha assegnato uno ancora peggiore: la *"Tecnica della rana"*, o *"Tecnica della rana bollita"* (deriva dal fatto che – almeno così ci viene riferito – essendo la carne della rana facilmente deperibile, chi la inserisce fra le sue pietanze la posiziona sulla padella o nella pentola quando il povero anfibio è ancora in ottima salute. Se il fondo o l'acqua fossero roventi, ovviamente se ne allontanerebbe con un balzo. Pertanto il cuoco crudele provvede ad alzare la fiamma, e la relativa temperatura, poco per volta, in modo che la bestiola non se ne avveda, e si faccia cucinare senza opporsi).

La tecnica consiste pertanto nel raggiungere progressivamente obiettivi parziali fino ad ottenere, infine, l'obiettivo completo. Di fronte ad un paziente in attesa che manifesta il suo spazientirsi, e temiamo possa reagire violentemente alla prospettiva di dover attendere molto a lungo il suo turno, possiamo prima informarlo che dovrà attendere un tempo ragionevole, poi informarlo che dovrà attendere ancora, comunicandone i motivi, informandosi del suo stato e dimostrando attenzione.

Alla fine il paziente avrà comunque atteso lo stesso tempo (ad esempio mezz'ora), ma avrà più facilmente accettato l'imposizione, segregando la valutazione sul tempo in più (ad esempio 10 minuti), piuttosto che effettuare una valutazione globale, nel caso gli fosse stato chiesto sin dall'inizio di attendere per un tempo che avrebbe giudicato eccessivo: «*Dobbiamo chiederle di attendere ancora 10', abbiamo ancora solo un paziente in ambulatorio. Ormai ci siamo*».

COMUNICARE SECONDO I "TIPI" DI PERSONALITÀ

La trattazione di questa sezione si riferisce alle criticità che nella quotidianità professionale generano incomprensioni, evitamento, rugginosità sul piano comunicativo e operativo e anticipano condizioni che possono presagire un conflitto aperto. Per anticipare circostanze da cui possono originare forme di violenza verbale è fisica è necessario disporre di strumenti raffinati per essere in grado di leggere opportunamente la situazione e pianificare efficaci strategie di risposta, contenendo la possibile escalation.

In un contesto sociale, le variabili principali sono le persone, le loro disposizioni, le loro valutazioni e – di conseguenza – i loro comportamenti. La trattazione che proponiamo di seguito ha l'intento di consentire di disporre di strumenti rigorosi per anticipare, oltre i tempi che le dotazioni naturali ci concedono, i possibili comportamenti degli altri attori sociali. Se, infatti, siamo già in grado di produrre valutazioni in tempi estremamente rapidi, queste sono comunque grossolane e spesso insufficienti in situazioni complesse come un ecosistema sociale complicato e per sua natura costrittivo, come quello professionale.

Premettendo che anche riuscire ad ottenere una trattazione esaustiva delle numerose criticità comunicative che possono condizionare i processi relazionali è compito non realistico – e anche in considerazione della necessità di rimanere su un piano manualistico – desideriamo fornire un ulteriore modello che possa costituire uno strumento di lavoro quotidiano. Per apprezzare ciò che esporremo fra qualche riga, dobbiamo considerare la situazione "critica", intesa anche in questo caso genericamente come tutto ciò che si discosta dalle nostre previsioni (i comportamenti delle altre persone), come una condizione di malattia rispetto a quella di salute.

Se ci rechiamo dal medico perché lamentiamo una condizione di "criticità" rispetto a quella di salute (in altre parole, temiamo di essere ammalati), il professionista prima formula una diagnosi e poi propone una prognosi. La gestione della criticità relazionale segue in qualche modo la stessa procedura, vale a dire deve prima essere valutata la causa dell'effetto e successivamente progettata una modalità di intervento che possa agire sul sintomo – per lenire la sofferenza – o direttamente sulla causa, quando questo è possibile, in una prospettiva simile al paradigma della "ricerca-azione" di Kurt Lewin.

Come il medico, che dispone di modelli clinici, possiamo a nostra volta utilizzare uno degli strumenti disponibili per i nostri scopi. Quello proposto è in effetti di derivazione clinica e consente un'analisi del contesto ad un livello che generalmente non è disponibile, fornendo poi le informazioni per creare strumenti assertivi per anticipare o gestire le criticità.

Il livello di analisi è quello personale. Abbiamo accennato al fatto che tali criticità - e successivamente i conflitti - emergono a causa dello scontro di visioni (individuali, di gruppi professionali, fra professionisti e utenti o familiari di utenti, di gruppi di genere, di scale gerarchiche ecc.). Considerato che i gruppi sociali sono caratterizzati da obiettivi e ciascuno si raduna attorno a obiettivi coerenti con la propria visione in contesti formali (istituzionali e con regole esplicite) e informali (spontanei e con regole implicite), risulta ovvio che il livello individuale è comunque quello privilegiato per la nostra diagnosi.

Potremmo a questo punto domandarci da cosa è determinata – al livello personale – la differenza fra ciascuno di noi, nel valutare e agire nello stesso contesto. Le differenze della *personalità* di ciascuno comportano visioni differenti sul mondo, un po' come se noi lo osservassimo da punti differenti. Il mondo è lo stesso, ma ciascuno lo vede a modo suo.

Tuttavia, così come esistono differenze fisiche che possono essere radunate in categorie generali e invariabili (i biondi e i mori, gli alti e i bassi, i grassi e i magri) – i cosiddetti *fenotipi* – esistono anche categorie di personalità. Alle caratteristiche fisiche possiamo con estrema certezza abbinare altri attributi, pur non avendo avuto esperienza della loro presenza. Ad esempio, possiamo prevedere che una persona con la carnagione scura e i capelli neri avrà una modalità completamente differente di esporsi al sole rispetto ad una con la carnagione chiara ed i capelli rossi, anche senza che nessuno delle due ce ne informi.

Condizionamenti sociali
Competenze
Esperienze
Socializzazione secondaria
Socializzazione primaria
Dotazioni biologiche (temperamento)

Alcuni autori ipotizzano un modello non lineare, come quello proposto sopra, in cui le dotazioni genetiche predispongono ad un'evoluzione che può essere in parte modificata dalle agenzie di socializzazione, dalle esperienze, da competenze acquisite e dalle regole sociali. Secondo questa visione la creazione di personalità è più dinamica poiché prevede fasi di retroazione sulla base dei condizionamenti sociali.

In ogni caso, le caratteristiche espresse rimangono sostanzialmente invariabili, ciò che si modifica – sulla base di queste componenti – è la modalità in cui vengono espresse.

Essere in grado di catalogare gli attori sociali entro categorie di personalità ci consente di definire con precisione diagnostica le loro valutazioni e anticipare i loro comportamenti, così come stringere relazioni causa-effetto senza ricorrere a spiegazioni ingenue, giocoforza meno precise.

Il modello proposto deriva dagli studi di Vittorio Guidano, un medico, neuropsichiatra e psicoterapeuta romano scomparso nel 1999. Il suo intuito ha consentito la produzione di una teoria di personalità che per le sue caratteristiche si presta eccezionalmente a compiere previsioni senza ricorrere ai complicati strumenti che, oltre ad essere disponibili solo per alcuni professionisti, non sono adattabili a tutti i contesti. Il "Modello dell'organizzazione di personalità (o personale dei significati)" è quello che utilizziamo quotidianamente nella pratica clinica e che abbiamo adattato – unendolo all'esperienza professionale – anche di contesti organizzativi. Si basa sulla considerazione che i tratti che definiscono le categorie di personalità sono invariabili e ogni categoria è definita da un tratto caratterizzante che organizza le risposte (valutazioni e comportamenti) nelle situazioni di vita.

Il modello ci consente, in altre parole, di intuire con ottima approssimazione la categoria di personalità a cui il nostro interlocutore appartiene e produrre le modalità più efficaci per interagire con lui.

Prima di proporre il modello, precisiamo che – scegliendo fra le differenti interpretazioni – per *personalità* intendiamo l'organizzazione di aspetti biologici (il temperamento), di socializzazione (relazioni precoci con le agenzie primarie come i genitori e secondarie come la scuola), di esperienze e competenze acquisite che definiscono uno stile di risposta prevalente agli stimoli ambientali. Ciascun individuo risponderà sempre in maniera differente, ma comunque all'interno dello stile definito dalla sua personalità.

La sua efficacia risiede proprio nella sua capacità predittiva, che abbiamo verificato negli ambiti in cui è stato applicato: sull'osservazione di una caratteristica che identifica una determinata categoria, possiamo abbinare ad essa molte altre caratteristiche che non sono immediatamente osservabili e prevedere i comportamenti di chi presenta tali caratteristiche.

Il modello dell'organizzazione personale dei significati

Per un utilizzo efficace vi invitiamo a considerare queste premesse:

1. Pur essendo un modello di derivazione clinica, considerare le caratteristiche ed i tratti come espressione di una condizione morbosa, come un difetto o un limite, è fuorviante e non utile rispetto ai nostri scopi.

2. Non esistono categorie migliori rispetto alle altre, ma solo differenze nei tratti e negli stili; nel corso dell'esistenza, ognuna di queste caratteristiche può costituire alternativamente un vantaggio come uno svantaggio nei differenti setting di vita.

Il modello si compone di 4 categorie, ciascuna delle quali definita da un tratto invariante (nel senso che non varia nel corso dell'esistenza e trasversale nelle varie situazioni di vita) prevalente sulle altre caratteristiche che definiscono la dotazione individuale, che abbiamo riportato, per i nostri scopi, sostituendo la terminologia clinica della versione originale.

Locus of control: esterno

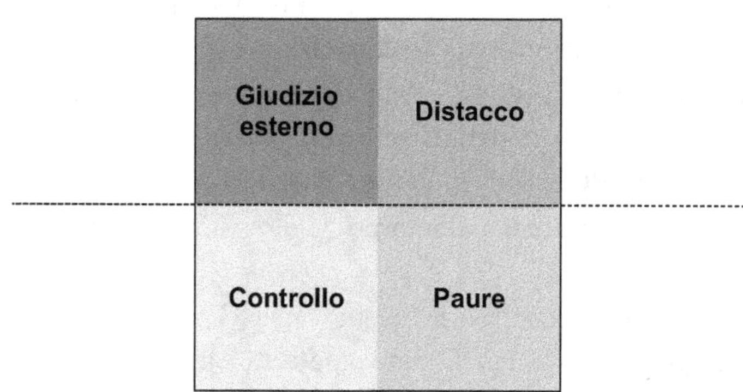

Locus of control: interno

Le 4 categorie di personalità si distribuiscono in 2 macro-aree, definite dal *locus of control* (luogo, centro di controllo). Con questo costrutto si intende lo stile prevalente con cui le persone attribuiscono cause e significati degli eventi, in particolare successi e insuccessi delle loro azioni. Il locus of control interno consiste nella tendenza ad attribuire a se stessi la causa dei propri successi e dei propri insuccessi; il locus of control esterno nel tendere sistematicamente a demandare ad altre persone o fatti la responsabilità degli eventi negativi in alcuni casi anche dei propri successi o degli eventi positivi (oltre alle condizioni intermedie riferite ad attribuzioni di auto-valutazioni positive o negative).

I tratti caratterizzanti di ciascuna categoria sono:

A) *Controllo*: si tratta di persone che definiscono l'ambiente secondo le loro azioni. In altre parole agiscono il controllo su di esso per minimizzarne la variabilità. Un modo efficace per prevedere il futuro – almeno per ciò che ci riguarda da vicino – è programmare gli eventi, avendo la relativa certezza che le cose andranno esattamente come abbiamo previsto.

   Si tratta, di conseguenza, di persone che ricercano la precisione e la pianificazione e non amano tutto ciò che si discosta dalle loro previsioni. Tendono a rispettare le regole e pretendono che anche gli altri le rispettino, sono decisioniste e assumono compiono le loro scelte dopo aver ponderato le varie opzioni, raramente retrocedendo dalla decisione presa. Non sono previsti imprevisti o discostamenti dalle loro previsioni.

   Una caratteristica di questa categoria è quello di agire in maniera sequenziale; in altre parole, non eseguono più compiti contemporaneamente (nella convinzione che ciò ne pregiudicherebbe la qualità), ma li completano uno alla volta. Una volta che il compito è pianificato o eseguito il "file" viene chiuso e archiviato e si passa ad uno successivo. Tendono a valutare con estrema precisione a chi affidare la propria fiducia e a legarsi a persone che ritengono affidabili, ma nel caso tale fiducia venga tradita possono escluderla definitivamente. Se un servizio non le soddisfa, non faranno mai più accesso al luogo in cui viene erogato.

Il tratto del controllo tende ad irrigidirsi nelle situazioni critiche e ciò si manifesta generalmente in una tendenza ad imporre la propria visione ed essere poco accondiscendente rispetto alle altre. Non agiscono sulla base di attivazioni emozionali, raramente si impegnano in dispute eccessive, ma tendono a caricarsi "come molle" e reagire in maniera che può apparire eccessiva nella condizione che giudicano come la classica "goccia che fa traboccare il vaso". Razionalizzano pertanto efficacemente la loro emotività, ma quando non sono in grado di controllarla, pur se ciò accade raramente, sfogano la loro frustrazione in modo eccessivo.

Odiano perdere tempo e non lasciano mai un compito a metà e, ovviamente, non apprezzano chi tende a farlo, così come non apprezzano chi non fornisce certezze.

La razionalità è la loro arma, poiché le tiene lontano dalle attivazioni emotive, per definizione poco controllabili. Alla precisione ed efficienza si contrappone pertanto una condotta educata e rispettosa delle regole sociali, ma esteriormente fredda e poco empatica.

Non vanno dal medico perché non hanno tempo.

Come riconoscerle?

La postura è eretta e il passo sicuro, mantengono il contatto visivo durante la conversazione, l'eloquio è sicuro, i movimenti sono rapidi. Assecondano educatamente le regole, ma sono insofferenti a quelle che ritengono non efficaci.

I gesti tipici durante la conversazione sono quelli che simulano tagliare parte dello spazio per indicare l'"inizio" e la "fine". Non indossano vestiti appariscenti, ma ordinati, non sono interessate a seguire meticolosamente la moda. Generalmente sono circondate da poche persone affidabili. Se la loro salute è precaria, non si lamentano del dolore o del disagio causato dai sintomi, ma per il fatto che la malattia non consente di fare quello che vorrebbero.

Amano la precisione, ma arrivano in ritardo perché prima dell'appuntamento devono comunque assolvere a tutti gli impegni che in gran parte si sono imposti loro stessi. Quando iniziano un discorso o parte di esso desiderano concluderlo, anche se il senso era già stato colto dall'interlocutore. Quindi non interrompeteli o sovrapponetevi, continueranno il discorso lo stesso.

I loro progetti sono verbalizzati in termini di "doverizzazioni": *«farò... devo fare... dobbiamo rispettare...»*.

Se chiedete: *«Come va?»* vi risponderanno probabilmente *«Bene!»*, anche se non è vero. Non manifestano paure o preoccupazioni, non sono propensi a manifestare aspetti intimi, salvo che a una ristrettissima cerchia di persone.

Scelgono vetture che giudicano affidabili e dotate di una tecnologia che possono dominare, senza colori e accessori appariscenti. Compiono loro stessi la scelta, informandosi in Internet o affidandosi a conoscenti che giudicano competenti.

Il loro cellulare non è probabilmente di ultima generazione, ma garantisce le funzioni più utili e affidabilità. In una possibile discussione, tendono a desiderare di avere l'ultima parola, ma non si impegnano sistematicamente di dispute dispersive, essendo in grado di razionalizzarne le conseguenze.

Essendo autoreferenziati, non ritengono di aver necessità di aiuto esterno, pertanto accedono allo studio o all'ambulatorio da soli.

B) *Paure*: si tratta di persone che agiscono sull'ambiente tendendo ad aggirarne gli ostacoli, giudicando tale atteggiamento rassicurante, preferendo subire gli effetti di tale comportamento nella speranza che gli eventi temuti non si verifichino o il tempo li attenui. Un modo efficace per non farsi travolgere dagli eventi è infatti ignorare che esistono, o minimizzarne le eventuali conseguenze.

Si tratta, di conseguenza, di persone che non sono interessate alla pianificazione, ma agiscono valutando la situazione secondo il livello di attivazione emotiva che ogni opzione comporta. Non creano e non agiscono secondo regole rigide, ma le modificano se le circostanze variano. La mancanza di pianificazione comporta che possono tenere aperti più compiti contemporaneamente, anche con il rischio di pregiudicarne l'efficienza. Possono apparire in costante ritardo e inaffidabili, ma in un modo o nell'altro riescono a mantenere i loro impegni, anche se a costo di sacrificarne alcuni.

Una caratteristica di questa categoria è quello di rimandare e rimettere costantemente in discussione le decisioni, anche quando apparivano definitive; la tendenza a rimandare a lungo le scelte – soprattutto quando sono importanti o vincolanti – è basata secondo alcuni dalla tendenza a basarsi più sulla perdita associata all'opzione abbandonata, più che al vantaggio ottenuto con l'opzione scelta.

Faticano ad assumersi responsabilità e impegnarsi in compiti gravosi, come le cure, nella convinzione di non essere in grado di farlo, preferendo adottare strategie di evitamento.Si circondano di persone che in qualche modo riescono a confortare le loro preoccupazioni e apprezzano coloro che sono in grado di prendere decisioni al posto loro. Si presentano pertanto più facilmente allo studio medico accompagnate da qualche familiare o amico.

Il tratto centrato sulla "paura" tende ad irrigidirsi nelle situazioni critiche e ciò si manifesta generalmente in una tendenza ad evitare tutto ciò che viene ritenuto minacciate o eccessivamente incerto. Agiscono sulla base di attivazioni emozionali e reagiscono ai problemi evitandoli o chiedendo aiuto ad altri, grazie alla loro abilità nelle relazioni sociali. Ricercano pertanto situazioni che giudicano "protettive" e sfuggire da quelle che ritengono minaccianti, ma seguendo le proprie attivazioni emotive: ad esempio possono temere di più la cura che la malattia.

Sono occupate in ruoli rassicuranti, come nell'ambito amministrativo o nel pubblico, in livelli gerarchici operativi e burocratizzati.

Come riconoscerle?

Generalmente l'atteggiamento, la postura e il passo manifestano un approccio timido all'ambiente, soprattutto se è poco conosciuto; non mantengono un contatto visivo dominante durante la conversazione, l'eloquio talvolta è agitato, così come la gestualità. Questa è pervasa da "gesti consolatori" come accarezzarsi il viso, le spalle o altre parti del corpo durante la conversazione.

Sono circondate da numerose persone, con cui tendono ad instaurare rapporti amicali anche piuttosto stretti. Tendono a indossare vestiti che in qualche modo manifestano l'adesione al gruppo o alla moda del momento anche se non in modo eccessivo, per non subire critiche o eccessive attenzioni.

Possono passare in poco tempo da essere entusiaste di una prospettiva al giudicarla poco interessante, per motivi sconosciuti.

Se la loro salute è precaria se ne lamentano pubblicamente e la malattia assume priorità o centralità nella loro esistenza. Ma non vanno dal medico perché hanno paura di quello che dirà.

Quando iniziano un discorso o parte di esso a volte non lo concludono e non si preoccupano di accertarsi se sia stato compreso. Se chiedete: *«Come va?»* vi risponderanno probabilmente manifestando (anche in modo eccessivo) una qualsiasi preoccupazione che le affligge. Riportano spesso paure, preoccupazioni o fobie e non temono di informarne gli altri.

Se sono donne, scelgono vetture non particolarmente dimensionate, perché sono preoccupate dai pericoli del traffico e delle manovre e nella scelta si fanno consigliare dai conoscenti o l'affidano completamente al partner, che generalmente è un decisionista anche se non si fanno accompagnare da lui dal medico o in ambulatorio, poiché lui minimizzerebbe le sue preoccupazioni. Attratte dal conformismo, sono costantemente "connesse" e molto social e armeggiano frequentemente con il loro mobile device, su cui ricercano ogni tipo di informazione.

C) *Distacco*: il tema del distacco viene assunto come modalità difensiva in funzione delle situazioni minaccianti che il mondo ed i singoli setting di vita possono comportare. Un modo efficace per non subire le minacce dell'ambiente – soprattutto quello relazionale - è non considerarsi parte di esso e non essere interessati a farne parte, per non trovarsi a sopportare la sofferenza delle inevitabili delusioni. Ciò non significa che queste persone siano necessariamente sole o apprezzino una vita da eremita, tutt'altro. Sono al contrario molto abili a stringere numerose relazioni anche grazie a modi mai prevaricanti e impositivi, talvolta rinunciatari, anche se in alcuni casi possono rivelare tratti di aggressività. Posseggono una buona capacità di ironizzare le situazioni anche quelle che le riguardano e non farsi mai travolgere dagli eventi. Se questa operazione non riesce, però, cadono nello sconforto.

In qualche modo, la loro capacità di vedere sempre il bicchiere mezzo vuoto comporta che non si spaventino quando poi verificano che il contenuto è effettivamente insoddisfacente.

Una caratteristica delle persone appartenenti a questa categoria è quello di non essere per nulla interessate ad obiettivi ambiziosi e di non essere combattive per ottenerli, compresi quelli curativi, con cui hanno generalmente una scarsa compliance. Questo atteggiamento viene messo in atto per timore delle delusioni: più si è felici, infatti, più si teme l'infelicità, più si ha successo, più si paventa l'insuccesso. Non temendo lo stigma sociale, possono agire comportamenti non rigorosamente rispettosi delle regole informali e manifestare tratti di rigidità e aggressività quando si sentono minacciate.

Al contrario, essendo in costante contato con la loro parte emotiva, pur temendola, manifestano doti di simpatia, a volte di intelligenza e genialità, ma non si impegnano in compiti gravosi. Non assumono facilmente un impegno, o fingono di farlo e poi spariscono. Accedono alla terapia psicologica ma se il terapeuta non è accorto, una volta proposta una soluzione efficace spariscono e si rivolgono ad un altro professionista. In ogni caso non saranno mai puntuali agli appuntamenti o tenderanno a saltarli senza preoccuparsi di dare spiegazioni.

Mantengono costantemente un atteggiamento di triste ironia, di malinconica genialità, che è il tratto caratterizzante di molti dei più grandi artisti - musicisti, pittori, scrittori... - o anche attori, persino comici, che ad una carriera di successo hanno contrapposto un'esistenza di tormentata mestizia, che in non rari casi hanno preferito concludere anzitempo oppure vittime di comportamenti autodistruttivi che alcuni autori definiscono "equivalenti suicidari". Prediligono ruoli professionali all'interno di gruppi sociali eccessivamente numerosi, in cui le individualità sono attenuate, o al contrario in solitudine, come quelli che prevedono la relazione con strumenti informatici.

Come riconoscerle?

Generalmente l'atteggiamento, la postura e il passo manifestano un approccio disinteressato all'ambiente, quasi mimetico. L'eloquio è rallentato, in caso di discussione tendono ad essere remissivi, non sono interessati ad avere ragione, salvo reagire talvolta con comportamenti aggressivi. La gestualità è contenuta ma una volta giudicata la situazione non particolarmente minacciante tendono ad essere piacevoli.

L'abbigliamento sembra messo insieme in modo casuale, l'importante è avere qualcosa addosso. Talvolta i vestiti sono vecchi, persino, a volte, sgualciti o macchiati.

La loro salute è sempre precaria, ma sembrano non preoccuparsene eccessivamente. Quasi sempre eccedono in comportamenti contro-salutistici, come assumere alcol o un eccessivo tabagismo.

I loro discorsi sono pervasi da lamentele e visioni negative su qualsiasi campo (sulla salute, su quello che fanno le altre persone, sui politici, la meteorologia, i colleghi...) che espongono con una buona dose di simpatia e auto-ironia. Si rammaricano di ciò che hanno lasciato nel passato, non parlano mai di futuro e di progetti.

Le loro auto sono sempre modeste, a volte vecchie e maltenute, frutto di una scelta casuale. Non prendono in considerazione di lavarle e non si preoccupano dell'eventualità di dare un passaggio a qualcuno, poiché l'abitacolo è invaso da oggetti vari che hanno trovato lì collocazione stabile, da animali da compagnia o da testimonianze della loro presenza.

D) *Giudizio esterno*: il tema della ricerca di gratificazioni esterne è pervasivo in tutte le aree di vita, non meno quella professionale. Queste persone, più facilmente di sesso femminile, ricercano costantemente la perfezione e agiscono in questi termini sin dalla carriera scolastica (che portano a termine in maniera brillante), in quella sportiva (in cui si impegnano solo se sono in grado di eccellere), in quella professionale, in cui risultano competitive e orientate ai massimi obiettivi.

Tutta la loro vita è motivata all'apparire, ad attirare l'attenzione di ammirazione o invidia. Un modo efficace per non subire le minacce dell'ambiente relazionale è quello di giudicarsi superiore ad esso e ciò giustifica la costante ricerca e produzione di conferme e l'evitamento delle situazioni in cui possono essere rintracciate disconferme. Perseguono standard di eccellenza, gli unici che le preservano da eventuali valutazioni negative.

Nell'ambito relazionale non ci sono mezze misure: o con loro o contro di loro. Si circondano ovviamente di un codazzo di amiche intime ma intimamente invidiose che sperano di nutrirsi di parte della luce emessa dal capobranco (il cosiddetto *effetto spotlight*). Chi non è attratto da tale luce o non è interessato all'apparenza non viene preso in considerazione e giudicato indegno di far parte del gruppo e si impegnerà pertanto per la sua esclusione.

La ricerca di perfezione si estende a tutti i campi, compreso quello corporeo, che viene sottoposto a qualsiasi trattamento, anche attraverso passaggi costanti in palestre, beauty farm, estetisti... che diventano punti di passaggio costante nella loro vita, non meno del ristorante più in vista e le località di vacanza più frequentate.

Ovviamente, ogni azione deve essere trasformata in un successo e di ciò devono essere a conoscenza tutti, a costo di rinunciare all'intimità. Sono dotate di notevoli abilità nel scegliere e consolidare relazioni gratificanti e mantenerle distribuendo i vantaggi all'interno del gruppo.

Non accettano consigli dall'esterno, nessun luminare potrà essere più preparato di loro. Non è necessario emettere un giudizio negativo su di loro o una loro azione; sarà sufficiente non fornire la gratificazione attesa (ad esempio un complimento) per trovarsi esclusi da qualsiasi relazione e trovarsi terra bruciata attorno senza più le amicizie che condividevate.

Parlano spesso della loro famiglia, ovviamente perfetta e senza macchie; il partner deve condividere totalmente, senza indecisioni, la mission della compagna, o scomparire totalmente.

Al di là di queste considerazioni, dobbiamo comunque osservare che i tratti caratterizzanti non necessariamente si manifestano in modo esasperato e queste persone possono riuscire ad impegnarsi con equilibrio nel mondo. In condizioni di criticità, tuttavia, queste caratteristiche tenderanno ad inasprirsi ed irrigidirsi e manifestarsi.

Come riconoscerle?

Se avete in mente la prima della classe, la preferita dai professori, avete un modello perfetto a cui riferirvi: l'atteggiamento poco empatico, il vestito perfetto e all'ultima moda, una forma fisica invidiabile (ma, in alcuni periodi della loro vita, possiamo incontrarle eccessivamente magre o un po' rotondine) e un passaggio recente dal parrucchiere, occhiali scuri anche dove il sole non batte affatto, il telefonino di ultimissima generazione e dal costo proibitivo che suona mentre sta attendendo il turno in sala d'attesa: è l'amica del cuore che al massimo volume si complimenta con lei, propone una visita in un negozio di moda o di partecipare all'inaugurazione di un ristorante.

Teme le condizioni che minacciano la sua salute, oltre le normali preoccupazioni, perché minerebbero i suoi ideali di perfezione assoluta. Protegge con abilità aspetti intriganti della sua esistenza e il discorso è condito spesso da auto-celebrazioni.

Riconoscerete immediatamente la sua auto nel parcheggio, poiché è quella più appariscente, se non nel modello, almeno nel colore.

L'automobile non potrà che subire a sua volta il tema della perfezione e della pulizia.

Queste persone manifestano una certa fragilità emotiva se il castello di perfezionismo e autocelebrazione si sgretola, anche se riteniamo non siano in grado di agire direttamente forme di violenza se non verbale o attuarle in forme implicite (come denigrare il curante che non le ha fornito – secondo il suo giudizio – adeguate attenzioni). Tuttavia, possono delegare la reazione manesca al codazzo di persone di cui si circonda e che si identificano in loro.

Considerando che ciascuno dei lettori non avrà potuto evitare di fare riferimento a se stesso o a qualcuno di conoscenza e potrebbe aver avuto difficoltà ad identificare con precisione la categoria di appartenenza, lo rassicuriamo per il fatto che talvolta questa operazione è complicata. Se avete avuto l'impressione di riconoscervi un po' in una e un po' in un'altra categoria questo è sicuramente possibile. Molti dei tratti caratterizzanti possono contaminare la categoria adiacente, infatti. Tuttavia, in condizioni di particolare criticità, ciascuno tende a rispondere irrigidendo il tratto prevalente. Le persone possono modificare in parte le loro valutazioni ed i loro comportamenti, ma la variabilità è comunque limitata e ciò ci aiuta molto per definire la strategia comunicativa più efficace.

Pertanto, l'applicazione del modello ci consente di prevedere, anticipandole, le visioni dei nostri interlocutori, prevenendo in una misura sufficientemente precisa il futuro relazionale, offrendoci un vantaggio non di poco conto. Inoltre, ci consente di fornirci spiegazioni attendibili ai comportamenti e ai significati delle comunicazioni emesse dai nostri interlocutori, individuando le strategie più efficaci per stabilire con loro connessioni soddisfacenti.

Vi proponiamo infine un'esercitazione per consentirvi di affinare le conoscenze che vi abbiamo appena proposto. In questa sessione di esercizi abbiamo ipotizzato (traendole comunque da circostanze reali, per quanto adattate ai nostri scopi) situazioni in cui i protagonisti presentano caratteristiche afferenti a specifiche categorie di personalità. Vi chiediamo pertanto di provare a produrre delle comunicazioni assertive tenendo conto delle caratteristiche del nostro interlocutore. Lo scopo di questa esercitazione non è quello di confezionare "la frase giusta", ma sollecitare riflessioni che generalmente non riteniamo di dover produrre, rendendo poco o per nulla efficaci i nostri scambi comunicativi.

Per intenderci, un apprezzamento espresso nello stesso modo avrà un effetto molto diverso rivolto verso una personalità controllante o una che tende al giudizio esterno. Nel primo caso, probabilmente, il nostro interlocutore rimarrà indifferente, nel secondo caso otterremo l'effetto opposto.

In generale, uno strumento che migliori la capacità di interpretazione del contesto relazionale fornisce comunque il vantaggio che l'interlocutore, non percependo situazioni di minaccia o incertezza, non contrapponga azioni di difesa o di controllo che possono produrre condizioni di aggressività.

☑ Esercitazione 5 – Comunicare ai tratti prevalenti

1. Un superiore ci chiede di eseguire immediatamente un lavoro, ma noi sappiamo che, in realtà, non c'è nessuna fretta e preferiamo dedicarci ad altre cose realmente urgenti o concludere il nostro turno di lavoro.
Come ci comportiamo?

Tratto controllante prevalente

____

Tratto pauroso prevalente

____

Tratto distacco prevalente

Tratto giudizio esterno prevalente

Suggerimenti

Nel caso del tratto del controllo, possiamo rispondere al nostro superiore fornendo una spiegazione realistica e proponendo di eseguire la richiesta entro una determinata ora di un giorno preciso, preoccupandoci di non mancare la promessa.

Nel caso del tratto della paura, possiamo rassicurare il superiore facendogli vedere che ci attiviamo, o chiediamo aiuto ad un collega o proponendo una soluzione, senza necessariamente l'assillo di una scadenza.

Nel caso del tratto del distacco, possiamo chiedergli aiuto o di eseguire il compito insieme, concordando un incontro.

Nel caso del tratto riferito al giudizio esterno, possiamo complimentarci con il nostro superiore (es. «*ti ringrazio di avermelo ricordato, tu se sempre puntuale*») e promettendo che, una volta concluse le altre operazioni, ci dedicheremo al compito per eseguirlo al meglio.

2. Un utente ci chiede un'informazione, ma questa non è nella nostra disponibilità e non abbiamo tempo per informarci a nostra volta.

Tratto controllante prevalente

Tratto pauroso prevalente

Tratto distacco prevalente

Tratto giudizio esterno prevalente

Suggerimenti

Nel caso del tratto del controllo, non arrabattarsi nel tentativo di fornire una informazione incerta, è preferibile comunicare che di non essere a conoscenza dell'informazione e fornirne il motivo e indicare dove tale informazione è reperibile.

Nel caso del tratto della paura, è preferibile dispiacersi del fatto di non essere in grado di fornire l'informazione richiesta e rassicurare l'utente sul fatto che qualche collega arriverà in suo aiuto.

Nel caso del tratto del distacco, se possibile accompagnare l'utente sul percorso o parte di esso per raggiungere il luogo dove tale informazione è disponibile o spiegazioni dettagliate.

Nel caso del tratto riferito al giudizio esterno, non abbandonare l'utente a se stesso, se possibile, in sua presenza, contattare un collega per chiedergli l'informazione ricercata o dove reperirla.

3. Un utente accede al servizio pretendendo convintamente una prestazione non coerente con la situazione reale. Nel caso che ispira questo esempio, un referto che certifichi la sua non idoneità ad una specifica mansione professionale (che è nella disponibilità del Medico del Lavoro aziendale).

Tratto controllante prevalente

Tratto pauroso prevalente

Tratto solitudine prevalente

Alcuni suggerimenti

Nel caso del tratto del controllo, è necessario modificare le convinzioni, ispirate da informazioni errate reperite presso fonti inadeguate, fornendo precisi riscontri (in questo caso, le norme che disciplinano la materia) e non sperare di risolvere la questione semplicemente dichiarando che quanto richiesto non è nella nostra disponibilità.

Nel caso del tratto della paura, dispiacersi del fatto che all'utente siano state fornite informazioni errate e proporsi per aiutarlo a risolvere la questione, anche indicando le fonti a cui l'utente potrà accedere (in questo caso autonomamente) per informarsi con maggior precisione.

Nel caso del tratto del distacco, dopo aver informato l'utente che le informazioni di cui dispone sono distorte, comunicargli quanto nella nostra disponibilità e conoscenza, facendo in modo che non si senta solo – mettendoci a disposizione per aiutarlo eventualmente nella fase successiva – nella sua difficoltà.

Nel caso del tratto riferito al giudizio esterno, è probabile che l'utente nutra una fiducia incrollabile su chi gli ha fornito le informazioni e giudichi il nostro diniego come un modo per sottrarsi ai nostri compiti. È preferibile attivarsi personalmente per aiutarlo a risolvere la questione, per dimostrare che le sue congetture sono errate, senza fornire giudizi.

Abbiamo confezionato tre situazioni, partendo comunque da episodi reali, non con lo scopo di imbeccare il lettore con una precisa strategia comunicativa, ma riflettere sulle differenze fra una disposizione e l'altra, in termini di possibili differenze di vedute e comportamenti dell'interlocutore, che richiedono risposte altrettanto differenti.

In sintesi, la strategia comunicativa più efficace sarà possibilmente articolata tenendo conto dei tratti prevalenti e la necessità di fornire rispettivamente certezze, rassicurazioni, vicinanza personale (anche in forma simbolica) oppure feedback positivi e gratificazioni personali al nostro interlocutore.

Per riuscire ad ottenere relazioni efficaci, anticipando o gestendo le naturali criticità, al fine di disattendere le condizioni che preludono a forme di aggressività e conflitto, ogni strumento, qui illustrato sequenzialmente per ovvi motivi, deve essere utilizzato in modo strategico, sulla base di uno specifico obiettivo, trasversalmente all'altro. Grazie a questo è possibile produrre risposte comunicative e comportamentali più efficaci rispetto agli automatismi e le routine che generalmente conducono ad atteggiamenti di forma aggressiva o passiva.

ANTICIPAZIONE E GESTIONE DEL CONFLITTO

Il conflitto è una variabile costante della relazione ed è l'incubatore dell'aggressività. Creiamo costantemente regole con cui modificare gli spazi sociali per ottenere i maggiori vantaggi individuali. Poiché gli altri fanno altrettanto, inevitabilmente ogni atto comunicativo contiene un tentativo di persuadere l'altro a cedere parte di sé e di ottenere qualcosa per noi.

Le regole sociali, quelle formali (leggi, regolamenti, dispositivi tecnici...), quelle spontanee (le prassi, le interpretazioni, i giudizi...) e quelle intrapsichiche (lo stigma, il senso di colpa, la vergogna...) rendono accettabile e fissano limiti alla competizione fra individui.

Le regole si estendono direttamente al piano comunicativo: ad esempio il codice deontologico vieta ad un professionista di denigrarne un altro per ottenere un vantaggio economico. Ma anche le regole più esplicite non possono contenere la variabilità sociale, anche restringendo i gradi di libertà; infatti, spesso il conflitto non può essere risolto attraverso la semplice applicazione di una regola, come una norma della giurisprudenza, e richiede l'interpretazione di un giudice.

Il conflitto, in tutte le sue forme (dalla discussione alla guerra) è pertanto una costante della nostra esistenza e non può essere considerato un evento accidentale. Secondo alcune interpretazioni, costituisce un vantaggio evolutivo legato allo sfruttamento delle risorse ambientali, che sollecita comportamenti esplorativi, di conquista, di dominanza. Se la natura ha previsto per noi questa componente, ai fini di adattamento, va comunque considerato che l'obiettivo non è quello della progressione del singolo individuo, ma dell'intera specie e dell'intero eco-sistema. Ciò prevede inevitabilmente il sacrificio di qualcuno. Quando viviamo periodi di pace e prosperità, questo avviene perché dei conflitti, talvolta cruenti, e la perdita di molti di noi, ci hanno consentito di ottenerli.

Le neuroscienze suggeriscono che fra le pieghe neurali esistano meccanismi che ad un determinato livello del conflitto "spengono" la capacità dell'individuo, anche condizionato socialmente, di razionalizzare le perdite di un'eventuale sconfitta, anche quando corrispondono al nostro stesso annientamento. Se le basi sinaptiche di tale comportamento non sono facilmente individuabile, possiamo tuttavia avere riscontro di ciò sfogliando un qualunque resoconto di cronaca.

Le persone non sono tanto interessate a comunicare efficacemente, quanto a gestire le situazioni conflittuali. L'argomento è tuttavia estremamente complesso e anche in questo caso abbiamo giocoforza scelto di condensarlo, anche per non disattendere l'obiettivo manualistico. Lo stesso editore ha comunque prodotto un manuale specifico che invitiamo a consultare nel caso si desideri approfondire ulteriormente la materia.

Partendo dal fatto che il conflitto è un compagno di viaggio (magari non gradito) della nostra esistenza e che entra in una certa misura in ogni comportamento e ogni azione comunicativa, da ciò deriva che non è possibile attenuarne totalmente gli effetti, quando non sono sufficientemente ammortizzati dai processi sociali. Comunicare efficacemente significa creare condizioni collaborative e anticipatrici e riparative dei conflitti. Tuttavia questa operazione non sempre ha successo e la competizione sociale produce effetti vincolanti. Secondo i modelli di interpretazione prevalenti, nell'ambito organizzativo professionale è necessario agire quando il conflitto:

A. se ne parla fra colleghi, utenti, amici, altri membri della famiglia...

B. coinvolge relazioni extra-lavoro o si estende da quelle familiari a quelle lavorative

C. alcune persone lamentano "sintomi" (ad esempio neurovegetativi)

D. si manifestano problemi e modificazioni nei processi (di lavoro, familiari...)

E. provoca problemi nella comunicazione e nelle relazioni interpersonali che bloccano le attività (fare o dire delle cose)

In altre parole, quando il conflitto esce dalla sfera personale e limita l'adattamento.

Oppure limita o impedisce alle persone di vivere un'esperienza serena, sperimentando sintomi riconducibili all'esposizione allo stress.

L'esito più distruttivo del conflitto agisce infatti prevalentemente e globalmente sulla sfera biologica, attraverso la mediazione del sistema nervoso, ed i "sintomi" più frequenti sono disturbi del sonno, cardiovascolari, dell'apparato digerente e riproduttivo, muscolo-scheletrici.

L'esistenza impoverita provoca emergere di disturbi d'ansia e dell'umore, talvolta disturbi deliranti e accesso a comportamenti consolatori e compulsivi come abusi ed "equivalenti suicidari".

Nel campo organizzativo e professionale il quadro clinico si definisce con specifiche condizioni come la Sindrome di burnout. Il disagio si estende inevitabilmente a sfere più ampie rispetto a quella in cui si è originato il conflitto, risultando infine pervasivo per l'intera esistenza dell'individuo e della cerchia sociale in cui agisce.

Quasi sempre, le persone si rendono conto degli effetti distruttivi di un conflitto quando si sono manifestati. Le attivazioni nervose destrutturano il quadro cognitivo, rendendo difficile individuare una soluzione e una via di uscita. È preferibile pertanto agire nelle prime fasi, quando è ancora relativamente controllabile:

Essendo dinamiche di tipo relazionale, la risoluzione dei conflitti richiede l'impiego di strumenti comunicativi.

Questi sono diversi a seconda del tipo di conflitto e le sue caratteristiche:

Individuale
(riguarda la singola persona)

Strategia

Modifica della rappresentazione che la persona ha del proprio lavoro, del proprio ruolo, del rapporto fra le aspettative e ciò che ha effettivamente realizzato.

Attività

Riorganizzazione autonoma o consulenza individuale, supporto per fornire alla persona strategie di adattamento e di risoluzione di problemi pratici.

Intra-Individuale
(riguarda due o più persone)

Strategia

Negoziazione di una comune visione dell'ambiente lavorativo e relazionale e creazione di criteri comuni (regole) di comunicazione, di ruolo e di valutazione.

Attività

Consulenza per aiutare le persone a trovare autonomamente soluzioni condivise e stabilire regole comuni (ad esempio: la comunicazione). Creazione di strumenti di supporto sociale.

Fra gruppi
(riguarda due o più gruppi di persone)

Strategia

Miglioramento della percezione dell'out-group, stabilendo una mission comune che comporta il superamento delle differenze e delle rispettive storie.

Attività

Team building per individuare e ricostruire le fasi imperfette della storia delle relazioni e creare nuove regole fra i sottogruppi. Supporto per la leadership.

Un esempio di conflitto individuale: una persona vorrebbe far presente al collega una determinata situazione proponendo un cambiamento, ma teme di ricevere un rifiuto e si attiva una risposta di paura come conseguenza ad una precedente esperienza di rifiuto, da cui consegue una bassa auto-stima sociale. Così rinuncia.

Un esempio di conflitto interpersonale: due dirigenti lavorano insieme ma, rispetto ad un problema, partono da presupposti diversi, anche di natura valoriale, oppure vogliono perseguire obiettivi diversi, o vogliono seguire strade diverse per raggiungere uno stesso obiettivo.

Un esempio di conflitto fra gruppi: agli operatori di due team di lavoro è stato chiesto di valutare un piano di premi di risultato; ciascun gruppo però vorrebbe avere maggiori benefici per sé poiché giudica maggiormente determinante l'apporto del rispettivo team.

Ciascun tipo di conflitto richiede modalità di impiego di differenti strategie di tipo:
- *collaborativo* – di *negoziazione* (le parti lavorano insieme per raggiungere obiettivi interdipendenti);
- *mediazione* (intervento di una terza persona neutra che aiuti a superare gli errori comunicativi)
- *arbitrato* (intervento autoritario di un leader di autorità riconosciuta che impone una soluzione).

Alla base della strategia di anticipazione o gestione, pertanto, è necessario scomporre il conflitto nelle sue parti e agire su di esse. Come abbiamo riferito, infatti, alla base di ogni forma di conflitto vi è un'azione che vincola ad un cambiamento e una che si oppone al cambiamento, sulla base di divisione di vantaggi sociali. Nel secondo caso vengono messe in campo difese intrapsichiche e sociali che devono essere aggirate:
- Competizione
- Egocentrismo
- Approccio "vita/morte"
- Polarizzazione
- Attacchi personali

- Comunicazione difensiva
- Sospensione dei problemi
- Resistenza al cambiamento (visione minacciante)

Se i conflitti, in buona parte, non possono essere evitati, si può tuttavia evitare che vengano mantenuti da credenze errate e stereotipate e da vincoli di natura difensiva. Fra questi, è possibile individuarne principalmente 3:

1. se si rinuncia ad affrontarlo, il conflitto si risolve da solo
2. il conflitto riguarda esclusivamente le persone direttamente coinvolte
3. i conflitti non si risolvono spontaneamente, c'è sempre bisogno di un intervento esterno

Risulta fondamentale pertanto riconoscere gli antefatti del conflitto e l'interfaccia della violenza, che può scatenarsi in qualunque individuo quando percepisce – pur secondo visioni irrealistiche – la negazione dei propri vantaggi personali. La violenza si scatena inevitabilmente contro l'oggetto sociale (ad esempio una persona) che si contrappone a tale prospettiva, anche se non la progetta lui stesso, facendo tuttavia da collegamento fra l'organizzazione e le sue regole.

Le strategie e il Modello di Glasl

La gestione del conflitto è una strategia che prevede un'analisi del contesto e la valutazione di costi e benefici, che difficilmente sono maggiori nel caso il conflitto non venga affrontato. Più spesso, se viene congelato o rimandato, si manifesterà più avanti con effetti ancora più dirompenti.

La *strategia di evitamento* è raramente funzionale e solo nelle primissime fasi, quando i fatti comunicativi sono ancora focalizzati sull'obiettivo e se non affrontare il problema garantisce minori costi. Se si manifestano i segnali del conflitto, prima che questo diventi vincolante (malumori, rigidità, divisioni...) è necessario ricorrere a strategie di *anticipazione*, per prevenire costi maggiori. In questa fase la comunicazione è focalizzata sull'obiettivo, ma irrompono componenti personali.

Se il conflitto è ormai vincolante e pervade le relazioni, le decisioni e le modalità operative, la strategia da perseguire è quella della risoluzione, tenendo conto che in questa fase la comunicazione è focalizzata sulle persone e non più sull'oggetto della comunicazione. La caratteristica dell'escalation è infatti la progressiva perdita dell'oggetto della relazione iniziale, su cui gli attori hanno iniziato lo scambio comunicativo, e la sua sostituzione su fattori personali (da: «*come facciamo questa cosa?*» a «*non capisci niente, non voglio più lavorare con te!*»).

Franz Glasl ha creato un modello di riferimento per monitorare i livelli del conflitto, che costituisce uno dei paradigmi più utilizzati, e risulta estremamente utile per definire strategie efficaci.

Il sociologo austriaco ha definito un modello a 3 livelli che si articola in 9 stadi sulla base dell'intensità e gli effetti del conflitto. Secondo la visione di Glasl, pertanto, tutti i conflitti sono destinati ad arrivare, prima o poi, al massimo stadio. Mano a mano che il conflitto sale di intensità viene progressivamente abbandonata la visione sull'oggetto e sostituita da quella sulle persone. Quando i contendenti lo "congelano", se si creano le condizioni poi il conflitto riparte dallo stadio in cui era stato interrotto, fino a proseguire verso la fase finale in cui ciascuno è disposto ad annientare se stesso pur di annientare l'altro, non riuscendo più a valutarne razionalmente i costi.

Il modello, illustrato graficamente nella pagina successiva, prevede 3 "trasformazioni" (evidenziate con le linee tratteggiate) che definiscono una evoluzione della conflittualità, sulla base del progressivo abbandono dell'oggetto della discussione che – come anticipato – viene progressivamente sostituito da implicazioni personali. Tale criterio consente di monitorare lo stato dell'escalation per definire le strategie più efficaci di fronteggiamento. L'ultima trasformazione è una sorta di "punto di non ritorno", in cui le attivazioni emozionali prevalgono , così come gli obiettivi di annientamento,.

Fase	Caratteristiche	Trasformazione
Insieme verso il precipizio	*Annientamento dell'altro a costo di annientare se stessi*	
Frazionamento	*Distruzione dei fattori vitali del sistema, disintegrazione del dell'ambiente relazionale e fisico*	Terza trasformazione (annientamento)
Opere di distruzione mirate	*Disumanizzazione e malignità*	
Strategie intimidatorie	*Minacce e contro-minacce, stress, attività vincolanti*	
Perdita della propria immagine	*Attacchi pubblici e diretti, avvenimenti degni di nota con ripercussioni e isolamento*	Seconda trasformazione (irreversibilità
Immagini, coalizioni	*Cercare fama e sostenitori*	
Fatti	*Discrepanza tra comportamento verbale e comportamento non-verbale*	Prima trasformazione (reversibilità
Dibattito	*Polarizzazione, formazione di gruppi, violenza verbale*	
Irrigidimento	*Convinzione di poter risolvere il problema con il dialogo*	

Nelle pagine successive proponiamo una esercitazione basata su due casi reali di conflitto lavorativo che abbiamo gestito e contribuito a risolvere, che hanno avuto come protagoniste due nostre utenti, che si sono rivolte allo studio di psico-terapia per lenire le sofferenze psico-fisiche che la circostanza le procurava.

Preferendo proporre esempi reali, e non creati per l'occorrenza, è possibile che non tutti si riconoscano negli eventi e nei protagonisti, anche perché alcuni dettagli sono stati giocoforza omessi per questioni di sintesi. Tuttavia, ricordiamo che tali esercitazioni non hanno lo scopo di fornire le regole per poi agire in circostanze simili, ma di stimolare la produzione di elaborazioni per essere in grado di produrre poi regole più coerenti con le situazioni che si presentano, ogni volta inevitabilmente in forme differenti.

☑ Esercitazione 6 – Risolvere un conflitto fra colleghi di lavoro

Vi invitiamo ad analizzare questo caso di conflitto reale, che abbiamo seguito per una nostra utente, riflettendo sulle cause sottese che lo hanno determinato e le possibili soluzioni pianificando una strategia che si avvalga delle tecniche comunicative che abbiamo fin qui illustrato.
In conclusione, proporremo la strategia che abbiamo effettivamente adottato per risolvere il conflitto. Vi invitiamo, prima di consultare la soluzione, a provare ad ipotizzarne una secondo la vostra visione.

La nostra utente Claudia sta subendo un grave conflitto in ambiente di lavoro: il suo caporeparto Federica, molto meno preparata di lei, le blocca qualsiasi attività e non perde occasione per umiliarla e toglierle spazio.
Claudia reagisce urlando e sbraitando e questo dà ulteriore occasione al suo superiore per dimostrarle che è inadeguata.
Claudia ha ricavato demotivazione, bassa autostima e sono emersi tutti i sintomi dello stress. A inizio autunno, nonostante il suo impegno professionale sia ormai al limite contrattuale, ha presentato l'ennesimo progetto e attende di discuterlo.
Quando legge un SMS con cui Federica la convoca in direzione, Claudia (che in quel momento era in vacanza) ha un attacco di panico.

Claudia si aspetta che si ripeta la solita scena: la sua responsabile le dirà che il progetto non va bene (anche se sa che non è così), lei reagirà male, urleranno davanti a tutti e questo darà l'occasione a Federica di toglierle ulteriore spazio.

Federica: «*Questo progetto non va bene, devi rifarlo!*»

Claudia: «*Non è vero che non va bene, non sai neanche di cosa stiamo parlando!*»

Federica: «*Presentalo al dirigente, se ne hai il coraggio!*»

Claudia: «*Tanto lo so bene che sei d'accordo con lui, adesso basta, vado a presentarlo da un'altra parte e mi porto via i miei collaboratori!*»

Federica: «*Stai tranquilla, non lavorerai più da nessun'altra parte*».

In realtà il dirigente della struttura è infastidito da questa situazione, che è nota a tutta l'organizzazione, sta dividendo il gruppo e facendo riemergere vecchie tensioni. Anche gli utenti si sono accorti che qualcosa non va...

Incontra singolarmente Claudia e Federica e impone loro di trovare una soluzione alla loro disputa, che ritiene relegata alla sfera personale. In particolare se la prende con Federica, sua diretta collaboratrice, preoccupato dell'immagine esterna, ma non affronta il problema.

Trovare il "bandolo della matassa"

Questa metafora è spesso utilizzata nel campo terapeutico, quando la situazione si presenta particolarmente intricata, fra sintomi dichiarati e sintomi caratterizzanti, per stabilire concatenazioni reali di causa-effetto.

Analizzando la situazione, possiamo individuare i significati e gli obiettivi impliciti della comunicazione, nei differenti livelli.

Liv. 1	Comportamenti: **discutere il progetto**
Liv. 2	Atteggiamenti: **umiliare Claudia**
Liv. 3	Bisogni: **affermare il potere** (su Claudia)
Liv. 4	Paure (attivazione): **mettere in crisi la percezione di sé**

Per compiere la nostra analisi, possiamo ricorrere (se lo riteniamo utile) al noto modello delle 5W di Lasswell[18] paradigma del giornalismo e del pragmatismo informazionale anglosassone (), che può aiutarci ad individuare le domande a cui dare una risposta. Oppure possiamo procedere in modo più libero:
- Quali sono i costi del conflitto?
- Quali modalità di risoluzione può adottare Claudia?
- Quali vantaggi può ottenere Claudia ?
- Quali vantaggi può ottenere Federica?

Ciò ci presenta un quadro in cui le due protagoniste della vicenda sono vincolate a difese di natura psichica, legate probabilmente ad esperienze di insuccessi relazionali, e ciascuno cerca di agire sull'altro non conoscendo e – di conseguenza – non potendo affrontare le proprie paure.

La paura genera aggressività e il conflitto non può essere risolto poiché l'obiettivo della comunicazione è diverso da quello della relazione. Le paure di una mantengono quelle dell'altra.

È stato sufficiente rendere Claudia consapevole di tali dinamiche e chiederle: «*come ti comporti con i tuoi figli quando sono impauriti?*» La risposta attesa è stata: «*li rassicuro*».

Claudia non ha affrontato Federica, ma l'ha rassicurata sul fatto che non intendeva mettere in discussione il suo ruolo e le sue competenze, esternando i suoi sentimenti e proponendo un'alternativa che considerasse il punto di vista della collega. Infine ha chiesto a Federica di aiutarla per realizzare un progetto migliore. Non c'è stato bisogno di predisporre un

---

[18] *Il politoligo statunitense Harold Lasswell formulò negli anni '40 il suo modello che costituisce un orientamento e una teoria per tutti i campi della comunicazione; in altre parole, chi compone un testo informativo, dovrebbe rispecchiare fedelmente tale modello, per essere efficace, che consiste nel rispondere alle seguenti 5 domande: Who? (Chi?), What? (Cosa?), Which? (Quale?), Whom? (Chi?), What? (Cosa?) che si riferiscono rispettivamente all'emittente del messaggio, al messaggio stesso, al canale, al destinatario e infine all'effetto.*

discorso o ipotizzare cosa dire e cosa non dire, anche sulla base delle reazioni di Federica. Non sappiamo, di fatto, cosa si sono dette.

Tuttavia il cambiamento di atteggiamento di Claudia ha determinato il cambiamento di Federica. La quale, non solo ha approvato il progetto, ma lo ha esportato anche ad altri ambiti.

Sono passati molti anni da questa vicenda. Federica e Claudia sono ancora nella stessa azienda e collaborano senza che si siano creati ulteriori motivi di scontro. Claudia non ha più manifestato disturbi d'ansia.

☑ Esercitazione 7 – Risolvere un conflitto fra professionista e utente

Vi invitiamo, in conclusione di questa sezione, ad analizzare questo caso reale, ancora una volta arrivato alla nostra attenzione tramite una nostra utente, considerando le raccomandazioni che abbiamo proposto nella esercitazione precedente.

La nostra utente Maddalena è una figura sanitaria che opera in un contesto socio-assistenziale, in cui vengono erogate prestazioni di natura curativa, educativa, scolastica, sociale e di sostegno alle famiglie di bambini con disabilità fisica e intellettiva.

Maddalena tiene molto al suo lavoro e idealizza fortemente il suo ruolo, per cui si è preparata in anni di studio, conseguendo due lauree, frequentando corsi e master specialistici. L'ambiente lavorativo è, al contrario, piuttosto "rilassato" (come lei lo definisce), orientato allo status-quo, al lasciar scorrere il tempo evitando il più possibile le scocciature. Lei, per contro, caparbia e orientata all'obiettivo, si è trovata ben presto poco supportata, se non isolata dal gruppo di colleghi, con cui ha instaurato relazioni conflittuali a causa delle modalità differenti di interpretare l'impegno professionale.

La sua professionalità le è di ostacolo e, un po' con fare punitivo, un po' per schivarseli, tutti finiscono per far convergere su di lei tutti i problemi, soprattutto quelli generati dalla sofferenza e lo stress delle famiglie.

Maddalena è ovviamente molto tesa e contrariata.

Un giorno le si presenta ad un colloquio, di quelli che vengono costantemente concordati per aggiornare le famiglie e progettare strumenti terapeutici, una giovane mamma di due figli con gravi disabilità, di cui uno (la figlia maggiore) in carico a Maddalena. La signora accusa Maddalena di non aver fatto eseguire alla giovane figlia dei compiti di natura scolastica che erano previsti dal piano, sostituendoli con altri che – secondo il suo giudizio – non richiedevano un impegno altrettanto importante (come il disegno libero) da parte dell'insegnante di sostegno.

Il tono accusatorio dell'utente ha fatto scattare su tutte le furie Maddalena: non solo tali attività non rientravano nei suoi compiti, ma se ne era preso carico perché la collega incaricata si era defilata, prima in una interminabile pausa caffè, poi dedicandosi ad attività di ripiego (preparazione dei materiali per le attività di gruppo) che, secondo la nostra paziente, è un modo ricorrente di "fingere di essere impegnati", obbligando altri ad ampliare i propri compiti.

La classica goccia che ha fatto tracimare il vaso, ormai colmo, è la notizia che è stata proprio questa collega ad indicare Maddalena come la responsabile dello scarso impegno verso la ragazzina.

Quando ci racconta l'episodio, Maddalena si depersonalizza, non riesce a contenere la rabbia, passa da sfoghi d'ira al pianto, in una narrazione che dura circa un'ora e mezza, in cui ci riporta quasi parola per parola ciò che ha detto alla sua utente, puntualizzando, precisando, rimarcando, dettagliando punto per punto la vicenda. Un po' per piglio maniacale, un po' perché in qualche modo si aspettava situazioni simili, aveva provveduto a documentare fotograficamente le attività svolte con la sua assistita e con ciò sperava di mettere all'angolo la sua accusatrice e di chiudere definitivamente la questione a suo favore.

Ma, al contrario, ciò ha provocato una reazione furibonda della giovane donna, che ha utilizzato come pretesto le foto per aggredire prima verbalmente e poi fisicamente Maddalena, con il pretesto che le foto non erano state autorizzate. Maddalena ha ribattuto che le foto non ritraevano il volto e ha fornito, fra minacce e improperi, tono della voce che saliva sempre più, spintoni e strattonamenti da parte dell'utente, una dissertazione sull'impianto normativo che regola e disciplina la materia della privacy; ma inutilmente: le due donne ormai non si ascoltavano più, parlavano sempre più violentemente una sull'altra fino a quando uno spintone un po' più violento ha fatto indietreggiare Maddalena, che è inciampata e finita a terra.

Finalmente i suoi colleghi sono intervenuti ma, trovandola a terra piangente e sconvolta, hanno preferito consolare la giovane mamma, ormai in preda alle sue ire. Ciò è bastato perché si calmasse e uscisse dall'istituto, inviando le ultime invettive e minacce, mentre Maddalena si è sentita ancora isolata e stigmatizzata, quasi accusata di aver creato disagio all'utenza e l'organizzazione.

Un passaggio presso la responsabile della struttura ha confermato l'impressione di essere considerata ingiustamente la carnefice, anziché la vittima dell'aggressione.

Se la caduta non ha lasciato alcuna conseguenza fisica, l'episodio ha lasciato un segno profondo sullo stato psichico di Maddalena, la quale non è più riuscita, nei giorni successivi, a fare rientro nella struttura ed ha manifestato i segni tipici dell'esposizione ad un forte stress, con una condizione di umore depresso, frequenti crisi di pianto e l'incapacità di staccarsi dall'evento, elaborandone in maniera adattiva i significati.

Coinvolgendo l'intera sfera familiare, ha iniziato a dichiarare la prospettiva di rinunciare all'incarico professionale a cui aveva dedicato l'intera sua esistenza matura e a giustificare tale idealizzazione con la valutazione di non essere affatto predisposta con il ruolo che aveva finora interpretato con notevole impegno.

Tale valutazione si è infine estesa a sfere più ampie di vita, al punto di chiedere un consulto specialistico. In realtà, la richiesta iniziale non era l'elaborazione del trauma conseguente all'aggressione, ma le difficoltà relazionali con il partner, che secondo il suo giudizio si era allontanato emotivamente, preferendo concentrarsi sul suo impegno professionale, eventi che Maddalena non riteneva collegati. Solo durante l'anamnesi è emersa che tale circostanza era una delle tante conseguenze della rigidità difensiva che aveva assunto la professionista e che ne ha pervaso il pensiero ed il comportamento.

Trovare il "bandolo della matassa"

Ritorniamo alla metafora terapeutica per analizzare il contesto in cui si è prodotto il conflitto ed i vari piani, da quello comunicativo a quello emozionale. Il quadro non è fortemente dissimile da quello precedente. La giovane mamma, la cui esistenza è focalizzata dalla necessità di proteggere i figli così fragili ed ottenere per loro le stesse opportunità che sono riservati a tutti gli altri, è attivata emozionalmente dalla costante minaccia vicaria che vivono i due ragazzi.

Liv. 1	Comportamenti: **discutere i compiti scolastici**
Liv. 2	Atteggiamenti: **biasimare Maddalena**
Liv. 3	Bisogni: **proteggere i figli**
Liv. 4	Paure (attivazione): **percepire il disagio dei figli**

In questo caso emerge un fatto determinante che spiega l'incomprensione fra le due donne, che ha fatto da basamento al conflitto che successivamente, non contenuto, è sfociato nell'aggressione.
Al livello comunicativo, ciascuno era sintonizzato su modalità differenti e inconciliabili, al punto di invalidare la condivisione dei codici. Se l'utente era attivata dalle sue paure interne, vale a dire quelle di sperimentare la

sofferenza dei figli, che probabilmente e comprensibilmente in talune circostanze si è rivelata insostenibile, la modalità scelta da Maddalena, coerente con un quadro di personalità controllante, è quello della razionalità, della puntualizzazione asfissiante, con lo scopo di proteggere non tanto se stessa, quanto la sua idealizzazione del ruolo.

Pur utilizzando le stesse regole linguistiche, le due interlocutrici non erano in grado di comprendersi e ciascuno ha percepito che i reciproci obiettivi relazionali non erano in grado di realizzarsi per responsabilità dell'altro, ma nessuna è stato in grado di assumersi la propria.

Nel frattempo Maddalena era rientrata faticosamente al lavoro ed aveva ulteriormente esacerbato le sue rigidità indossando un'armatura difensiva che aveva inevitabilmente aumentato le sue difficoltà, creando ulteriori situazioni di conflitto, fortunatamente senza le conseguenze della precedente, poiché tendeva a razionalizzare ogni situazione, ogni discussione, ogni scambio, manifestando poi contrarietà quando l'operazione si rivelava infruttuosa.

L'attività psico-educazionale e di fornitura di competenze comunicative del terapeuta è stata focalizzata sull'obiettivo di portare Maddalena ad essere consapevole di tali dinamiche, sia quelle da lei stessa generate, sia quelle che emergono nel contesto, riconoscendo i bisogni dell'interlocutore ed adottando una modalità relazionale che li accolga, senza necessariamente metterli in contrapposizione con i propri.

Maddalena ha compreso che la rigida razionalizzazione degli eventi e del suo stile comunicativo non nasce dalla necessità di rendere efficiente il proprio compito professionale, ma di difenderlo. Ma ciò la porta inevitabilmente ad isolarsi sul piano relazionale.

Il compito faticoso del terapeuta è stato facilitato dall'idea di far notare a Maddalena la modalità completamente differente che adotta con i suoi più giovani utenti, bambini sofferenti di gravi disabilità, verso i quali si rivela una madre amorevole, comprensiva, amata e costantemente ricercata. Le ritrosie di Maddalena rispetto alla proposta di sovvertire il suo stile comunicativo, giudicando quello nuovo lontano dalla sua prospettiva, si sono rivelate infondate poiché l'empatia è in realtà una componente di cui è significativamente dotata e che adotta con interlocutori da cui non teme (per la loro natura) di ricevere minacce e contrapposizione.

Di fatto, lo stile relazionale rigido non le appartiene affatto, ma è solo un'arma che usa per difendersi, quando sente messo in crisi il suo ideale professionale. In circostanze differenti, è estremamente abile ad entrare in sintonia con gli altri attori, comprendendone i bisogni e assecondandoli.

Agendo sul suo tratto controllante, Maddalena ha imparato a riconoscere e distinguere le differenti modalità comunicative che adotta e accettare di essere l'unica responsabile della scelta, che può modificare a suo piacimento.

Ciò non significa rendersi passivi di fronte a situazioni di criticità, subendole o accettando di esserne l'elemento debole o difettato ma, al contrario, agire su di esse mantenendone il controllo.

In conclusione, questi due casi, che – come anticipato – sono stati proposti soprattutto con lo scopo di sollecitare riflessioni e la capacità di analisi di situazioni reali, senza esserne direttamente coinvolti, dimostrano come la variabile determinante che modifica le risposte comportamentali degli attori implicati sia l'attivazione emotiva conseguente alla percezione che accomuna gli interlocutori, vale a dire che specifici bisogni personali vengano negati o prevaricati. Mano a mano che si accresce la reazione emotiva, come esito di una condizione di "minaccia" percepita, ciò risulta destrutturante, modifica e focalizza il pensiero sostituendo l'oggetto della discussione con l'elusione della minaccia. Poiché questa è incarnata da un oggetto sociale (una persona, un gruppo di persone, una regola...) la violenza si scatena verso di esso.

La Teoria Frustrazione-Aggessività - che tratteremo ampiamente in altra parte – spiega come la risposta emotiva evolva in un comportamento aggressivo in circostanze di relativa normalità, ma definisce anche come l'aggressività, inizialmente legata al pensiero e contenuta nella parola, possa sfociare in forme parossistiche, quando il soggetto non è più in grado di controllare se stesso, le circostanze, e inserire nella stessa elaborazione cognitiva anche gli esiti, che inevitabilmente ricadono su se stesso, di un conflitto aperto.

È come se la risposta emotiva riuscisse a invalidare il pensiero razionale, bloccando i processi di elaborazione neocorticale, che soccombono rispetto alle funzioni limbiche, che sollecitano risposte ataviche, ferine. Ci si depersonalizza, il canale empatico viene interrotto, così come il predatore nei confronti della sua preda, per la quale non può certo provare pietà. Ma finisce per non provare pietà neanche per se stesso, poiché la violenza genera violenza, magari sotto forma di stigma sociale, reazione punitiva e risarcitoria del legislatore, per cui la vita può essere altrettanto stravolta in misura non dissimile – seppur in forme diverse – sia per la vittima che per il carnefice.

Al livello neurale, pertanto, il conflitto si risolve – anzi si dissuade – agendo nel controllo delle emozioni e progettando azioni che non generino risposte emotive che vadano inevitabilmente a sommarsi ad un contesto, come quello sanitario, già per sua natura stressante sia per gli utenti che per gli stessi operatori. La frustrazione di veder messa in condizione di minaccia la propria salute, che costituisce un bisogno primario di natura evolutiva, come notava Maslow nella sua nota Teoria dei Bisogni, la sofferenza di non conoscere gli esiti della prognosi, affidata e gestita da sconosciuti, e di cui è necessario misurare in ogni momento la fiducia, è già un precursore greve del contesto di cura.

Pertanto, al di là di situazioni di natura verbale, comunicativa e relazionale, risulta considerevole come riferimento il paradigma che prevede tutte le forme di frustrazione che si generano nelle relazioni fra i vari attori (l'incertezza degli esiti, il trasferimento di informazioni, la definizione dei ruoli...) come i precursori delle varie forme di aggressività. Questo passaggio implica di non cadere nella trappola di affidarsi a regole che non necessariamente sono condivise e possono sicuramente essere artefatte; ma ciò è sicuramente in parte causato dalla dissonanza fra informazioni e aspettative, ideazioni di ruolo e rappresentazioni sociali, che a loro volta sono generate dalla non perfetta condivisione – pur interpretando ruoli differenti – nel servizio di cura, che per definizione prevedrebbe la collaborazione fra chi eroga e chi riceve tale servizio.

GESTIRE LE SITUAZIONI "DIFFICILI"

È possibile che le strategie di negoziazione, su cui si basano gli strumenti dell'assertività e della persuasione, si rivelino inefficaci. È pertanto necessario agire su un canale intermedio fra una risposta comunicativa ed una di difesa – anche fisica – che, pur restando nel versante dell'anticipazione dell'evento, includa anche strumenti di altra natura.

Abbiamo più volte introdotto fra queste righe l'avvertenza che, per quanto risulti più efficace agire sui precursori dell'aggressività, anticipandone le manifestazioni, piuttosto che agire quando si sono manifestati, questa operazione, non assicura affatto la certezza del risultato atteso.

Certamente, agire nel momento in cui si manifesta la violenza o nelle fasi successive o contrapporre comportamenti altrettanto aggressivi garantisce un'escalation di violenza che inevitabilmente conduce a conseguenze sul piano individuale, sociale ed organizzativo. È, dunque, sempre preferibile una modalità anticipatoria, in qualunque caso, anche se questa può apparire complessa e non immediatamente disponibile. Ma qualunque tecnica, di natura comunicativa, persuasiva o assertiva, comporta il potere enorme di disporre di strumenti raffinati, ma non infallibili.

Dobbiamo pertanto considerare la circostanza in cui ogni valutazione e comportamento risultano inefficaci e prepararci ad agire negli attimi precedenti la violenza, dopo aver costatato che le disposizioni preventive non sono sufficientemente efficaci.

Di seguito, pertanto, contravvenendo in parte lo scopo di questo manuale che è proprio quello di agire prima, e non durante o dopo lo scoppio della violenza, proponiamo un breve vademecum con alcune regole che hanno lo scopo di fermare l'aggressore o rallentare il suo comportamento, dando modo ad altre persone di intervenire o all'aggredito di fuggire o rifugiarsi in un luogo sicuro.

Le modalità proposte sono le stesse che vengono proposte, durante i corsi di formazione abilitante, alla categoria professionale *"Addetto ai servizi di controllo delle attività di intrattenimento e spettacolo in luoghi aperti al pubblico e in pubblici esercizi"* (coloro che fino a qualche anno fa venivano comunemente definiti "buttafuori" o "body-guard" o anche "guardaspalle" o anche "gorilla"e che operavano in diversi contesti con il compito di garantire la sicurezza di utenti di luoghi pubblici). Questa categoria, per quanto non ancora riconosciuta, è disciplinata in Italia dal Testo Unico delle Leggi di Pubblica Sicurezza (T.U.L.P.S.) che chiarisce che gli operatori non, essendo equiparati ad un corpo militare o di pubblica sicurezza, non sono dotati di compiti repressivi e non sono forniti di dotazioni come armi o dissuasori. Pertanto, nel loro compito, devono – salvo rarissime eccezioni – non sono dissimili da qualunque cittadino. In altre parole, non possono agire comportamenti coercitivi e – proprio come le categorie sanitarie – possono contare solo sullo strumento comunicativo per agire i loro compiti. Trovandosi, tuttavia, ad operare in contesti particolarmente difficili (ed in effetti hanno fatto la loro comparsa anche nel contesto di cura e socio-assistenziale), è stata predisposta una serie di tecniche, oggetto della loro formazione abilitante, che hanno lo scopo di gestire tali situazioni.

La loro azione diretta esordisce nel momento in cui si manifestano i segni dell'aggressività, la fase in cui le soluzioni comunicative e relazionali si sono già rese inefficaci.

Se nella prima parte del manuale abbiamo ampiamente trattato le modalità inerenti la fase precedente il conflitto, in questo caso vediamo come è possibile intervenire nella fase in cui il conflitto si manifesta.

Il vademecum

Ricordando che il nostro interlocutore corrisponde in qualche modo i nostri atteggiamenti, per quanto in una situazione conflittuale tenda ad imporre i suoi, è possibile intervenire con i seguenti strumenti di natura meramente pragmatica:

Studiare l'ambiente e la situazione

- Studiare l'ambiente, individuando e interiorizzando percorsi di fuga, oggetti o manufatti dietro cui ripararsi o che consentono di mantenere distante l'aggressore, dove sono posizionati e come funzionano le dotazioni e le procedure di sicurezza

- Se si entra nell'ambiente per la prima volta, o non lo si conosce, informarsi presso i colleghi o le altre persone presenti su fatti ed eventi che si sono manifestati, che senza un esito importante: ad esempio, categorie di utenti o persone particolarmente difficili, orari in cui si manifestano più facilmente situazioni difficili o cosa le ha provocate

Comportamento non verbale

- Mmantenere una postura sicura e un contatto visivo costante, non di sfida, tenendo conto che nelle prime fasi l'aggressore valuta il suo competitor per individuarne eventuali debolezze

- Mantenere in ogni caso una distanza che impedisca all'aggressore di sferrare un colpo: nelle fasi precedenti all'atto violento l'aggressore tende ad avvicinarsi per essere a portata del suo bersaglio

- Cercare di tenere sempre una posizione più elevata rispetto all'altra persona (gli aggressori, soprattutto se di sesso maschile, valutano gli esiti delle loro azioni sulla base della fisicità del competitor)

- Se la persona tende ad avanzare, tenere una mano avanti (aumentare o comunicare il limite dello spazio peripersonale) comunque in maniera che il gesto appaia spontaneo e non a sua volta invasivo

- Contatto visivo ed espressione non rigidi e - se la circostanza lo consente - sorridente (per dimostrare accoglienza); un sorriso eccessivo può apparire inopportuno o denigrante

- Prosodica regolare, gestualità ampia ma non eccessiva, postura non rigida o rivelatrice di una condizione di agitazione o preoccupazione

- Tono della voce e ritmo dell'eloquio più regolare possibile: quando i contendenti elevano vicendevolmente il tono della voce, ciò è preludio alla stessa azione sul piano fisico

- Se l'aggressore manifesta agitazione, utilizzare un tono della voce calmo e rassicurante, facendo intendere che non si intende cedere alla provocazione

- Rispecchiamento e contro-rispecchiamento: atteggiamenti, postura, cronemica, punteggiatura e contatto visivo sono gli strumenti non verbali per riconoscere le istanze dell'aggressore, rispecchiandolo, ma riportando il tono dello scontro su un livello meno intenso

- Se è possibile, avere un ostacolo fra sé e l'aggressore

- Se l'aggressore avanza, non avanzare assolutamente a nostra volta e possibilmente indietreggiare della stessa misura, per segnalare di non voler rispondere al comportamento aggressivo e mantenere una distanza di sicurezza, pur mantenendo un atteggiamento deciso e senza segnalare paura o debolezza che indicherebbero il momento più propizio per agire

Ulteriori indicazioni

Alcuni esperti provenienti dal settore della pubblica sicurezza, consigliano alcune modalità che possono essere utilizzate nelle circostanze più critiche, nei momenti che precedono l'aggressione fisica, per disorientare l'aggressione e guadagnare qualche attimo che consenta di mettersi in sicurezza, raggiungere un pulsante di allarme o dar modo ad altri di intervenire (per padroneggiare tali strumenti è necessaria una buona dose di sangue freddo):

- Fare o dire cose incongrue con la situazione per invalidare le previsioni dell'interlocutore; in questo caso chiunque resta interdetto poiché le regole previsionali vengono invalidate, costringendoci a rivalutare la situazione, cosa che richiede un certo tempo (se si nota, quando una persona si comporta in maniera bizzarra e non coerente con la situazione gli astanti si bloccano ed evitano di interagire, poiché non sanno quali regole adottare; ad esempio si può chiedere: «*ciao, ma io e te ci siamo già visti, sei per caso l'amico di XXX* (nome comune?)», con il tono dell'eloquio, l'espressività e l'atteggiamento che si modificano improvvisamente (ad esempio, passare dal *lei* al *tu*, con tono estremamente confidenziale)

- Riformulare ciò che ha detto l'interlocutore costringendolo a spiegazioni snervanti e a farlo perdere tempo: ad esempio «*Quindi, fammi capire, mi sembra che hai detto che...*»

- La tecnica del "doppio legame": consente di imporre all'aggressore la valutazione della responsabilità della sua azione e degli esiti; ad esempio «*...le chiedo di spostarsi, ma è libero di accettare o rifiutare*»

Comportamento sociale

- Far capire di non essere soli, possibilmente farsi coadiuvare da almeno due colleghi (i meccanismi gruppali scattano in una condizione minima di 3 membri, in questo caso l'aggressore percepirebbe di scagliarsi contro un gruppo coeso, anziché un singolo individuo)
- Nei dialoghi, utilizzare sempre il pronome *noi* al posto di *io*, per fare riferimento al proprio gruppo e utilizzare verbalizzazioni che

facciano riferimento a colleghi o altre persone presenti nell'ambiente

Evitare assolutamente di:

- Rinunciare alla modalità collaborativa

- Far apparire stupido l'interlocutore, soprattutto di fronte agli altri membri del suo gruppo

- Non dare importanza a ciò che dice o fa l'aggressore o un membro del suo gruppo

- Considerare solo l'aspetto esplicito del comportamento verbale o non verbale

Quando si avvicina lo scontro

Prima dello scontro fisico avvengono alcuni passaggi che servono all'aggressore per prepararsi all'azione e che preludono ad essa.

- Il soggetto riduce la distanza peripersonale e psicologica con il suo contendente

- Contraddizioni fra Comunicazione Verbale e Comunicazione non-Verbale

- Cambia la ritualità gestuale: rigidità, sguardo fisso, i lineamenti tesi, tic nervosi, gesti consolatori, pallore, sudorazione, prosodica

- Dilatazione della pupilla: dimostra un arousal in condizione eccitata in cui si sono attuate le modificazioni organiche che preludono alla condizione di attacco

- Talvolta lo sguardo è rivolto freneticamente in più direzioni (tecnica del gatto); l'aggressore cerca supporto fisico e psichico nelle eventuali persone che lo supportano o cerca di includere nel campo percettivo eventuali altre persone che possono ostacolarlo; in altri casi lo sguardo è fisso e focalizzato

- I gesti sono rallentati e le spalle si irrigidiscono

- La postura angolata indica da dove partirà l'attacco (se la spalla indietreggia ciò accade perché viene caricato il colpo e conferirgli maggiore forza)

CURARE LA VIOLENZA

Talvolta la violenza si manifesta con tutta la sua forza e non può essere prevenuta. A chi la subisce non resta che curare le ferite, non solo quelle fisiche, ma soprattutto quelle psicologiche, che spesso si rivelano più sanguinanti e dolorose.
Di seguito proponiamo alcuni strumenti – di origine psico-terapeutica – adatti per questo scopo, nella speranza che per il lettore questi si rivelino non più che un interessante passaggio.

Come più volte ribadito, e come ciascuno può riscontrare perlustrandola propria memoria episodica, una relazione contrastata e un conflitto aperto possono generare estrema sofferenza e questa può estendersi ad aree di vita decisamente più ampie, rispetto a quella in cui si è originata la criticità, ed a persone differenti dai protagonisti principali.

Un'azione di aggressione e violenza, di qualunque natura siano, genera una condizione di "minaccia percepita", a cui il nostro organismo risponde registrando l'esperienza e producendo risposte di evitamento, che non possono tuttavia essere messe in atto poiché l'esperienza professionale è solo in minima parte una libera scelta. Il professionista percepisce di conseguenza la minaccia costante e la risposta ansiosa – che segnala il pericolo e ci costringe a distaccarcene – rende incerto e perturbante il contesto, la rappresentazione dell'ambiente, della propria prospettiva professionale e dell'esistenza in generale.

I professionisti vittime di violenza progettano spesso di abbandonare l'ambiente in cui si è verificata l'aggressione, in qualche caso rinunciare al proprio ruolo, abbandonando o invertendo la prospettiva di carriera, come nel caso della dottoressa Adelaide Andriani (fonte: UdineToday), aggredita durante il turno di guardia presso un nosocomio friulano, in un territorio generalmente meno critico rispetto ad altre aree del Paese. In qualche caso è l'intera organizzazione che si arrende all'impossibilità di gestire il fenomeno e garantire la sicurezza per i propri collaboratori, come per un ambulatorio medico nel Sulcis, in Sardegna, chiuso al seguito di tali eventi.

Tutto ciò crea trasversalmente ulteriori fenomeni, come la crisi delle vocazioni sanitarie, poiché non è pensabile che un giovane includa nella propria prospettiva professionale e nell'ideale di propensione verso i propri assistiti, la necessità di dover difendere se stesso proprio dai loro stessi.

I nostri pazienti che riportano esperienze di aggressioni riferiscono la percezione che l'impossibilità di gestire adeguatamente le conseguenze, o sul piano emotivo o su quello comportamentale, corrisponda ad essere chiusi in una sorta di gabbia, senza possibilità di uscita, con la minaccia che è costantemente presente fra le sbarre. Da questa talvolta rinunciano essi stessi ad uscire poiché l'incertezza si rivela una prospettiva ancora più terrifica, rispetto alla condizione conosciuta. Chi riesce ad infilare le chiavi nella serratura e chiudersi la porta alle spalle, tuttavia, dopo l'iniziale sollievo per aver aggirato la minaccia, deve necessariamente rivedere il resoconto e la prospettiva della propria esperienza professionale, ora che è pesantemente condizionata da un nuovo principio di realtà.

La travolgente attivazione emotiva, inoltre, rende destrutturante il pensiero e infruttuosa la ricerca di soluzioni, prolungando di fatto la permanenza all'interno della gabbia. La ruminazione, i pensieri consolatori, le fissazioni, come tentativo di portare all'esterno la sofferenza, le sue cause e le responsabilità, rende ulteriormente dolente l'esistenza, mortificando le relazioni in cui finiscono per prevalere reciproche modalità difensive.

Se l'azione preventiva fallisce, è necessario pertanto agire nelle fasi successive, per rendere meno severe le conseguenze dell'evento, sul piano emotivo, del pensiero e del comportamento.

Per questo motivo è utile utilizzare modalità, tecniche e strumenti che consentano di ritrovare una relativa serenità e poter osservare e agire nella situazione senza eccessive attivazioni emozionali distorcenti e, eventualmente, senza necessariamente ricorrere ai consigli onerosi di uno specialista.

Accedendo comunque ai modelli terapeutici, questa piccola check-list, semplificata rispetto agli strumenti di anamnesi clinica che generalmente vengono utilizzati in uno studio di un professionista di salute mentale, vi può aiutare a comprendere se, in relazione ad un determinata situazione che state vivendo, sia il caso di produrre azioni di cura.

Ciò è preferibile se nella vostra lista sono opzionate almeno 5 dei 10 item presentati successivamente.

Da quando si è creata una condizione conflittuale o ho difficoltà relazionali con una o più persone:

☐ ho difficoltà di sonno (nell'addormentamento, frequenti risvegli, risveglio precoce...)

☐ sono spesso agitato/a o ansioso/a anche senza motivo, ma in particolare quando penso alla situazione o a quelle persone

☐ penso in continuazione a quella situazione, provando rabbia, odio o sentimenti di tristezza

☐ faccio fatica a incontrare quelle persone o entrare nell'ambiente dove le incontro o le ho incontrate

☐ non sto bene di salute: capogiri, mal di testa, disturbi allo stomaco, tachicardia... oppure ho spesso o periodicamente malattie come influenza, raffreddamenti, rush cutanei

☐ durante la giornata o la notte mi arrivano dei flash con immagini relative alla situazione

☐ mi trovo spesso a parlarne con estranei

☐ mi addosso colpe di quanto sta succedendo e penso che forse sono io che sono inadeguato/a

☐ litigo spesso anche con persone estranee alla situazione conflittuale

☐ sto pensando di lasciare quell'ambiente (es.: il posto di lavoro)

Nel caso, oltre alle situazioni proposte, emergano condizioni direttamente riconducibili ad un disturbo psichico (disturbi d'ansia, dell'umore, Disturbo Post-Traumatico da Stress, Disturbo da Attacchi di Panico), fobie (secondarie o reattive) o disturbi comportamentali, l'azione necessaria è la richiesta tempestiva di un consulto per evitare che i sintomi diventino eccessivamente pervasivi e si cronicizzino. Nel caso i disturbi siano ancora gestibili è possibile ricorrere a strumenti di auto-aiuto, fra quelli disponibili.

Per tale scopo, forniamo una breve guida per identificare, tramite i sintomi più caratterizzanti, i principali disturbi psichici che insorgono come conseguenza di un evento traumatizzante.

Disturbi d'ansia

Nei vari sottotipi di questa classe, rientrano in realtà vari disturbi, compreso il Disturbo Post-Traumatico da Stress (D.P.T.S.) e il Disturbo da Attacchi di Panico (D.A.P.), così come il Disturbo d'Ansia Acuto, che sono più coerenti con una situazione di minaccia vissuta o a cui la persona ha assistito e relativamente indipendenti da personalità con una naturale disposizione a sviluppare sintomi ansiosi.

In tutte le situazioni in cui l'organismo percepisce una minaccia, reale o simbolica, attiva modalità difensive creando sintomi specifici che ci costringono ad allontanarci dall'oggetto pauroso. Si manifestano con disturbi neuro-vegetativi (dolori di stomaco, palpitazioni, sudorazione eccessiva, emicranie...) conseguenti alla risposta cortisolo-adrenalinica che media la risposta di attacco-fuga, che se mantenuta per tempi eccessivi può pregiudicare pesantemente la salute generale dell'organismo, anche per l'incidenza sul sistema immunitario che risulta gravemente compromesso.

Nel quadro clinico compaiono iper-vigilanza con conseguente agitazione e costante apprensione, insonnia e apnee e debolezza fisica, così come disturbi secondari, specialmente di natura umorale, sia in comorbilità diretta o come conseguenza delle elaborazioni cognitive, per la constatazione della qualità della vita non soddisfacente.

Disturbo Post-Traumatico da Stress

L'esposizione ad un evento fortemente stressogeno può creare modificazioni anche pervasive alla struttura nervosa (con inspessimento di specifici tessuti o – al contrario – l'atrofizzazione di altri) che pregiudica la risposta emotiva e le conseguenti valutazioni alle condizioni di minaccia.
La conseguenza più evidente è la difficoltà o l'impossibilità di controllare le proprie attivazioni emotive, con possibile irritabilità, esplosioni di rabbia a cui possono seguire cadute di umore, a cui si associano i sintomi tipici dei disturbi ansiosi descritti sopra. Una condizione tipica del D.P.T.S. è l'irruzione violenta nei sogni e nei pensieri di flash-back aventi per oggetto immagini associate all'evento traumatico.
Si consideri che non sempre l'attivazione dei sintomi è immediatamente successiva all'evento, talvolta l'esordio può essere ritardato anche di qualche mese, rendendo più complesso il processo di diagnosi e prognosi.

Disturbi da Attacchi di Panico (D.A.P.) e Disturbo da Panico

Il D.A.P. e il Disturbo da Panico [19], pur manifestandosi in modalità differenti, sono caratterizzati da una violenta azione sintomatica di natura neuro-vegetativa, molto spaventante per chi la subisce, con dolore o malessere a livello toracico, senso di soffocamento, vertigini, tendenza allo svenimento, vampate di calore o brividi, nausea, sudorazione, tremori, mal di stomaco o diarrea, intorpidimento o sensazioni di formicolio, palpitazioni e battito cardiaco fortemente accelerato, che compaiono all'improvviso e a cui la persona non è in grado di dare una spiegazione. Ciò

---

[19] *Il termine si deve al dio Pan, signore dei pascoli e della natura, essere spregevole e terrificante di natura in parte animalesca, che era solito aggredire le ninfe del bosco per possederle.*

genera una reale paura di morire, di impazzire o perdere il controllo, sensazione di vivere un evento irreale, con estraniamento o distacco dalla realtà.

Generalmente la persona si reca in un punto di P.S. dove non vengono riscontrate cause di natura organica e viene disconfermata l'ipotesi di una crisi coronarica. Si installa pertanto un disturbo cronico che si attiva attraverso trigger ambientali; chi ne soffre non è in grado di gestirlo proprio perché non può ricondurre con certezza il sintomo all'evento scatenante.

Ciò provoca una condizione di vita fortemente pregiudicata, poiché la persona teme di compiere qualunque attività, prevenendo un attacco, o per lo meno tutte le attività che nelle spiegazioni – talvolta irrealistiche – possono portare all'attivazione dei sintomi.

Tale disturbo, che si presenta in modalità molto differenti da individuo a individuo, risulta piuttosto complesso nella prognosi poiché non è necessariamente originato da un evento reale ma dalla minaccia percepita in una specifica condizione ambientale, come può essere quella professionale.

Fobie

La fobia può essere considerata come una reazione estrema, irrazionale, talvolta parossistica ad una condizione di minaccia. A ciò è naturalmente associata una risposta di paura, che risulta adattiva e consente di agire negli eventi successivi sulla base degli schemi creati in seguito all'esperienza.

Nelle fobie prevalgono i meccanismi difensivi, che portano la persona ad allontanarsi o evitare l'oggetto fobico. Di conseguenza, dopo aver sperimentato una minaccia, la persona non è più in grado di frequentare luoghi o persone, riprodurre o vivere eventi associati all'episodio.

Si installa successivamente una condizione secondaria (la cosiddetta "paura della paura"), legata non tanto all'evento, quanto a quello dei sintomi (tipicamente quelli legati all'ansia) che si potrebbero scatenare rivivendolo. La risposta di evitamento, pertanto, diventa pervasiva e impedisce di vivere le normali circostanze esistenziali, come recarsi al lavoro o in reparto, proprio come unica modalità di preservarsi dal malessere psicofisico a cui è legato il ricordo dell'evento. La stessa risposta può essere attivata non solo da un episodio specifico, ma anche attraverso elementi simbolici che lo riconducano ad esso.

In tutti i casi, alle attivazioni nervose primarie si associano disturbi secondari o reattivi in comorbilità e reazioni cognitive di natura difensiva, che rendono complesso il quadro e complicano il processo prognostico, in particolare per le figure maggiormente professionalizzate che faticano ad accettare la mortificazione dell'ideale di cura e della propria immagine professionale.

Ovviamente, da questa sintetica descrizione, risulta che non è possibile gestire il disturbo o affidarsi a processi di auto-guarigione quando le risposte risultano oltremodo pervasive e disturbanti. Lo scopo di questa sezione è fornire categorie di spiegazione, per chi ne fosse sprovvisto, per interpretare correttamente le modificazioni del proprio stato di salute in seguito ad eventi traumatici e scegliere con quali modalità gestirli. È evidente che se i sintomi rientrano in una condizione severa o acuta o si protraggono per lunghi periodi è necessario ricorrere all'aiuto di specialisti, così come nel caso l'evento sia di natura particolarmente traumatizzante, anche se i sintomi non si fossero ancora attivati, poiché la risposta può – in taluni casi – essere differita nel tempo.

Nei casi in cui la persona ritenga di essere in grado di gestire i sintomi autonomamente, poiché restano relativamente contenuti, è possibile ricorrere a strumenti auto-somministrati di derivazione terapeutica come quelli descritti sotto.

Di seguito proponiamo pertanto alcune tecniche mediate dal performante modello terapeutico dell'E.M.D.R. (*Eye Movement Desensitization and Reprocessing*), più frequentemente utilizzato per la cura delle conseguenze di eventi traumatici, semplificate per essere utilizzabili anche senza supporto specialistico. Tali strumenti sono stati messi a punto dall'autrice del modello terapeutico, Francine Shapiro, ultimo prezioso contributo prima della sua recente scomparsa, e noi stessi li proponiamo in numerosi contesti organizzativi, in particolare quelli sanitari, per fornire strumenti di benessere ai professional helper.

Fra le tecniche disponibili, abbiamo scelto di proporre quelle più facilmente utilizzabili e che non richiedono uno specifico apprendimento. Per anticipare qualunque obiezione o perplessità, rimarchiamo che tali tecniche sono disponibili anche nella letteratura non specialistica e che l'unica controindicazione è che non manifestino effetti benefici, informando in questo caso che la condizione richiede un intervento da parte di un professionista abilitato alla pratica psico-terapeutica.

Per chi desiderasse approfondimenti, segnaliamo che nel sito dell'editore www.artistudioeditore.it, nella collana Manuale Professioni Sanitarie, è presente manuale dedicato in maniera più ampia all'argomento.

Tecniche di auto-aiuto

1 – Il posto al sicuro

Questa tecnica ha lo scopo di fornire, attraverso la modalità immaginativa supportata dall'E.M.D.R., un luogo di protezione dove rifugiarsi ogni volta se ne sente la necessità. L'apprendimento della tecnica consente di sperimentare le sensazioni positive che si attivano quando si vive l'esperienza piacevole di abitare – anche transitoriamente – un luogo rilassante e protettivo, legato alla propria storia e le proprie preferenze personali. Una volta collegata l'esperienza ad un ancoraggio di attivazione, è possibile evocare il ricordo positivo e tutte le sensazioni ad esso associate.

Questa tecnica può essere utilizzata singolarmente ogni qualvolta si avverte la necessità di rifugiarsi in un luogo sicuro ma è propedeutica anche alle altre, illustrate successivamente.
Nel modello terapeutico E.M.D.R. il posto al sicuro è il primo passaggio del processo curativo e solitamente viene somministrato prima di tutti gli altri protocolli.

- Rilassatevi, preferibilmente con gli occhi chiusi
- Individuate un luogo, fisico o immaginario, non necessariamente e realmente conosciuto, che evoca sentimenti positivi.

Può essere un bosco o la cima di una montagna, un luogo di mare o un angolo della propria abitazione, un luogo in cui desideriamo recarci. In altre parole il classico luogo dove vorremmo andare quando lo stress ci vorrebbe far fuggire dalla situazione che stiamo vivendo.

Generalmente il cervello suggerisce immediatamente la risposta alla ricerca, ma è importante non utilizzare luoghi che in qualche modo possono evocare ricordi negativi. Se ciò accade, è importante abbandonare immediatamente l'elaborazione e passare ad un'altra.

Un utile suggerimento, se avete difficoltà a individuare il luogo, è porsi la domanda: «*dove mi piacerebbe essere adesso?*». Molto probabilmente il sistema nervoso provvederà a fornirvi una risposta sotto forma di immagine.

È preferibile che nel luogo non siano presenti altre persone, o comunque non siano presenti persone che possono attivare collegamenti a sensazioni o sentimenti negativi.

- Se il luogo è legato ad una situazione, richiamarla e immergersi come la si stesse rivivendo.

  Concentrarsi sulle sensazioni corporee e valutare le modificazioni positive. Esplorate la scena rivivendo suoni, colori, profumi, sensazioni...

- Quando sentite di vivere intensamente le emozioni che l'immagine evoca, cercate una parola che le rappresenti. Anche in questo caso il cervello vi suggerirà probabilmente la parola ideale.
- Continuate con la visualizzazione fissandovi contemporaneamente sulla parola che la evoca, ripetendola mentalmente.
- Quando lo desiderate, riaprite gli occhi ed espirate lentamente 2-3 volte.
- Dopo circa 30-45" richiudete gli occhi e pensate alla parola chiave, che richiamerà l'immagine e le emozioni positive associate.
- Rimanete così per il tempo che desiderate, ma non più di 1-2'.
- Ripetete l'esercizio per 5-6 volte, lasciando circa 1' fra una esecuzione e l'altra.

Ora la parola chiave evoca il ricordo e questa – a sua volta – tutte le sensazioni piacevoli a cui è associata, legato all'esperienza realmente vissuta oppure all'idea che si ha di quel luogo.

Richiamando la parola chiave, pertanto, è come se ci recassimo immediatamente nel nostro luogo sicuro e ci sentiremo protetti e lontani dalla situazioni spiacevole o dai sentimenti negativi che stiamo vivendo. Anche la ricerca della parola chiave può essere affidata ai suggerimenti del sistema nervoso che tende a produrre sistematicamente immagini attivate da stimoli ambientali, percezioni fisiche ed elaborazioni cognitive. Talvolta possiamo avere l'impressione di faticare a produrre immagini ma in realtà è impossibile inibirle (visualizziamo un oggetto – per quanto inesistente – leggendo queste due parole: *elefante rosa*; facciamo altrettanto se vi chiedessimo di: *non pensate a un elefante rosa*).

Vi consigliamo di utilizzare il posto al sicuro come tecnica propedeutica alle altre.

Nel processo terapeutico, come anticipato, il posto al sicuro viene attivato prima di somministrare altri protocolli e generalmente anche per chiudere la seduta.

Pertanto, la sequenza ottimale di auto-somministrazione è la seguente:

1 – Posto al sicuro

2 – Tecniche di auto aiuto

3 – Posto al sicuro

2 – Il personaggio dei cartoni animati

Questa tecnica si rivela utile nel caso si viva una situazione disturbante legata ad un conflitto con un'altra persona presente nell'ambiente di vita o del lavoro. Se non si riesce a gestire il conflitto, talvolta l'esperienza può diventare estremamente stressante e il solo pensiero di dover incontrare l'interlocutore può scatenare reazioni ansiose o sintomatologie neurovegetative, poiché le minacce sociali sono legate a paure archetipiche non meno delle antiche predazioni.

Tuttavia, da un predatore si può sfuggire o lo si può trasformare a sua volta in una preda, padroneggiando armi e l'abilità di utilizzarle, da un collega di lavoro più frequentemente no, e l'esperienza professionale si può rivelare un incubo.

La tecnica proposta consente di dissociare il ricordo o l'anticipazione legata all'esperienza dalle emozioni che scatenano, favorendo così una più serena esperienza, l'attenuazione dei sintomi reattivi e di potersi concentrare all'individuazione di una possibile soluzione del problema.

- Rilassatevi, preferibilmente con gli occhi chiusi
- Se ritenete (o almeno le prime volte) eseguite prima la tecnica del *"posto al sicuro"* per preparavi al meglio all'esecuzione
- Focalizzate la persona che emette il messaggio disturbante.
- Immaginate che la sua voce si trasformi in quella del vostro personaggio dei cartoon preferito.
- Guardatelo che si rivolge a voi con la voce di Paperino o Bugs Banny, o il personaggio che vi è più simpatico e vi fa ridere quando parla, ripetendo l'esercizio più volte fino a quando le parole non

cesseranno di essere disturbanti o, possibilmente, riusciranno a strapparvi un sorriso.

3 – Il film in bianco e nero

Questa tecnica si rivela a sua volta utile nel caso si viva una situazione disturbante legata ad un episodio, un evento o un'esperienza negativa. Il nostro sistema nervoso archivia gli eventi come delle immagini o come sequenze simili ad un film e la loro evocazione provoca l'emergere delle emozioni attivate nel momento in cui le esperienze sono vissute.
Di conseguenza, il ricordo può essere altrettanto disturbante che vivere realmente la situazione. Purtroppo, se temiamo l'evento si possa riprodurre o nell'ambiente si attivano dei trigger associati alle emozioni, si generano forme di ansia anticipatoria, la cosiddetta "paura della paura": se – ad esempio – l'esperienza è stata vissuta all'interno del luogo di lavoro, il solo pensiero di recarsi a lavorare o varcare le soglie del luogo, può scatenare la tempesta emotiva disturbante.
Anche in questo caso, la tecnica proposta consente di dissociare il ricordo o l'anticipazione legata all'esperienza dalle emozioni che scatenano, consentendo l'attenuazione dei sintomi legati alla risposta alla minaccia percepita. Il tono dell'umore modifica la percezione dei colori che sono in qualche modo legati all'attivazione emozionale e alla vividezza del ricordo. Più il ricordo è presente e pervasivo, più ci appare definito nelle immagini e nei colori.
Privare l'immagine disturbante dei suoi colori ci consente pertanto di modificare la sua vividezza e la sua pervasività, rendendo meno efficace il legame con l'attivazione emotiva.

- Focalizzate un evento disturbante e immaginatelo come lo stiate vivendo in questo istante.
- Ora individuate la scena più disturbante.
- Trasformate la scena in bianco e nero e focalizzatela priva di colori

- Se la scena è complessa, frazionatela in scene differenti e private dei colori ciascuna di esse, in sequenza temporale (dalla più antica alla più recente)
- Ripetete l'esercizio più volte per tutte le scene che giudicate disturbanti.

Associata a questa, è possibile utilizzare la "tecnica dello zoom" che consiste nell'immaginare ogni singola scena disturbante allontanandola sempre di più, come agendo sullo zoom di una macchina fotografica, fino a vederla scomparire all'orizzonte o trasformata in un puntino di cui è impossibile riconoscere i dettagli.

Velocizzare e rinforzare la guarigione

La tecnica dell'E.M.D.R. è basata sulla stimolazione bilaterale dell'apparato visivo per indurre il paziente al movimento oculare, che riproduce artificiosamente il movimento dei bulbi della fase R.E.M. del sonno, e attivare i processi che la caratterizzano. Durante la seduta il terapeuta effettua sequenze ritmate con una durata e una frequenza stabilita dal protocollo scelto muovendo le dita e chiedendo al paziente di seguirle con lo sguardo. Le verbalizzazioni successive del paziente orientano il professionista nel processo terapeutico.

In modalità di auto-somministrazione, la stimolazione può essere replicata autonomamente fornendo al sistema nervoso input che vanno a sollecitare alternativamente parti ipsilaterali (opposte l'una all'altra) del sistema nervoso che afferiscono ai due lobi cerebrali. In auto-somministrazione, l'impulso può essere fornito con due modalità. Consigliamo di sperimentarle entrambe e poi sceglierne una sulla base anche della modalità e del luogo fisico in cui si effettua la stimolazione, oltre che la preferenza personale.

In entrambi i casi la frequenza delle stimolazioni deve essere all'incirca di 2 al secondo e le serie di 5-10 stimolazioni. Le serie vanno ripetute fino a quando non si verifica l'effetto positivo della stimolazione.

La forza esercitata non deve essere eccessiva, deve assomigliare ad un tocco leggero, come se un amico ci battesse una mano sulla spalla per attirare la nostra attenzione.

1) Il *tapping*: questa stimolazione si effettua preferibilmente in posizione seduta, su una sedia comoda e dopo aver individuato una posizione confortevole e rilassata.

   Il palmo delle mani è appoggiato fra il ginocchio e la zona mediale della coscia e la stimolazione va effettuata con le dita, tamburellando sulla gamba.

   Questa modalità viene eseguita anche durante una normale seduta terapeutica, indotta o guidata dal professionista, per i pazienti a cui, per vari motivi, non può essere proposto il movimento oculare.

2) L'"*abbraccio della farfalla*": questa stimolazione si effettua indifferentemente in piedi o seduti, in ogni caso dopo aver individuato una posizione confortevole e rilassata.

   Le braccia si incrociano sul petto e le dita battono sulla parte superiore dei muscoli pettorali, appena al di sotto della spalla.

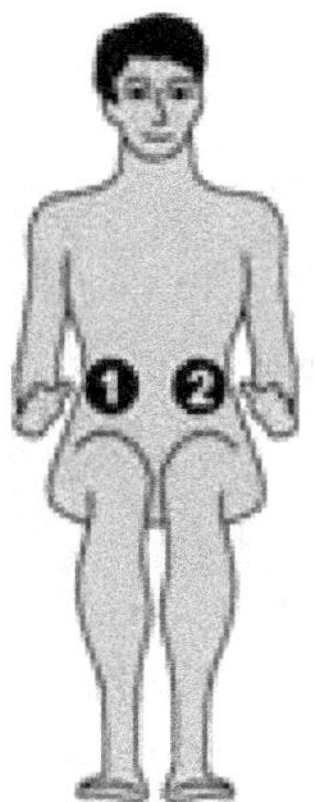

Ogni tecnica viene supportata da una stimolazione, con una delle due modalità illustrate.

CONCLUSIONI

Il contesto professionale sanitario e socio-assistenziale è – per molteplici aspetti – particolare e ben più complesso rispetto ad altri habitus (per utilizzare la nota espressione di Pierre Bourdieu), poiché oltre alle consuete condizioni legate al mondo del lavoro, caratterizzato da costrittività e principio di realtà, particolari circostanze relazionali, di natura lavorativa e personale, si sovrappongono e si contrappongono, si mescolano e si contraddicono contemporaneamente. Al curante viene chiesto di accogliere la sofferenza del paziente, ma teme di farsene travolgere, e se ne allontana. Le categorie specialistiche collaborano coralmente assieme agli utenti nella produzione del servizio, ma tendono a rimarcarne i confini in maniera rigorosa.

Nel processo di cura convergono inoltre aspettative individuali e sociali, di soddisfazione di bisogni primari e attivazioni emotive pervasive, in un contesto di caos informativo, in cui i canali istituzionali vengono spesso prevaricati da quelli informali, vincoli organizzativi e protocolli medici e molte altre dinamiche che rendono ulteriormente complesso decifrare i fenomeni che originano o si intersecano in esso, compreso quello dell'aggressività e della violenza.

Le spiegazioni di tale fenomeno non possono essere ricercate esclusivamente fra le mura di un nosocomio o una struttura socio-assistenziale, poiché si manifestano nel contesto sociale, di cui il sistema di cura fa parte. Allo stesso modo, le soluzioni – inteso come ricerca delle cause e azione di contrasto – non possono essere individuate nello specifico luogo o nella specifica organizzazione, che non può che limitarsi a produrre azioni di protezione, che come è evidente hanno efficacia limitata. A meno che non si consideri una risoluzione definitiva proteggere i reparti con guardie armate e sistemi di accesso che finora erano osservabili solo in strutture carcerarie o aree di massima sicurezza.

La violenza assume varie forme, non solo quella dell'utente nei confronti del professionista. Abbiamo potuto solamente accennare alle modalità, talvolta distruttive, che caratterizzano – in generale – i luoghi di lavoro ad elevata interazione, che non hanno un collegamento diretto con la violenza nei confronti degli operatori ma agiscono indirettamente su di essa poiché ne creano le condizioni, producendo stress e mortificando la rappresentazione del supporto sociale, lasciando il singolo con la percezione di essere indifeso.

Nel testo abbiamo cercato di offrire la visione che il fenomeno della violenza non possa essere considerato una condizione eccezionale o transitoria e non possa essere interpretato con categorie semplicistiche ma vada, al contrario, incluso nelle aspettative degli operatori, soprattutto quelli che sono maggiormente a contatto con l'utenza, che devono possedere strumenti non tanto per modificare gli artefatti che conducono alla violenza, quanto per decifrarne i precursori, modificandone gli esiti, essendo in grado di agire prima che si manifestino.

Certamente, non neghiamo il fatto che le strategie comunicative e persuasive che abbiamo proposto non siano infallibili. Ma risultano comunque più efficaci di risposte altrettanto aggressive o forme di passività che caso sono i precursori di una situazione conflittuale che in qualche caso conduce ad un'azione violenta, sul piano psichico o fisico. Soprattutto, abbiamo spulciato nella letteratura, nelle nostre conoscenze e nelle nostre osservazioni per cercare di definire un vettore fra l'aggressività e le sue possibili cause, che sono legate ad una condizione di frustrazione che l'utente sperimenta in specifiche condizioni e che possono pertanto essere individuate e modificate.

Se, nel corso della trattazione, è apparso che in qualche caso venissero fornite spiegazioni che tendessero ad assolvere qualcuno e colpevolizzare qualcun altro, in realtà abbiamo cercato di isolarci rigorosamente da questo compito, che spetta ad altri. Senza negare che le azioni violente debbano in ogni caso essere stigmatizzate e punite, oltre che auspicare un adeguato risarcimento economico, esistenziale e professionale della vittima, riteniamo che spostare il campo di spiegazioni su un unico fattore o un'unica categoria di attori sociali sia un'operazione che può fornire strumenti consolatori, ma estremamente fuorvianti.

In altre parole, la violenza è una condizione che nasce nella normalità e riguarda persone normali ma non può essere spiegata in modo normale, lasciando così l'operatore privo di strumenti efficaci. La tendenza a fornire spiegazioni semplici, spostare la responsabilità su altri assolvendo se stesso o confidare sulla fortuna è una tendenza intra-psichica che adottiamo costantemente, ma ci fa sfuggire le spiegazioni realistiche e le soluzioni disponibili. In questa condizione non ci resta che affidarci al caso, poiché non ci è chiaro il collegamento nella relazione causale, dimenticando che il caso non è altro che l'insieme di regole che legano i fenomeni, che non siamo in grado di comprendere totalmente.

A tal riguardo, vi lasciamo con una celebre frase di Albert Einstein dedicata proprio a questo argomento: «*il caso è Dio che gira in incognito*».

Anticipazione e gestione delle malattie professionali del caregiver (Burn-out, burden, workaholism)

Le caratteristiche e le implicazioni del disagio del professionista della sanità, conoscendone le cause ed essendo in grado di individuare, anche su sé stessi, gli antecedenti e creare strumenti di prevenzione.

Autore: Luca P. Libanora

Strumenti di comunicazione per il benessere lavorativo e la qualità dei processi

Le tecniche comunicative per migliorare le condizioni di benessere relazionale e lavorativo, per il coordinamento nei processi di lavoro e la creazione di strumenti di supporto alla risoluzione di problemi.

Autore: Luca P. Libanora

Prevenire e gestire il conflitto lavorativo

Le tecniche per definire i vari tipi di conflitto e le cause, anche quelle nascoste, per anticiparli e gestirli nelle differenti situazioni con l'obiettivo di creare condizioni di benessere relazionale e professionale.

Autore: Luca P. Libanora

From cure to care

Le implicazioni dell'approccio relazionale nei processi di cura e assistenza. Un testo che invita alla riflessione, nato dalle riflessioni di un formatore che si è scoperto paziente.

Autore: Luca P. Libanora

Il fine vita

Approfondire e le implicazioni nella sfera dell'emotività, della relazione con l'assistito, della gestione dei familiari dell'assistito; strumenti di counseling e di auto-aiuto.

Autore: Valentina Partenio

La Salute e la Sicurezza dell'operatore sanitario

Andare oltre la normativa sulla Salute e Sicurezza lavorativa, per creare condizioni di Sicurezza personali e prevenire le malattie professionali.

Autore: Luca P. Libanora

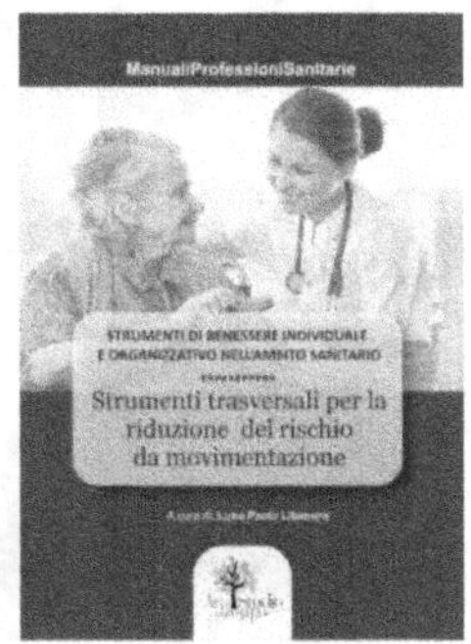

Strumenti trasversali per la riduzione del rischio da movimentazione

Gli strumenti della comunicazione e della relazione per migliorare la coordinazione nelle manovre di movimentazione al fine di ridurre i rischi professionali connessi alle manovre.

Autore: Luca P. Libanora

Tecniche di auto-aiuto

L'EMDR (EyeMovementsDesensitization and Reprocessing) è una efficace pratica psicoterapeutica, utilizzata soprattutto per l'intervento in psicologia di emergenza, e che prevede alcuni protocolli di auto-aiuto per la gestione delle più comuni difficoltà quotidiane.

Autori: Luca P. Libanora e Valentina Partenio

Le demenze spiegate ai familiari

Oltre che sul paziente, la diagnosi di demenza impatta sulla famiglia,che richiede informazioni nella stessa misura in cui le teme. L'intreccio di eventi clinici e relazioni affettive rende complicato individuare gli strumenti di comunicazione più efficaci, in relazione al ruolo e l'età dei familiari.

Autore: Valentina Partenio

Strategie comunicative per la socializzazione del professional helper

Intercetta le difficoltà, fornendo strumenti utili e pratici, dei professional helper nel momento in cui vengono investiti del ruolo di tutor per i nuovi entrati nell'organizzazione sanitaria. Se il processo fallisce, impatta sugli stessi operatori, sull'organizzazione e sul neo professionista, come dimostra l'elevato tasso di drop-out, soprattutto di O.S.S., in particolare nel primo contatto con la realtà professionale.

Autore: Luca P. Libanora

Cause e effetti dei disturbi psichici

Un manuale dedicato alle figure della cura e dell'assistenza non specializzate, che nella loro attività si trovano a contatto con persone che presentano condizioni di disagio psichico e pertanto nella necessità di comprenderne le caratteristiche, condividere i linguaggi con gli altri operatori e agire efficacemente nei confronti dell'utenza e del contesto sociale a cui fa riferimento.

Autore: Luca P. Libanora

Strumenti e Tecniche di comunicazione per l'Assistente Studio Odontoiatrco (A.S.O.)

La comunicazione è il primo strumento della cura ed ha implicazioni anche al di fuori della relazione fra il curante e il suo paziente. L'A.S.O. è spesso il primo contatto fra lo studio e l'utente e ne definisce l'immagine. Ma talvolta questa figura professionale subisce gli effetti di una comunicazione non efficace, soprattutto in particolari circostanze.

Autore: Luca P. Libanora

A Est del Nord-Est
Gli ammalati di lavoro

Una ricerca e una riflessione sul tessuto economico e sociale dell'area più produttiva del Nord-Est italiano, con le sue particolarità, le sue disfunzionalità, per capire come si evolverà nei tempi più prossimi.

Autore: Luca P. Libanora

Vai a farti un giretto?
Manuale di sopravvivenza per biker

Quando guidiamo o pedaliamo pretendiamo che gli altri comprendano e assecondino la nostra visione, ma non siamo tuttavia disposti a modificare la nostra. Ciò genera incomprensioni e spesso, eventi tragici. Il testo è una riflessione sul fenomeno dell'incidente stradale e contemporaneamente un manuale per evitarlo.

Autore: Luca P. Libanora

Bikey Mouse. Il gatto Pocio che lo aspetta all'incrocio

BikeyMouse è un topolino un po' particolare, non solo perché è dotato di ruote, ma perché ha la fortuna di riuscire a scampare ai pericoli che lo circondano grazie alle esperienze giocose con il suo nemico eterno, il gatto Pocio. Narrando le loro avventure, le tavole - servendosi del linguaggio dei piccoli – forniscono loro regole di sicurezza per utilizzare la strada minimizzando i pericoli del traffico.

Testi e disegni: Luca P. Libanora

Ringraziamenti

Ringraziamo le nostre colleghe per il paziente lavoro di revisione dei testi e tutti coloro che hanno contribuito alla realizzazione di questo manuale con i preziosi consigli che ci hanno fornito.

Realizzato da

*Via Stazione, 1
S. Martino al T.(PN)
www.artistudioeditore.it*

Luglio 2024

Disegni e illustrazioni sono dell'autore